보험공단 | 직무시험(법률)

고시넷

행정직_건강직_전산직_기술직

국민건강
보험법

조문요약 및 이론/빈출OX문제/기출예상문제

▷ 「국민건강보험법」(시행령 및 시행규칙 제외)
▷ 20문항/20분_5회 모의고사 수록

gosinet
(주)고시넷

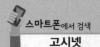

정오표 및 학습 질의 안내

정오표 확인 방법

고시넷은 오류 없는 책을 만들기 위해 최선을 다합니다. 그러나 편집에서 미처 잡지 못한 실수가 뒤늦게 나오는 경우가 있습니다. 고시넷은 이런 잘못을 바로잡기 위해 정오표를 실시간으로 제공합니다. 감사하는 마음으로 끝까지 책임을 다하겠습니다.

| 고시넷 홈페이지 접속 | > | 고시넷 출판-커뮤니티 | > | 정오표 |

🌐 www.gosinet.co.kr

모바일폰에서 QR코드로 실시간 정오표를 확인할 수 있습니다.

학습 질의 안내

학습과 교재선택 관련 문의를 받습니다. 적절한 교재선택에 관한 조언이나 고시넷 교재 학습 중 의문 사항은 아래 주소로 메일을 주시면 성실히 답변드리겠습니다.

이메일주소 ✉ passgosi2004@hanmail.net

차례

파트 1 국민건강보험법

파트 2 국민건강보험법 기출예상모의고사

책속의 책

파트 1 국민건강보험법 법령 확인문제 정답과 해설

파트 2 국민건강보험법 기출예상모의고사 정답과 해설

구성과 활용

1 채용기업 소개 & 채용 절차

국민건강보험공단의 미션, 비전, 핵심가치, 전략목표, 인재상 등을 수록하였으며 최근 채용 현황 및 채용 절차 등을 쉽고 빠르게 확인할 수 있도록 구성하였습니다.

2 국민건강보험법 기출 유형분석

최근 기출문제 유형을 분석하여 최신 출제 경향을 한눈에 파악할 수 있도록 하였습니다.

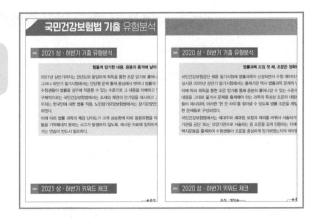

3 국민건강보험법 조문으로 직무시험 완벽 대비

국민건강보험법 조문을 정리하여 법령의 내용과 용어의 의미 등을 학습할 수 있도록 하였습니다.

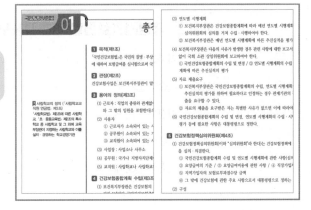

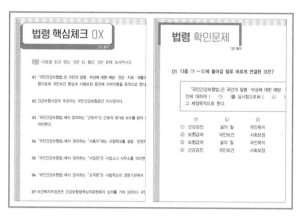

4 핵심체크 OX & 확인문제로 법령 반복학습

각 장별로 핵심체크 OX와 확인문제를 수록하여
반복학습이 가능하도록 구성하였습니다.

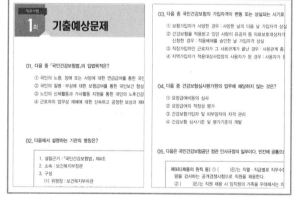

5 기출예상문제로 실전 연습 & 실력 UP!!

총 5회의 기출예상문제로 자신의 실력을 점검하고
완벽한 실전 준비가 가능하도록 구성하였습니다.

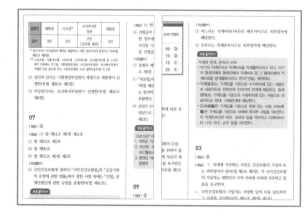

6 상세한 해설과 오답풀이가 수록된 정답과 해설

확인문제와 기출예상문제의 상세한 해설을
수록하였고 오답풀이 및 보충 사항들을 수록하여
문제풀이 과정에서의 학습 효과가 극대화될 수
있도록 구성하였습니다.

CI

Happiness is in your heart

하트를 감싸 안은 붉은 원은 신뢰와 사랑으로 국민의 건강과 안녕을 보살 피는 국민건강보험의 역할을 상징하며, 건강한 생활과 높은 삶의 질로 확 산되는 행복의 복합적 표현이고, 손가락으로 원을 그린 듯 하나의 획으로 권위적인 공기관이 아닌 따뜻한 커뮤니케이션으로 국민과 소통의 거리가 밀접한 새로운 공단의 모습을 나타낸다.

캐릭터

무병장수를 상징하는 해태를 모티브로 하여 국민건강 지킴이 '건이'와 건강요정 '강이'를 형상 화하였다. 해태는 천제의 사신, 수호신, 자손창성, 천화태평, 수명연장 등의 의미를 가지고 있다.

미션

국민보건과 사회보장 증진으로 국민 삶의 질 향상

국민건강보험법 법률 제5854호, 1999. 2. 8. 제정	노인장기요양보험법 법률 제8403호, 2007. 4. 27. 제정
국민의 질병 · 부상에 대한 예방 · 진단 · 치료 · 재활과 출산 · 사망 및 건강증진에 대하여 보험급여 실시	일상생활을 혼자서 수행하기 어려운 노인에게 신체활동 또는 가사활동 지원 등의 요양급여 실시

비전

평생건강 · 국민행복 · 글로벌 건강보장 리더

저부담–저급여 체계에서 향후 적정부담–적정급여의 더 나은 평생건강서비스 체계로 전환하여

>

모든 국민이 더 건강하고 행복한 삶의 누릴 수 있는 나라를 만들고,

>

한국형 건강보장으로 세계표준을 선도하는 글로벌 리더가 되자는 의미

핵심가치

Happiness(희망과 행복)
평생건강서비스를 강화하여 국민에게 한줄기 빛과 같은 희망을 주고, 행복한 삶을 영위할 수 있도록 건강의 가치를 나누어 가자는 의미

Harmony(소통과 화합)
내외부 이해관계자와 신뢰를 바탕으로 소통과 화합을 통해 건강보험제도의 지속가능한 발전과 보건의료체계 전반의 도약을 추구해 나가자는 의미

Challenge(변화와 도전)
기존의 제도와 틀에 안주하지 않고 변화와 혁신을 통해 제도의 미래가치를 창출할 수 있도록 도전해 나가자는 의미

Creativity(창의와 전문성)
창의적인 사고와 최고의 전문역량을 함양하여 글로벌 Top 건강보장제도로 도약할 수 있도록 혁신을 주도하는 전문가를 지향하자는 의미

전략목표

- 건강보험 하나로 의료비를 해결하는 건강보장체계
- 생명·안전 가치 기반의 건강수명 향상 및 의료이용안전을 위한 맞춤형 건강관리
- 노후 삶의 질 향상을 위한 품격 높은 장기요양보험
- 보험자 역량강화로 글로벌 표준이 되는 K–건강보험제도
- 자율과 혁신으로 생동감과 자긍심 넘치는 공단

인재상

"국민의 평생건강을 지키는 건강보장 전문인재 양성"

Nation–oriented 국민을 위하는 인재	Honest 정직으로 신뢰받는 인재	Innovative 혁신을 추구하는 인재	Specialized 전문성 있는 인재
• 국민의 희망과 행복을 위해 봉사, 책임을 다하는 행복 전도사 • 공공기관의 가치를 이해하고 국민과 소통하는 커뮤니케이터	• 공직자 사명감을 바탕으로 매사 정직하게 업무를 처리하는 공단인 • 높은 청렴도와 윤리의식을 겸비하여 국민으로부터 신뢰받는 공직자	• 더 나은 가치를 창출하기 위해 열정을 쏟는 도전가 • 열린 마음과 유연한 사고를 바탕으로 조직 혁신을 위한 선도자	• 우수성, 전문성을 갖추기 위해 평생학습하고 성장하는 주도자 • 새로운 시각을 기반으로 창의적 정책을 제시하는 탐색자

모집공고 및 채용 절차

최근 채용 현황

구분		채용 인원	공고일	접수기간	서류발표	필기시험	필기발표	면접시험	최종발표
2019	상반기 신규직원	512명	2019.04.04.	2019.04.04. ~ 04.19.	2019.05.09.	2019.05.18.	2019.05.28.	2019.06.03. ~ 06.12.	2019.07.04.
	하반기 신규직원	423명	2019.08.21.	2019.08.21. ~ 09.05.	2019.09.26.	2019.10.05.	2019.10.14.	2019.10.16. ~ 10.25.	2019.11.14.
2020	상반기 신규직원	393명	2020.04.02.	2020.04.02. ~ 04.16.	2020.05.08.	2020.05.16.	2020.05.25.	2020.05.27. ~ 06.05.	2020.06.26.
	하반기 신규직원	415명	2020.08.13.	2020.08.13. ~ 08.27.	2020.09.18.	2020.09.26.	2020.10.07.	2020.10.21. ~ 10.30.	2020.11.20.
2021	상반기 신규직원	460명	2021.04.01.	2021.04.01. ~ 04.15.	2021.05.07.	2021.05.15.	2021.05.24.	2021.05.31. ~ 06.11.	2021.07.01.
	하반기 신규직원	452명	2021.08.31.	2021.08.31. ~ 09.14.	2021.10.01.	2021.10.10.	2021.10.15.	2021.10.25. ~ 11.05.	2021.11.18.

채용 절차

※ 2021년 하반기 모집공고 기준

 서류전형 필기시험 온라인 인성검사 증빙서류 등록·심사 면접시험 최종 합격 (수습 임용)

• 각 전형별 합격자에 한하여 다음 단계 지원 자격을 부여함.
• 보훈전형 지원자는 필기시험 없이 온라인 인성검사 진행

■ 필기시험

과목	직렬	시험내용
1과목(60분) NCS기반 직업기초능력	행정직 건강직 요양직 기술직	• 직업기초능력 응용모듈 60문항 (의사소통 20문항, 수리 20문항, 문제해결 20문항)
	전산직	• 직업기초능력 응용모듈 15문항 (의사소통 5문항, 수리 5문항, 문제해결 5문항) • 전산개발 기초능력(C언어, JAVA, SQL) 35문항
2과목(20분) 직무시험 (법률)	행정직 건강직 전산직 기술직	• 국민건강보험법(시행령, 시행규칙 체외) 20문항
	요양직	• 노인장기요양보험법(시행령, 시행규칙 제외) 20문항

• 제1과목(NCS기반 직업기초능력) 이후 제2과목(직무시험) 준비시간 10분이 주어짐.
• 공단 인사규정 시행규칙 제14조(필기시험)에 따라 필기시험의 합격자는 과목당 40% 이상, 전 과목 총점의 60% 이상을 득점한 사람 중 고득점자 순으로 선발함.

■ 온라인 인성검사

- 필기시험 이후 온라인으로 진행되며 기간 내에 응시해야 함.
- 온라인 인성검사를 미실시한 경우 면접전형 응시 불가
- 일반전형 필기시험 합격자, 보훈전형 서류전형 합격자를 대상으로 함.

■ 면접전형

- 전체분야 인성검사 실시자 및 증빙서류 제출 완료자를 대상으로 함.
- 2021 상반기 : 다대다 구술면접인 경험행동면접(BEI) 60%, 토론면접(GD) 40%
- 2021 하반기 : 다대일 구술면접인 경험행동면접(BEI)과 상황면접(SI)을 함께 진행
- 상반기는 BEI 1인당 9분, 1조당 50분으로, 하반기는 BEI와 SI를 합쳐 1인당 15분으로 진행
※ 소요시간 및 조 인원은 면접 운영에 따라 변경될 수 있음.

■ 접수 유의사항

- 인터넷 접수(24시간) 외 방문, 우편, 이메일 등의 접수방법은 인정하지 않음.
- 입사지원서는 1회만 접수할 수 있으며 전형, 직렬, 지역을 달리하거나 동일분야에 중복 지원한 것이 확인될 시 '자격미달' 처리함.
- 최종제출 후 기재내용을 수정 또는 삭제할 수 없으며, 이를 이유로 지원서를 이중 제출한 경우도 중복 지원으로 간주함.
- 입사지원서 기재내용의 착오 또는 누락으로 인한 불이익은 모두 지원자 본인의 책임으로 입사지원서의 성명과 생일이 신분증과 상이할 경우 추후 전형이 응시할 수 없음
- 입사지원서 불성실 기재자는 '자격미달' 처리하고, 허위 기재자는 '부정한 행위를 한 자'로 간주함.

■ 이전지역(강원)인재 채용목표제

- 적용대상 : 이전지역(강원)이 포함된 모집권역 중 모집단위별 선발인원이 6명 이상인 분야
- 운영방법 : 각 전형단계별 이전 지역인재의 합격비율이 일정 비율(27%, 2021년 기준)이 되도록 하고, 채용비율에 미달할 경우 해당 비율 이상이 될 때까지 선발예정인원을 초과하여 추가합격 처리함.
- 단, 채용비율 미달에 따른 추가합격시 추가합격자는 합격선 −5점 이내의 사람 중 고득점자 순으로 선발하고, 채용목표인원 계산 시 소수점이 나올 경우 올림한 인원 수 이상으로 함.

국민건강보험법 기출 유형분석

>>> 2021 상 · 하반기 기출 유형분석

힘들게 암기한 내용, 응용의 충격에 날아가지 않게!

2021년 상반기까지는 전년도와 동일하게 회독을 통한 조문 암기로 풀어나갈 수 있는 단답형 문제들만이 제시되었다. 그러나 하반기 필기시험에서는 단답형 문제 출제 중심에서 벗어나 법률의 내용을 실제로 응용하는 문제들을 출제하여 수험생들이 법률을 실무에 적용할 수 있는 수준으로 그 내용을 이해하고 있는지를 측정하였다.

구체적으로는 국민건강보험법에서는 조세와 채권의 만기일을 제시하고 그 순위를 물어보거나 주한미국대사관에 근무하는 한국인에 대한 법률 적용, 노인장기요양보험법에서는 장기요양인정서가 발급되는 실제 날짜 계산 등이 출제되었다.

이에 따라 법률 과목의 체감 난이도가 크게 상승함에 따라 응용유형을 마주했을 때의 충격으로 힘들게 암기한 조문들을 기억해내지 못하는 사고가 발생하지 않도록, 제시된 자료에 침착하게 본인이 암기하고 이해한 법률을 적용해나가는 연습이 반드시 필요하다.

>>> 2021 상 · 하반기 키워드 체크

● **총칙 · 가입자**
건강보험정책심의위원회, 가입자격의 취득요건

● **보칙 · 벌칙**
외국인 등에 대한 특례,
과징금, 벌금

● **국민건강보험공단**
정관과 설립등기, 임원의 결격사유,
이사회, 재정운영위원회

2021 상 · 하반기

5%

20%

20%

30%

25%

● **보험료**
직장가입자의 보험료, 납부기한의 연장,
가산금, 보험료의 징수 순위

● **보험급여**
요양비, 요양급여의 종류,
요양급여의 예탁지급

≫ 2020 상 · 하반기 기출 유형분석

법률과목 도입 첫 해, 조문은 정확하게!

국민건강보험공단 채용 필기시험에 법률과목이 신설되면서 수험 데이터가 전무했던 수험생들의 혼란 속에 처음으로 실시된 2020년 상반기 필기시험에서는 출제기관 역시 법률과목 문제의 난이도 설정에 조심스러웠다.

이에 따라 회독을 통한 조문 암기를 통해 충분히 풀어나갈 수 있는 수준의 단답형 문제들이 출제되었다. 다만 조문의 내용을 그대로 옮겨서 문제를 출제해야 하는 과목의 특성상 조문의 내용에서 단어 하나, 숫자 하나씩을 바꾼 선택지들이 제시되어, 이러한 '한 곳 차이'를 찾아낼 수 있도록 법률 조문을 세밀하게, 그리고 정확하게 암기하는 것이 필요한 문제들로 구성되었다.

국민건강보험법에서는 세대주와 세대원, 포함과 제외를 바꿔서 서술하거나, 노인장기요양보험법에서는 공단과 요양기관을 공단 '또는' 요양기관으로 서술하는 등 조문을 길게 인용하는 자세히 읽지 않으면 놓치기 쉬운 변형을 가한 선택지문들을 출제하여 수험생들이 조문을 충실하게 암기하였는지의 여부를 측정하였다.

≫ 2020 상 · 하반기 키워드 체크

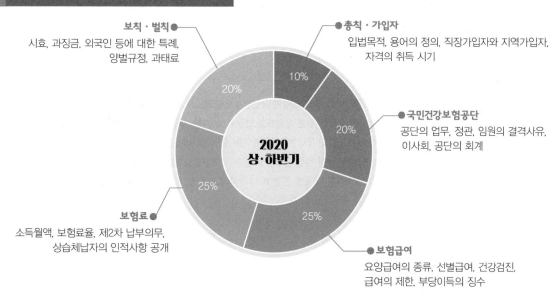

보칙 · 벌칙
시효, 과징금, 외국인 등에 대한 특례, 양벌규정, 과태료

총칙 · 가입자
입법목적, 용어의 정의, 직장가입자와 지역가입자, 자격의 취득 시기

국민건강보험공단
공단의 업무, 정관, 임원의 결격사유, 이사회, 공단의 회계

보험료
소득월액, 보험료율, 제2차 납부의무, 상습체납자의 인적사항 공개

보험급여
요양급여의 종류, 선별급여, 건강검진, 급여의 제한, 부당이득의 징수

2020
상 · 하반기

10%
20%
25%
25%
20%

국민건강보험법 행정직, 건강직, 전산직, 기술직

분석 ≫ 국민건강보험법은 국민건강보험공단의 주요 사업인 국민건강보험제도가 존립하기 위한 법적 근거로, 국민건강보험이 누구를 대상으로 어떻게, 무엇을 재원으로 운영되고 있는가에 대한 개괄적인 내용을 조문을 통해 나타내고 있다. 이와 함께 국민건강보험의 보험자인 국민건강보험공단과 요양급여비용의 심사기관인 건강보험심평가원의 설립 근거와 주요 업무, 조직구조, 방향성 등을 직접 규정하고 있다. 국민건강보험법은 미래의 국민건강보험공단의 직원이 될 수험생들이 돌파해야 할 필기시험 과목일 뿐만 아니라 이후의 면접, 그리고 입사 이후까지도 큰 도움이 될 수 있는 내용들이다.

국민건강보험공단 [직무시험]

파트 **1** 국민건강보험법

총칙

1 목적(제1조)

「국민건강보험법」은 국민의 질병·부상에 대한 예방·진단·치료·재활과 출산·사망 및 건강증진에 대하여 보험급여를 실시함으로써 국민보건 향상과 사회보장 증진에 이바지함을 목적으로 한다.

2 관장(제2조)

건강보험사업은 보건복지부장관이 맡아 주관한다.

3 용어의 정의(제3조)

(1) 근로자 : 직업의 종류와 관계없이 근로의 대가로 보수를 받아 생활하는 사람(법인의 이사와 그 밖의 임원을 포함한다)으로서 공무원 및 교직원을 제외한 사람

(2) 사용자
    ① 근로자가 소속되어 있는 사업장의 사업주
    ② 공무원이 소속되어 있는 기관의 장으로서 대통령으로 정하는 사람
    ③ 교직원이 소속되어 있는 사립학교를 설립·운영하는 자

(3) 사업장 : 사업소나 사무소

(4) 공무원 : 국가나 지방자치단체에서 상시 공무에 종사하는 사람

(5) 교직원 : 사립학교나 사립학교의 경영기관에서 근무하는 교원과 직원

★ 사립학교의 정의 (「사립학교교직원 연금법」 제3조)
「사립학교법」 제3조에 따른 사립학교, 「초·중등교육법」 제2조의 특수학교 중 사립학교 및 그 외에 교육부장관이 지정하는 사립학교와 이를 설치·경영하는 학교경영기관

4 건강보험종합계획 수립(제3조의2)

(1) 보건복지부장관은 건강보험의 건전한 운영을 위하여 건강보험정책심의위원회의 심의를 거쳐 5년마다 국민건강보험종합계획을 수립하여야 한다. 수립된 종합계획을 변경할 때에도 또한 같다.

(2) 건강보험종합계획의 포함사항
    ① 건강보험정책의 기본목표 및 추진방향
    ② 건강보험 보장성 강화의 추진계획 및 추진방법
    ③ 건강보험의 중장기 재정 전망 및 운영
    ④ 보험료 부과체계에 관한 사항 / ⑤ 요양급여비용에 관한 사항
    ⑥ 건강증진 사업에 관한 사항 / ⑦ 취약계층 지원에 관한 사항
    ⑧ 건강보험에 관한 통계 및 정보의 관리에 관한 사항
    ⑨ 그 밖에 건강보험의 개선을 위하여 필요한 사항으로 대통령령으로 정하는 사항

+ 더 알아보기

종합계획에 포함될 사항 (「국민건강보험법 시행령」 제2조의3)
1. 건강보험의 제도적 기반 조성에 관한 사항
2. 건강보험과 관련된 국제협력에 관한 사항
3. 그 밖에 건강보험의 개선을 위하여 보건복지부장관이 특히 필요하다고 인정하는 사항

(3) 연도별 시행계획

   ① 보건복지부장관은 건강보험종합계획에 따라 매년 연도별 시행계획을 건강보험정책
     심의위원회의 심의를 거쳐 수립·시행하여야 한다.

   ② 보건복지부장관은 매년 연도별 시행계획에 따른 추진실적을 평가하여야 한다.

(4) 보건복지부장관은 다음의 사유가 발생한 경우 관련 사항에 대한 보고서를 작성하여 지체
   없이 국회 소관 상임위원회에 보고하여야 한다.

   ① 국민건강보험종합계획의 수립 및 변경 / ② 연도별 시행계획의 수립 / ③ 연도별 시행
   계획에 따른 추진실적의 평가

(5) 자료 제출요구

   ① 보건복지부장관은 국민건강보험종합계획의 수립, 연도별 시행계획의 수립·시행 및
     추진실적의 평가를 위하여 필요하다고 인정하는 경우 관계기관의 장에게 자료의 제
     출을 요구할 수 있다.

   ② 자료의 제출을 요구받은 자는 특별한 사유가 없으면 이에 따라야 한다.

(6) 국민건강보험종합계획의 수립 및 변경, 연도별 시행계획의 수립·시행 및 추진실적의
   평가 등에 필요한 사항은 대통령령으로 정한다.

5 건강보험정책심의위원회(제4조)

(1) 건강보험정책심의위원회(이하 "심의위원회"라 한다)는 건강보험정책에 관한 다음의 사항
   을 심의·의결한다.

   ① 국민건강보험종합계획 수립 및 연도별 시행계획에 관한 사항(심의에 한정한다)

   ② 요양급여의 기준 / ③ 요양급여비용에 관한 사항 / ④ 직장가입자의 보험료율

   ⑤ 지역가입자의 보험료부과점수당 금액

   ⑥ 그 밖에 건강보험에 관한 주요 사항으로서 대통령령으로 정하는 사항

(2) 구성

   ① 심의위원회는 보건복지부장관 소속으로 한다.

   ② 위원장 1명, 부위원장 1명을 포함하여 25명의 위원으로 구성한다.

   ③ 위원장은 보건복지부차관이 되고, 부위원장은 위원 중에서 위원장이 지명한다.

   ④ 위원은 다음에 해당하는 사람을 보건복지부장관이 임명 또는 위촉한다.

     ㉠ 근로자단체 및 사용자단체가 추천하는 각 2명

     ㉡ 비영리민간단체, 소비자단체, 농어업인단체 및 자영업자단체가 추천하는 각 1명

     ㉢ 의료계를 대표하는 단체 및 약업계를 대표하는 단체가 추천하는 8명

     ㉣ 대통령령으로 정하는 중앙행정기관 소속 공무원 2명

     ㉤ 국민건강보험공단의 이사장 및 건강보험심사평가원의 원장이 추천하는 각 1명

     ㉥ 건강보험에 관한 학식과 경험이 풍부한 4명

(3) 공무원이 아닌 위원의 임기는 3년으로 한다. 다만, 위원의 사임 등으로 새로 위촉된 위원의
   임기는 전임위원 임기의 남은 기간으로 한다.

(4) 심의위원회의 운영 등에 필요한 사항은 대통령령으로 정한다.

★ 「국민건강보험법 시행령」 제3조
(심의위원회의 심의·의결사항)

1. 요양급여 각 항목에 관한 상대가
치점수

2. 약제, 치료재료별 요양급여비용의
상한

3. 부가급여에 관한 사항 등 건강보
험에 관한 주요 사항으로서 건강
보험정책심의위원회의 위원장이
회의에 부치는 사항

★ "대통령령으로 정하는 중앙행정
기관 소속 공무원" (「국민건강보
험법 시행령」 제4조)

기획재정부와 보건복지부 소속의 3
급 공무원 또는 고위공무원단에 속
하는 일반직 공무원 중에서 그 소속
기관의 장이 1명씩 지명하는 사람

www.gosinet.co.kr
국민건강보험법
1회 기출예상
2회 기출예상
3회 기출예상
4회 기출예상
5회 기출예상

법령 핵심체크 OX

다음을 읽고 맞는 것은 O, 틀린 것은 X에 표시하시오.

01 「국민건강보험법」은 국민의 질병·부상에 대한 예방·진단·치료·재활과 출산·사망 및 건강증진에 대하여 보험급여를 실시함으로써 국민보건 향상과 사회보장 증진에 이바지함을 목적으로 한다. (O / X)

02 건강보험사업의 주관자는 국민건강보험공단 이사장이다. (O / X)

03 「국민건강보험법」에서 정의하는 "근로자"는 근로의 대가로 보수를 받아 생활하는 사람으로 공무원과 교직원을 제외한 사람을 의미한다. (O / X)

04 「국민건강보험법」에서 정의하는 "사용자"에는 사립학교를 설립·운영하는 자를 포함한다. (O / X)

05 「국민건강보험법」에서 정의하는 "사업장"은 사업소나 사무소를 의미한다. (O / X)

06 「국민건강보험법」에서 정의하는 "교직원"은 사립학교의 경영기관에서 근무하는 직원은 포함하지 않는다. (O / X)

07 보건복지부장관은 건강보험정책심의위원회의 심의를 거쳐 3년마다 국민건강보험종합계획을 수립하여야 한다. (O / X)

08 국민건강보험종합계획의 내용에는 건강보험정책의 기본목표 및 추진방향을 포함한다. (O / X)

09 국민건강보험종합계획의 내용에는 보험료 부과체계에 관한 사항을 포함한다. (O / X)

10 보건복지부장관은 건강보험정책심의위원회의 심의를 거쳐 매년 국민건강보험종합계획에 따른 시행계획을 수립·시행하여야 한다. (O / X)

11 보건복지부장관은 매년 국민건강보험종합계획의 시행계획에 따른 추진실적을 평가하여야 한다. (O / X)

12 국민건강보험종합계획의 수립 및 변경 시 국민건강보험공단 이사장은 관련 사항을 보고서로 작성하여 국회 소관 상임위원회에 보고하여야 한다. (O / X)

13 보건복지부장관은 국민건강보험종합계획의 수립에 필요할 경우 관계기관의 장에게 자료의 제출을 요구할 수 있고, 해당 기관장은 특별한 사유가 없으면 이에 따라야 한다. (○ / ×)

14 건강보험정책심의위원회는 건강보험정책에 대한 사항을 심의·의결하는 보건복지부장관 소속의 기관이다. (○ / ×)

15 건강보험정책심의위원회는 요양급여의 기준에 대한 사항을 심의·의결한다. (○ / ×)

16 건강보험정책심의위원회는 지역가입자의 보험료부과점수당 금액에 대한 사항을 의결한다. (○ / ×)

17 건강보험정책심의위원회는 위원장 1명과 부위원장 1명을 포함하여 총 25명으로 구성한다. (○ / ×)

18 건강보험정책심의위원회의 위원장은 보건복지부장관이 되고, 부위원장은 위원장이 지명하는 사람이 된다. (○ / ×)

19 건강보험정책심의위원회의 위원은 보건복지부장관이 임명 또는 위촉한다. (○ / ×)

20 건강보험정책심의위원회의 위원에는 국민건강보험공단 이사장과 건강보험심사평가원 원장이 추천하는 각 1명을 포함한다. (○ / ×)

21 공무원을 제외한 건강보험정책심의위원회의 위원의 임기는 3년으로 한다. (○ / ×)

22 건강보험정책심의위원회의 위원이 임기 중 사임하여 새로 위촉된 위원의 임기는 전임위원 임기의 남은 기간으로 한다. (○ / ×)

정답과 해설 | ✔

01 ○	02 ×	03 ○	04 ○
05 ○	06 ×	07 ×	08 ○
09 ○	10 ○	11 ○	12 ×
13 ○	14 ○	15 ○	16 ○
17 ○	18 ×	19 ○	20 ○
21 ○	22 ○		

법령 확인문제

1장 총칙

▶ 정답과 해설 2p

01 다음 ㉠ ~ ㉢에 들어갈 말로 바르게 연결된 것은?

> 「국민건강보험법」은 국민의 질병·부상에 대한 예방·진단·치료·재활과 출산·사망 및 건강증
> 진에 대하여 (㉠   )를 실시함으로써 (㉡   ) 향상과 (㉢   ) 증진에 이바지함을
> 그 제정목적으로 한다.

	㉠	㉡	㉢
①	건강검진	삶의 질	국민복지
②	보험급여	국민보건	사회보장
③	보험급여	삶의 질	국민복지
④	건강검진	국민보건	사회보장

02 다음 중 건강보험사업의 주관자는?

① 대통령

② 국민건강보험공단 이사장

③ 보건복지부장관

④ 질병관리청

03 다음은 「국민건강보험법」상 '사용자'의 정의이다. 빈칸에 들어갈 단어에 해당하지 않는 것은?

> 1. 근로자가 소속되어 있는 (   )의 사업주
> 2. (   )이/가 소속되어 있는 기관의 장으로서 대통령령으로 정하는 사람
> 3. 교직원이 속해있는 (   )를 설립·운영하는 자

① 공립학교　　　　　　　　　　　　② 사업장
③ 공무원　　　　　　　　　　　　　　④ 사립학교

04 다음 ㉠ ～ ㉢에 들어갈 단어로 바르게 연결된 것은?

> (㉠   )은 건강보험의 건전한 운영을 위하여 (㉡   )의 심의를 거쳐 (㉢)마다 국민건강보험종합계획을 수립하여야 한다. 수립된 종합계획을 변경할 때도 또한 같다.

	㉠	㉡	㉢
①	보건복지부장관	건강보험정책심의위원회	5년
②	보건복지부장관	건강보험정책심의위원회	3년
③	국민건강보험공단 이사장	보건복지부장관	5년
④	국민건강보험공단 이사장	보건복지부장관	3년

05 건강보험정책심의위원회에 대한 설명으로 옳지 않은 것은?

① 요양급여의 기준을 심의·의결하기 위한 기관이다.

② 보건복지부장관 소속으로 건강보험정책에 대한 사항을 심의하는 기관이다.

③ 위원장 1명과 부위원장 1명을 포함한 25명의 위원으로 구성한다.

④ 공무원이 아닌 심의위원회 위원의 임기는 전임위원의 사임이 없다면 5년으로 한다.

06 다음 중 국민건강보험종합계획에 관해 국회 소관 상임위원회에 보고해야 할 사항이 아닌 것은?

① 국민건강보험종합계획의 변경

② 국민건강보험종합계획에 따른 연도별 시행계획의 수립

③ 국민건강보험종합계획의 연도별 시행계획에 따른 인력확충안

④ 국민건강보험종합계획의 연도별 시행계획에 따른 추진실적의 평가

07 다음 중 건강보험정책심의위원회의 의결사항이 아닌 것은?

① 국민건강보험종합계획 및 연도별 시행계획 수립
② 요양급여비용에 관한 사항
③ 직장가입자의 보험료율
④ 지역가입자의 보험료부과점수당 금액

08 다음 중 건강보험정책심의위원회의 위원에 해당하지 않는 사람은?

① 국민건강보험공단 이사장의 추천을 받은 사람
② 의료계를 대표하는 단체의 추천을 받은 사람
③ 사용자단체의 추천을 받은 사람
④ 임원추천위원회의 추천을 받은 사람

02 가입자

1 적용 대상(제5조)

(1) 국내에 거주하는 국민은 국민건강보험의 가입자 또는 피부양자가 된다.

(2) 국민건강보험의 적용 대상에서 제외되는 경우

　① 수급권자 : 「의료급여법」 따라 의료급여를 받는 사람

＋ 더 알아보기

「의료급여법」 제3조(수급권자)

1. 「국민기초생활 보장법」에 따른 의료급여 수급자
2. 「재해구호법」에 따른 이재민으로서 보건복지부장관이 의료급여가 필요하다고 인정한 사람
3. 「의사상자 등 예우 및 지원에 관한 법률」에 따라 의료급여를 받는 사람
4. 「입양특례법」에 따라 국내에 입양된 18세 미만의 아동
5. 「독립유공자예우에 관한 법률」, 「국가유공자 등 예우 및 지원에 관한 법률」 및 「보훈보상 대상자 지원에 관한 법률」의 적용을 받고 있는 사람과 그 가족으로서 국가보훈처장이 의료급여가 필요하다고 추천한 사람 중에서 보건복지부장관이 의료급여가 필요하다고 인정한 사람
6. 「무형문화재 보전 및 진흥에 관한 법률」에 따라 지정된 국가무형문화재의 보유자(명예보유자를 포함한다)와 그 가족으로서 문화재청장이 의료급여가 필요하다고 추천한 사람 중에서 보건복지부장관이 의료급여가 필요하다고 인정한 사람
7. 「북한이탈주민의 보호 및 정착지원에 관한 법률」의 적용을 받고 있는 사람과 그 가족으로서 보건복지부장관이 의료급여가 필요하다고 인정한 사람
8. 「5 · 18민주화운동 관련자 보상 등에 관한 법률」 제8조에 따라 보상금등을 받은 사람과 그 가족으로서 보건복지부장관이 의료급여가 필요하다고 인정한 사람
9. 「노숙인 등의 복지 및 자립지원에 관한 법률」에 따른 노숙인 등으로서 보건복지부장관이 의료급여가 필요하다고 인정한 사람
10. 그 밖에 생활유지 능력이 없거나 생활이 어려운 사람으로서 대통령령으로 정하는 사람

　② 유공자등 의료보호대상자 : 「독립유공자예우에 관한 법률」 및 「국가유공자 등 예우 및 지원에 관한 법률」에 따라 의료보호를 받는 사람

(3) 유공자등 의료보호대상자임에도 국민건강보험의 적용 대상이 되는 경우

　① 건강보험의 적용을 보험자에게 신청한 사람

　② 건강보험을 적용받고 있던 사람이 유공자등 의료보호대상자로 되었으나 건강보험의 적용배제신청을 보험자에게 하지 아니한 사람

(4) 국민건강보험의 피부양자 : 직장가입자에게 주로 생계를 의존 하는 사람으로서 소득 및 재산이 보건복지부령으로 정하는 기준 이하에 해당하는 다음의 사람

　① 직장가입자의 배우자

　② 직장가입자의 직계존속(배우자의 직계존속을 포함한다)

　③ 직장가입자의 직계비속(배우자의 직계비속을 포함한다)과 그 배우자

　④ 직장가입자의 형제 · 자매

★ 직계와 방계, 존속과 비속

자기의 직계존속과 직계비속을 직계혈족이라고 하고, 자기의 형제자매와 형제자매의 직계비속 및 그 형제자매의 직계비속을 방계혈족이라고 한다(「민법」 제768조).

(5) 피부양자 자격의 인정 기준, 취득·상실시기 및 그 밖에 필요한 사항은 보건복지부령으로 정한다.

2 가입자의 종류(제6조)

(1) 직장가입자

　① 모든 사업장의 근로자 및 사용자와 공무원 및 교직원은 직장가입자가 된다.

　② 직장가입자가 아닌 경우

　　㉠ 고용 기간이 1개월 미만인 일용근로자

　　㉡ 「병역법」에 따른 현역병(지원에 의하지 아니하고 임용된 하사를 포함한다), 전환복무된 사람 및 군간부후보생

　　㉢ 선거에 당선되어 취임하는 공무원으로서 매월 보수 또는 보수에 준하는 급료를 받지 아니하는 사람

　　㉣ 그 밖에 사업장의 특성, 고용 형태 및 사업의 종류 등을 고려하여 대통령령으로 정하는 사업장의 근로자 및 사용자와 공무원 및 교직원

(2) 지역가입자 : 직장가입자와 그 피부양자를 제외한 가입자

3 사업장의 신고(제7조)

(1) 사업장의 사용자는 다음의 어느 하나에 해당할 경우 그때부터 14일 이내에 보건복지부령으로 정하는 바에 따라 보험자에게 신고하여야 한다.

　① 직장가입자가 되는 근로자·공무원 및 교직원을 사용하는 사업장(적용대상사업장)이 된 경우

　② 휴업·폐업 등 보건복지부령으로 정하는 사유가 발생한 경우

(2) 직장가입자가 되는 근로자·공무원 및 교직원을 사용하는 사업장으로 신고한 내용이 변경된 경우에도 이를 보험자에게 신고하여야 한다.

4 자격의 취득 시기(제8조)

(1) 국민건강보험의 가입자는 국내에 거주하게 된 날에 직장가입자 또는 지역가입자의 자격을 얻는다.

(2) 그 외의 자격의 취득 시기

　① 수급권자이었던 사람은 그 대상자에서 제외된 날

　② 직장가입자의 피부양자이었던 사람은 그 자격을 잃은 날

　③ 유공자등 의료보호대상자이었던 사람은 그 대상자에서 제외된 날

　④ 건강보험의 적용을 신청한 유공자등 의료보호대상자는 그 신청한 날

(3) 국민건강보험의 가입 자격을 얻은 경우 그 직장가입자의 사용자 및 지역가입자의 세대주는 그 명세를 보건복지부령에 정하는 바에 따라 자격을 취득한 날로부터 14일 이내에 보험자에게 신고하여야 한다.

★ **사업장의 탈퇴신고사유** (「국민건강보험법 시행규칙」 제3조)

사업장이 휴업·폐업·합병·폐쇄되는 경우, 사업장에 근로자가 없게 되거나 비상근 근로자 또는 1개월 동안의 소정(所定)근로시간이 60시간 미만인 단시간근로자만을 고용하게 된 경우

5 자격의 변동 시기(제9조)

(1) 자격의 변동 시기

① 지역가입자가 적용대상사업장의 사용자로 되거나, 근로자·공무원 또는 교직원(이하 "근로자등"이라 한다)으로 사용된 날

② 직장가입자가 다른 적용대상사업장의 사용자로 되거나 근로자등으로 사용된 날

③ 직장가입자인 근로자등이 그 사용관계가 끝난 날의 다음 날

④ 적용대상사업장에 휴업·폐업 등 보건복지부령으로 정하는 사유가 발생한 날의 다음 날

⑤ 지역가입자가 다른 세대로 전입한 날

(2) 국민건강보험의 가입 자격이 변동된 경우 직장가입자의 사용자와 지역가입자의 세대주는 다음의 구분에 따라 그 명세를 보건복지부령으로 정하는 바에 따라 자격이 변동된 날부터 14일 이내에 보험자에게 신고하여야 한다.

① 직장가입자의 사용자 : (1)의 ①, ②

② 지역가입자의 세대주 : (1)의 ③, ④, ⑤

(3) 법무부장관 및 국방부장관은 직장가입자나 지역가입자가 다음의 경우에 해당하게 된 경우 (법 제54조 제3호, 제4호) 보건복지부령으로 정하는 바에 따라 그 사유에 해당된 날부터 1개월 이내에 보험자에게 알려야 한다.

① 「병역법」에 따른 현역병(지원에 의하지 아니하고 임용된 하사를 포함한다), 전환복무된 사람 및 군간부후보생이 된 경우

② 교도소, 그 밖에 이에 준하는 시설에 수용되어 있는 경우

6 자격의 취득·변동 사항의 고지(제9조의2)

국민건강보험공단이 직접 가입자 자격의 취득 또는 변동 여부를 확인한 경우, 자격 취득 또는 변동 후 최초로 해당 국민건강보험료의 납부의무자에게 보험료 납입 고지를 할 때 보건복지부령으로 정하는 바에 따라 자격 취득 또는 변동에 관한 사항을 알려야 한다.

7 자격의 상실 시기(제10조)

(1) 가입자는 다음 중 어느 하나에 해당하게 된 날에 그 자격을 잃는다.

① 사망한 날의 다음 날

② 국적을 잃은 날의 다음 날

③ 국내에 거주하지 아니하게 된 날의 다음 날

④ 직장가입자의 피부양자가 된 날

⑤ 수급권자가 된 날

⑥ 건강보험을 적용받고 있던 사람이 유공자등 의료보호대상자가 되어 건강보험의 적용 배제신청을 한 날

(2) 국민건강보험의 자격을 잃은 경우, 직장가입자의 사용자와 지역가입자의 세대주는 그 명세를 보건복지부령으로 정하는 바에 따라 자격을 잃은 날부터 14일 이내에 보험자에게 신고하여야 한다.

국민건강보험법

1회 기출예상

2회 기출예상

3회 기출예상

4회 기출예상

5회 기출예상

8 자격취득 등의 확인(제11조)

(1) 가입자 자격의 취득·변동 및 상실은 위 내용에 따른 자격의 취득·변동 및 상실의 시기로 소급하여 효력을 발생한다. 이 경우 보험자는 그 사실을 확인할 수 있다.

(2) 가입자나 가입자이었던 사람 또는 피부양자나 피부양자이었던 사람은 (1)에 따른 확인을 청구할 수 있다.

9 건강보험증(제12조)

(1) 국민건강보험공단은 가입자 또는 피부양자가 신청하는 경우 건강보험증을 발급하여야 한다.

(2) 제출

① 가입자 또는 피부양자가 요양급여를 받을 때에는 건강보험증을 요양기관에 제출하여야 한다. 다만 천재지변이나 그 밖의 부득이한 사유가 있으면 그러하지 아니하다.

② 가입자 또는 피부양자는 주민등록증, 운전면허증, 여권 그 밖에 보건복지부령으로 정하는 본인 여부를 확인할 수 있는 신분증명서로 요양기관이 그 자격을 확인할 수 있으면 건강보험증을 제출하지 아니할 수 있다.

(3) 의무사항 등

① 가입자·피부양자는 국민건강보험의 가입자격을 잃은 후 그 자격을 증명하던 서류를 사용하여 보험급여를 받아서는 아니 된다.

② 누구든지 건강보험증이나 신분증명서를 다른 사람에게 양도하거나 대여하여 보험급여를 받게 하여서는 아니 된다.

③ 누구든지 건강보험증이나 신분증명서를 양도 또는 대여를 받거나 그 밖에 이를 부정하게 사용하여 보험급여를 받아서는 아니 된다.

④ 건강보험증의 신청 절차와 방법, 서식과 그 교부 및 사용 등에 필요한 사항은 보건복지부령으로 정한다.

법령 핵심체크 OX

2장 가입자

📖 다음을 읽고 맞는 것은 O, 틀린 것은 X에 표시하시오.

01 국내에 거주하는 국민은 국민건강보험의 가입자가 된다. (O / ×)

02 유공자등 의료보호대상자는 건강보험의 적용을 보험자에게 신청한 경우 국민건강보험의 가입자가 된다. (O / ×)

03 건강보험을 적용받고 있던 사람이 유공자등 의료보호대상자가 되었으나 건강보험의 적용배제신청을 하지 않은 경우 국민건강 보험의 가입자의 자격을 계속 유지한다. (O / ×)

04 직장가입자에게 주로 생계를 의존하는 배우자는 직장가입자의 피부양자가 될 수 있다. (O / ×)

05 직장가입자에게 주로 생계를 의존하는 형제 · 자매의 직계존속은 직장가입자의 피부양자가 될 수 있다. (O / ×)

06 직장가입자에게 주로 생계를 의존하는 직계비속의 배우자는 직장가입자의 피부양자가 될 수 없다. (O / ×)

07 고용기간이 1개월 미만인 일용근로자는 직장가입자가 되지 않는다. (O / ×)

08 군간부후보생은 직장가입자에 해당한다. (O / ×)

09 지역가입자는 직장가입자와 그 피부양자를 제외한 가입자를 말한다. (O / ×)

10 사업장의 사용자는 직장가입자를 사용하는 사업장이 된 경우 14일 이내에 그 사실을 보험자에게 신고해야 한다. (O / ×)

11 사업장을 폐업할 경우 해당 사업장의 사용자는 14일 이내에 그 사실을 보험자에게 신고하여야 한다. (O / ×)

12 국민건강보험의 가입자는 국내에 거주하게 된 날에 직장가입자 또는 지역가입자의 자격을 얻는다. (O / ×)

13 수급권자였던 사람은 그 대상자에서 제외된 날로부터 직장가입자 혹은 지역가입자의 자격을 취득한다. (O / ×)

14 보험자에게 건강보험의 적용을 신청한 유공자등 의료보호대상자는 그 허가일로부터 가입자가 된다. (O / ×)

15 직장가입자인 근로자가 그 사용관계가 끝날 경우 그 사유가 발생한 날 건강보험의 자격이 변동된다. (O / ×)

16 지역가입자가 다른 세대로 전입한 날 해당 지역가입자의 세대주는 14일 이내에 그 사실을 보험자에게 신고하여야 한다.

(○ / ×)

17 국방부장관은 지역가입자가 현역병이 된 경우 14일 이내에 그 사실을 보험자에게 알려야 한다.   (○ / ×)

18 국민건강보험의 가입자는 국내에 거주하지 아니하게 된 날의 다음 날에 그 자격을 잃는다.   (○ / ×)

19 국민건강보험의 가입자는 수급권자가 된 날 그 자격을 잃는다.   (○ / ×)

20 직장가입자가 국민건강보험의 가입자격을 잃은 경우 직장가입자의 사용자는 자격을 잃은 날로부터 14일 이내에 그 명세를 보험자에게 신고하여야 한다.

(○ / ×)

21 가입자 자격 취득의 변동 및 상실은 「국민건강보험법」의 규정에 따른 시기로 소급하여 효력이 발생한다.   (○ / ×)

22 국민건강보험의 가입자 또는 피부양자는 반드시 건강보험증을 발급받아야 한다.   (○ / ×)

23 국민건강보험의 가입자는 요양급여를 받을 때 건강보험증을 요양기관에 제출하여야 한다.   (○ / ×)

24 누구든지 건강보험증이나 신분증명서를 다른 사람에게 양도하거나 대여하여 보험급여를 받게 하여서는 안 된다.

(○ / ×)

25 누구든지 건강보험증이나 신분증명서를 양도 또는 대여를 받거나 그 밖에 이를 부정하게 사용하여 보험급여를 받아서는 안 된다.

(○ / ×)

정답과 해설 | ✔

01 ○	02 ○	03 ○	04 ○
05 X	06 X	07 ○	08 X
09 ○	10 ○	11 ○	12 ○
13 ○	14 X	15 X	16 ○
17 X	18 ○	19 ○	20 ○
21 ○	22 X	23 ○	24 ○
25 ○			

법령 확인문제

2장 가입자

▶ 정답과 해설 3p

01 다음 중 국민건강보험의 가입자에 해당하는 사람은?

① 「의료급여법」에 따른 의료급여를 받는 사람
② 「국가유공자 등 예우 및 지원에 관한 법률」에 따라 의료보호를 받는 의료보호대상자
③ 건강보험의 적용을 신청한 독립유공자인 의료보호대상자
④ 국민건강보험을 적용받던 중 국가유공자가 되어 건강보험의 배제신청을 한 사람

02 다음 중 직장가입자 K 씨의 피부양자가 될 수 없는 사람은? (단, 제시된 내용 이외의 조건은 모두 충족한 것으로 한다)

① K 씨의 방계비속
② K 씨의 배우자의 직계비속의 배우자
③ K 씨의 직계존속
④ K 씨의 배우자의 직계존속

03 다음은 직장가입자에서 제외되는 사람에 관한 규정이다. 빈칸에 들어갈 내용으로 잘못 연결된 것은?

1. 고용 기간이 (㉠) 미만인 일용근로자
2. 「병역법」에 따른 현역병(지원에 의하지 아니하고 임용된 하사를 포함함), 전환복무된 사람 및 (㉡)
3. 선거에 당선되어 취임하는 (㉢)으로 매월 보수 또는 보수에 준하는 급료를 받지 아니하는 사람
4. 그 밖에 사업장의 특성, 고용 형태 및 사업의 종류 등을 고려하여 대통령령으로 정하는 사업장의 근로자 및 (㉣)와 공무원 및 교직원

① ㉠ : 6개월
② ㉡ : 군간부후보생
③ ㉢ : 공무원
④ ㉣ : 사용자

04 사업장의 사용자에게 휴업 사유가 발생한 경우 국민건강보험의 보험자에게 이를 신고해야 한다. 다음 중 그 신고기한으로 옳은 것은?

① 3일 이내   ② 7일 이내

③ 14일 이내   ④ 30일 이내

05 다음 중 국내에 거주하고 있는 국민건강보험가입자가 직장가입자 혹은 지역가입자가 되는 시기로 옳지 않은 것은?

① 수급권자이었던 사람이 그 대상자에서 제외된 날

② 직장가입자의 피부양자였던 사람이 그 자격을 잃은 날

③ 유공자등 의료보호대상자가 건강보험의 적용을 신청한 날

④ 유공자등 의료보호대상자에서 제외된 날의 다음 날

06 지역가입자의 자격을 얻은 경우 그 지역가입자의 세대주는 그 명세를 보험자에게 신고해야 한다. 그 신고기한으로 옳은 것은?

① 신고의무가 없다.   ② 7일 이내

③ 14일 이내   ④ 30일 이내

07 다음 중 국민건강보험 가입자 자격의 변동 시기로 옳지 않은 것은?

① 지역가입자가 적용대상사업장의 근로자로 사용된 날
② 직장가입자가 다른 적용대상사업장의 근로자로 사용된 날
③ 지역가입자가 다른 세대로 전입한 날
④ 적용대상사업장이 폐업한 날

08 다음 중 국민건강보험 가입자 자격의 상실 시기로 옳지 않은 것은?

① 가입자가 사망한 날의 다음 날
② 가입자가 수급권자가 된 날의 다음 날
③ 가입자가 국내에 거주하지 아니하게 된 날의 다음 날
④ 건강보험을 적용받고 있던 사람이 유공자등 의료보호대상자가 되어 건강보험의 적용배제신청을 한 날

09 「국민건강보험법」에 대한 다음 설명 중 옳지 않은 것은?

① 가입자 자격의 변동은 그 변동시기에 관한 규정에 따른 시기로 소급하여 효력이 발생한다.

② 요양급여를 제공받기 위해서 국민건강보험의 가입자 또는 피부양자는 요양기관에 제출해야 할 건강보험증은 신분증명서의 제출로 이를 대체할 수 없다.

③ 누구든지 건강보험증이나 신분증명서를 다른 사람에게 양도하거나 대여하여 보험급여를 받게 하여서는 안된다.

④ 국민건강보험 가입자의 피부양자는 그 가입자의 자격취득에 관한 확인을 청구할 수 있다.

10 다음 중 건강보험증을 발급할 수 있는 기관은?

① 국민건강보험공단   ② 보건복지부

③ 기획재정부   ④ 장기요양위원회

국민건강보험공단

1 보험자(제13조)

국민건강보험의 보험자는 국민건강보험공단(이하 "공단"이라 한다)으로 한다.

2 업무(제14조)

(1) 공단의 업무
  ① 가입자 및 피부양자의 자격 관리
  ② 보험료와 그 밖에 이 법에 따른 징수금의 부과·징수
  ③ 보험급여의 관리
  ④ 가입자 및 피부양자의 질병의 조기발견·예방 및 건강관리를 위하여 요양급여 실시 현황과 건강검진 결과 등을 활용하여 실시하는 예방사업으로서 대통령령으로 정하는 사업
  ⑤ 보험급여비용의 지급
  ⑥ 자산의 관리·운영 및 증식사업
  ⑦ 의료시설의 운영
  ⑧ 건강보험에 관한 교육훈련 및 홍보
  ⑨ 건강보험에 관한 조사연구 및 국제협력
  ⑩ 「국민건강보험법」에서 공단의 업무로 정하고 있는 사항
  ⑪ 징수위탁근거법(「국민연금법」, 「고용보험 및 산업재해보상보험의 보험료징수 등에 관한 법률」, 「임금채권보장법」 및 「석면피해구제법」)에 따라 위탁받은 업무
  ⑫ 그 밖에 「국민건강보험법」 또는 다른 법령에 따라 위탁받은 업무
  ⑬ 그 밖에 건강보험과 관련하여 보건복지부장관이 필요하다고 인정한 업무

(2) 자산의 관리·운영 및 증식사업의 방법
  ① 체신관서 또는 「은행법」에 따른 은행에의 예입 또는 신탁
  ② 국가·지방자치단체 또는 「은행법」에 따른 은행이 직접 발행하거나 채무이행을 보증하는 유가증권의 매입
  ③ 특별법에 따라 설립된 법인이 발행하는 유가증권의 매입
  ④ 「자본시장과 금융투자업에 관한 법률」에 따른 신탁업자가 발행하거나 같은 법에 따른 집합투자업자가 발행하는 수익증권의 매입
  ⑤ 공단의 업무에 사용되는 부동산의 취득 및 일부 임대
  ⑥ 그 밖에 공단 자산의 증식을 위하여 대통령령으로 정하는 사업

(3) 공단은 특정인을 위하여 업무를 제공하거나 공단 시설을 이용하게 할 경우 공단의 정관으로 정하는 바에 따라 그 업무의 제공 또는 시설의 이용에 대한 수수료와 사용료를 징수할 수 있다.

(4) 공단은 「공공기관의 정보공개에 관한 법률」에 따라 건강보험과 관련하여 보유·관리하고 있는 정보를 공개한다.

3 법인격(제15조)

(1) 공단은 법인으로 한다.

(2) 공단은 주된 사무소의 소재지에서 설립등기를 함으로써 성립한다.

4 사무소(제16조)

(1) 공단의 주된 사무소의 소재지는 정관으로 정한다.

(2) 공단은 필요하면 정관으로 정하는 바에 따라 분사무소를 둘 수 있다.

5 정관(제17조)

(1) 정관에의 필요적 기재사항

목적, 명칭, 사무소의 소재지, 임직원에 관한 사항, 이사회의 운영, 재정운영위원회에 관한 사항, 보험료 및 보험급여에 관한 사항, 예산 및 결산에 관한 사항, 자산 및 회계에 관한 사항, 업무와 그 집행, 정관의 변경에 관한 사항, 공고에 관한 사항

(2) 공단은 정관을 변경하려면 보건복지부장관의 인가를 받아야 한다.

★ 정관(定款)
법인의 권한, 조직, 의무와 책임 등을 정한 규칙 혹은 이를 기재한 문서를 의미한다.

6 필요적 등기사항(제18조)

목적, 명칭, 주된 사무소 및 분사무소의 소재지, 이사장의 성명·주소 및 주민등록번호

7 해산(제19조)

공단의 해산에 관하여는 법률로 정한다.

8 임원(제20조)

(1) 공단은 임원으로서 이사장 1명, 이사 14명 및 감사 1명을 둔다. 이 경우 이사장, 이사 중 5명 및 감사는 상임으로 한다.

(2) 이사장은 「공공기관의 운영에 관한 법률」 제29조에 따른 임원추천위원회가 복수로 추천한 사람 중에서 보건복지부장관의 제청으로 대통령이 임명한다.

(3) 상임이사는 보건복지부령으로 정하는 추천 절차를 거쳐 이사장이 임명한다.

(4) 비상임이사는 다음의 사람을 보건복지부장관이 임명한다.

① 노동조합·사용자단체·시민단체·소비자단체·농어업인단체 및 노인단체가 추천하는 각 1명

② 대통령령으로 정하는 바에 따라 추천하는 관계 공무원 3명

(5) 감사는 임원추천위원회가 복수로 추천한 사람 중에서 기획재정부장관의 제청으로 대통령이 임명한다.

(6) 비상임이사는 정관으로 정하는 바에 따라 실비변상(實費辨償)을 받을 수 있다.

(7) 이사장의 임기는 3년, 이사(공무원인 이사는 제외한다)와 감사의 임기는 각각 2년으로 한다.

9 **징수이사(제21조)**

(1) 주요 업무 : 보험료와 그 밖에 이 법에 따른 징수금의 부과·징수 및 징수위탁근거법에 따라 위탁받은 업무(제14조 제1항 제2호, 제11호)

(2) 징수이사의 선임

　① 징수이사는 경영, 경제 및 사회보험에 관한 학식과 경험이 풍부한 사람으로서 보건복지부령으로 정하는 자격을 갖춘 사람 중에서 선임한다.

　② 징수이사 후보를 추천하기 위하여 공단에 이사를 위원으로 하는 징수이사추천위원회(이하 "추천위원회"라 한다)를 두며, 추천위원회의 위원장은 이사장이 지명하는 이사로 한다.

　③ 추천위원회는 주요 일간신문에 징수이사 후보의 모집 공고를 하여야 하며, 이와 별도로 적임자로 판단되는 징수이사 후보를 조사하거나 전문단체에 조사를 의뢰할 수 있다.

　④ 추천위원회는 모집한 사람을 보건복지부령으로 정하는 징수이사 후보 심사기준에 따라 심사하여야 하며, 징수이사 후보로 추천될 사람과 계약 조건에 관하여 협의하여야 한다.

　⑤ 이사장은 심사와 협의 결과에 따라 징수이사 후보와 계약을 체결하여야 하며, 이는 상임이사의 임명으로 본다.

　⑥ 계약 조건에 관한 협의, 계약 체결 등에 필요한 사항은 보건복지부령으로 정한다.

10 **임원의 직무(제22조)**

(1) 이사장은 공단을 대표하고 업무를 총괄하며, 임기 중 공단의 경영성과에 대하여 책임을 진다.

(2) 상임이사는 이사장의 명을 받아 공단의 업무를 집행한다.

(3) 이사장이 부득이한 사유로 그 직무를 수행할 수 없을 때에는 정관으로 정하는 바에 따라 상임이사 중 1명이 그 직무를 대행하고, 상임이사가 없거나 그 직무를 대행할 수 없을 때에는 정관으로 정하는 임원이 그 직무를 대행한다.

(4) 감사는 공단의 업무, 회계 및 재산 상황을 감사한다.

11 **임원의 결격사유(제23조)**

(1) 대한민국 국민이 아닌 사람

(2) 「공공기관의 운영에 관한 법률」 제34조 제1항(결격사유)에 해당하는 사람

12 **임원의 당연퇴임 및 해임(제24조)**

(1) 임원이 결격사유에 해당하게 되거나 임명 당시 그에 해당하는 사람으로 확인되면 그 임원은 당연퇴임한다.

(2) 임명권자는 임원이 다음 중 어느 하나에 해당하면 그 임원을 해임할 수 있다.

국민건강보험법

1회 기출예상

2회 기출예상

3회 기출예상

4회 기출예상

5회 기출예상

① 신체장애나 정신장애로 직무를 수행할 수 없다고 인정되는 경우

② 직무상 의무를 위반한 경우

③ 고의나 중대한 과실로 공단에 손실이 생기게 한 경우

④ 직무 여부와 관계없이 품위를 손상하는 행위를 한 경우

⑤ 「국민건강보험법」에 따른 보건복지부장관의 명령을 위반한 경우

13 임원의 겸직 금지(제25조)

(1) 공단의 상임임원과 직원은 그 직무 외에 영리를 목적으로 하는 사업에 종사하지 못한다.

(2) 공단의 상임임원이 임명권자 또는 제청권자의 허가를 받거나 공단의 직원이 이사장의 허가를 받은 경우에는 비영리 목적의 업무를 겸할 수 있다.

14 이사회(제26조)

(1) 공단의 주요 사항을 심의·의결하기 위하여 공단에 이사회를 둔다.

(2) 이사회는 이사장과 이사로 구성한다.

(3) 감사는 이사회에 출석하여 발언할 수 있다.

(4) 이사회의 의결 사항 및 운영 등에 필요한 사항은 대통령령으로 정한다.

15 직원의 임면(제27조)

이사장은 정관으로 정하는 바에 따라 직원을 임면(任免)한다.

16 벌칙 적용 시 공무원 의제(제28조)

공단의 임직원은 「형법」 제129조부터 제132조까지(수뢰죄)의 규정을 적용할 때 공무원으로 본다.

➕ 더 알아보기

「형법」 제129조(수뢰, 사전수뢰) ① 공무원 또는 중재인이 그 직무에 관하여 뇌물을 수수, 요구 또는 약속한 때에는 5년 이하의 징역 또는 10년 이하의 자격정지에 처한다.
② 공무원 또는 중재인이 될 자가 그 담당할 직무에 관하여 청탁을 받고 뇌물을 수수, 요구 또는 약속한 후 공무원 또는 중재인이 된 때에는 3년 이하의 징역 또는 7년 이하의 자격정지에 처한다.

17 규정의 설정(제29조)

공단의 조직·인사·보수 및 회계에 관한 규정은 이사회의 의결을 거쳐 보건복지부장관의 승인을 받아 정한다.

18 대리인의 선임(제30조)

이사장은 공단 업무에 관한 모든 재판상의 행위 또는 재판 외의 행위를 대행하게 하기 위하여 공단의 이사 또는 직원 중에서 대리인을 선임할 수 있다.

19 대표권의 제한(제31조)

(1) 이사장은 공단의 이익과 자기의 이익이 상반되는 사항에 대하여는 공단을 대표하지 못한다. 이 경우 감사가 공단을 대표한다.

(2) 공단과 이사장 사이의 소송에서도 (1)의 내용을 준용한다.

20 이사장 권한의 위임(제32조)

「국민건강보험법」에 규정된 이사장의 권한 중 급여의 제한, 보험료의 납입고지 등 대통령령으로 정하는 사항은 정관으로 정하는 바에 따라 분사무소의 장에게 위임할 수 있다.

21 재정운영위원회(제33조, 제34조)

(1) 요양급여비용의 계약 및 결손처분 등 보험재정에 관련된 사항을 심의·의결하기 위하여 공단에 재정운영위원회를 둔다.

(2) 재정운영위원회의 위원장은 공익을 대표하는 위원 10명 중에서 호선(互選)한다.

(3) 구성
① 직장가입자를 대표하는 위원 10명 : 노동조합과 사용자단체에서 추천하는 각 5명
② 지역가입자를 대표하는 위원 10명 : 대통령령으로 정하는 바에 따라 농어업인 단체·도시자영업자단체 및 시민단체에서 추천하는 사람
③ 공익을 대표하는 위원 10명 : 대통령령으로 정하는 관계 공무원 및 건강보험에 관한 학식과 경험이 풍부한 사람

(2) 재정운영위원회의 위원은 보건복지부장관이 임명하거나 위촉한다.

(3) 공무원이 아닌 재정운영위원회 위원의 임기는 2년으로 한다. 다만, 위원의 사임 등으로 새로 위촉된 위원의 임기는 전임위원 임기의 남은 기간으로 한다.

(4) 재정운영위원회의 운영 등에 필요한 사항은 대통령령으로 정한다.

22 회계(제35조)

(1) 공단의 회계연도는 정부의 회계연도에 따른다.

(2) 공단은 직장가입자와 지역가입자의 재정을 통합하여 운영한다.

(3) 공단은 건강보험사업 및 징수위탁근거법의 위탁에 따른 국민연금사업·고용보험사업·산업재해보상보험사업·임금채권보장사업에 관한 회계를 공단의 다른 회계와 구분하여 각각 회계처리하여야 한다.

★호선(互選)
조직의 구성원들이 그 가운데에서 어떠한 사람을 뽑음. 혹은 그 선거

23 예산(제36조)

공단은 회계연도마다 예산안을 편성하여 이사회의 의결을 거친 후 보건복지부장관의 승인을 받아야 한다. 예산을 변경할 때에도 또한 같다.

24 차입금(제37조)

공단은 지출할 현금이 부족한 경우에는 차입할 수 있다. 다만, 1년 이상 장기로 차입하려면 보건복지부장관의 승인을 받아야 한다.

25 준비금(제38조)

(1) 공단은 회계연도마다 결산상의 잉여금 중에서 그 연도의 보험급여에 든 비용의 100분의 5 이상에 상당하는 금액을 그 연도에 든 비용의 100분의 50에 이를 때까지 준비금으로 적립하여야 한다.

(2) 준비금은 부족한 보험급여 비용에 충당하거나 지출할 현금이 부족할 때 외에는 사용할 수 없으며, 현금 지출에 준비금을 사용한 경우에는 해당 회계연도 중에 이를 보전(補塡)하여야 한다.

(3) 준비금의 관리 및 운영 방법 등에 필요한 사항은 보건복지부장관이 정한다.

26 결산(제39조)

(1) 공단은 회계연도마다 결산보고서와 사업보고서를 작성하여 다음해 2월 말일까지 보건복지부장관에게 보고하여야 한다.

(2) 공단은 결산보고서와 사업보고서를 보건복지부장관에게 보고하였을 때에는 보건복지부령으로 정하는 바에 따라 그 내용을 공고하여야 한다.

27 재난적의료비 지원사업에 대한 출연(제39조의2)

공단은 「재난적의료비 지원에 관한 법률」에 따른 재난적의료비 지원사업에 사용되는 비용에 충당하기 위하여 매년 예산의 범위에서 출연할 수 있다. 이 경우 출연 금액의 상한 등에 필요한 사항은 대통령령으로 정한다.

28 「민법」의 준용(제40조)

공단에 관하여 「국민건강보험법」과 「공공기관의 운영에 관한 법률」에서 정한 사항 외에는 「민법」 중 재단법인에 관한 규정을 준용한다.

★ 재난적의료비 지원제도
암, 뇌혈관질관, 심장질환, 희귀질환 등으로 인해 소득수준 대비 과도한 의료비 지출이 발생하여 경제적 어려움이 발생한 가구를 대상으로 국민건강보험공단이 의료비를 지원하는 제도

★ 재단법인
학술, 종교, 자선, 기예, 사교 기타 영리 아닌 사업을 목적으로 하는 사단 또는 재단은 주무관청의 허가를 얻어 이를 법인으로 할 수 있다(「민법」 제32조).

법령 핵심체크 OX

📑 다음을 읽고 맞는 것은 O, 틀린 것은 X에 표시하시오.

01 국민건강보험의 보험자는 국민건강보험공단이다. (O / X)

02 국민건강보험공단은 의료시설을 운영하지 않는다. (O / X)

03 「국민건강보험법」의 '징수위탁근거법'은 「국민연금법」, 「고용보험 및 산업재해보상보험의 보험료징수 등에 관한 법률」, 「임금채권보장법」 및 「석면피해구제법」이다. (O / X)

04 집합투자업자가 발행하는 수익증권을 매입하는 것은 국민건강보험공단이 이용할 수 있는 자산의 관리·운영 및 증식사업에 해당하지 않는다. (O / X)

05 국민건강보험공단 정관의 변경에는 보건복지부장관의 인가를 요구하지 않는다. (O / X)

06 국민건강보험공단은 임원으로서 이사장 1명과 이사 14명, 감사 1명을 둔다. (O / X)

07 국민건강보험공단의 이사장은 임원추천위원회의 추천으로 보건복지부장관이 임명한다. (O / X)

08 국민건강보험공단의 상임이사는 국민건강보험공단 이사장이 임명한다. (O / X)

09 국민건강보험공단의 비상임이사는 국민건강보험공단 이사장이 임명한다. (O / X)

10 국민건강보험공단의 감사는 기획재정부장관의 제청으로 대통령이 임명한다. (O / X)

11 국민건강보험공단 이사장의 임기는 3년, 공무원이 아닌 이사와 감사의 임기는 2년이다. (O / X)

12 징수위탁근거법에 따른 보험료의 위탁징수업무는 징수이사가 담당한다. (O / X)

13 징수이사와의 계약 체결은 비상임이사의 임명으로 본다. (O / X)

14 이사장이 부득이한 사유로 직무를 수행할 수 없을 때에는 정관에 따라 상임이사 중 1명이 그 직무를 대행한다. (O / X)

15 대한민국 국민이 아닌 사람도 국민건강보험공단의 임원이 될 수 있다. (O / X)

16 국민건강보험공단의 직원은 직무 외 영리를 목적으로 하는 사업에 종사하지 못한다. (O / X)

17 국민건강보험공단 직원은 이사장의 허가를 받은 경우 비영리 목적의 업무를 겸할 수 있다. (O / X)

18 국민건강보험공단의 임직원은 「형법」상 수뢰죄의 적용에 있어서 공무원으로 본다. (○/ ×)

19 국민건강보험공단과 공단 이사장 사이의 소송에서 이사장은 공단을 대표하지 못한다. (○/ ×)

20 국민건강보험공단 재정운영위원회의 위원장은 공익을 대표하는 위원들 중에서 호선한다. (○/ ×)

21 국민건강보험공단 재정운영위원회 위원의 임기는 3년으로 한다. (○/ ×)

22 공단의 회계연도는 정부의 회계연도에 따른다. (○/ ×)

23 공단은 직장가입자와 지역가입자의 재정을 분리하여 운영한다. (○/ ×)

24 국민건강보험공단은 매 회계연도마다 예산안을 편성하여 이사회의 의결을 거친 후 보건복지부장관의 승인을 받아야 한다.
(○/ ×)

25 국민건강보험공단은 1년 미만의 단기 차입시 보건복지부장관의 승인을 받아야 한다. (○/ ×)

26 국민건강보험공단의 준비금은 공단의 자산증식에 사용할 수 있다. (○/ ×)

27 국민건강보험공단은 재난적의료비 지원사업에 사용되는 비용을 충당하기 위해 매년 예산의 범위에서 출연할 수 있다.
(○/ ×)

28 국민건강보험공단에 관하여 「국민건강보험법」과 「공공기관의 운영에 관한 법률」 이외의 사항에 관해서는 「민법」 중 재단법인에
관한 규정을 준용한다. (○/ ×)

정답과 해설 | ✔

01 ○	02 X	03 ○	04 X
05 X	06 ○	07 X	08 ○
09 X	10 ○	11 ○	12 ○
13 X	14 ○	15 X	16 ○
17 ○	18 ○	19 ○	20 ○
21 X	22 ○	23 X	24 ○
25 X	26 X	27 ○	28 ○

법령 확인문제

3장 국민건강보험공단

▶ 정답과 해설 4p

01 다음 중 국민건강보험의 보험자는?

① 대통령
② 보건복지부장관
③ 국민건강보험공단
④ 건강보험정책심의위원회

02 다음 중 국민건강보험공단의 업무에 해당하지 않는 것은?

① 국민건강보험의 가입자 자격 관리
② 건강보험에 관한 교육훈련 및 홍보
③ 보험급여의 관리
④ 직장가입자의 보험료율 결정

03 다음 중 국민건강보험공단의 정관에 포함된 사항은 모두 몇 개인가?

> ㉠ 국민건강보험공단 사무소의 소재지
> ㉡ 재정운영위원회에 관한 사항
> ㉢ 국민건강보험공단의 설립목적
> ㉣ 국민건강보험공단의 업무와 그 집행
> ㉤ 국민건강보험공단 이사회의 운영에 관한 사항

① 2개
② 3개
③ 4개
④ 5개

04 다음 중 「국민건강보험법」에서의 '징수위탁근거법'에 해당하지 않는 것은?

① 임금채권보장법
② 재난적의료비 지원에 관한 법률
③ 고용보험 및 산업재해보상보험의 보험료징수 등에 관한 법률
④ 국민연금법

05 다음 빈칸에 들어갈 숫자의 합은?

> 1. 국민건강보험공단의 임원 중 이사장 1명, (   )명의 이사 중 (   )명, 그리고 감사는 상임이다.
> 2. 국민건강보험공단 이사장의 임기는 (   )년, 공무원인 이사를 제외한 이사의 임기는 (   )년, 감사의 임기는 (   )년이다.

① 20   ② 22
③ 26   ④ 28

06 다음 중 국민건강보험공단 징수이사의 업무에 해당하는 것은?

① 징수위탁근거법에 따라 위탁받은 업무
② 의료시설의 운영
③ 가입자 및 피부양자의 자격 관리
④ 보험급여비용의 지급

07 다음 중 국민건강보험공단 감사의 임명권자는?

① 대통령
② 국민건강보험공단 이사장
③ 기획재정부장관
④ 보건복지부장관

08 다음은 국민건강보험공단 재정운영위원회의 위원 구성과 관련한 규정이다. 다음 빈칸에 들어갈 내용은?

> 국민건강보험공단의 재정운영위원회는 다음의 사람을 (   )이/가 임명하거나 위촉한다.
> 1. 직장가입자를 대표하는 위원 10명 : 노동조합과 사용조합에서 각 5명을 추천
> 2. 지역가입자를 대표하는 위원 10명 : 농어업인단체·도시자영업자단체 및 시민단체에서 추천하는 사람
> 3. 공익을 대표하는 위원 10명 : 대통령령으로 정하는 관계 공무원 및 건강보험에 관한 학식과 경험이 풍부한 사람
> 재정운영위원회의 위원은 공익을 대표하는 위원 10명 중에서 호선한다.

① 국민건강보험공단 이사장
② 보건복지부장관
③ 기획재정부 장관
④ 대통령

09 다음 중 국민건강보험공단 직원의 임명권자는?

① 대통령
② 보건복지부장관
③ 국민건강보험공단 이사장
④ 국민건강보험공단 기획상임이사

10 국민건강보험공단의 임직원에 대한 설명으로 적절하지 않은 것은?

① 공단의 상임임원과 직원은 그 직무 외에 영리를 목적으로 하는 사업에 종사하지 못한다.

② 공단의 직원은 이사장의 허가하에 비영리 목적의 업무를 겸할 수 있다.

③ 국민건강보험공단의 이사장은 공단의 이익과 자기의 이익이 상반되는 사항에 대해 공단을 대표하지 못한다.

④ 공단의 직원은 임원과 달리 수뢰죄를 범했을 때 공무원으로 의제되지 않는다.

11 국민건강보험공단의 이사장이 국민건강보험공단을 상대로 소송을 제기할 경우 국민건강보험공단을 대표하는 사람은?

① 국가

② 국민건강보험공단의 감사

③ 국민건강보험공단의 이사장

④ 국민건강보험공단 법무지원실장

12 다음 중 국민건강보험공단 재정운영위원회의 업무에 해당하는 것은?

① 요양급여비용의 계약

② 건강보험에 관한 국제협력

③ 보험료의 부과 및 징수

④ 장기요양인정에 관한 사항의 실태조사

13 다음 중 국민건강보험공단 임원의 해임사유에 해당하지 않는 것은?

① 신체장애나 정신장애로 직무를 수행할 수 없는 경우

② 경과실로 공단에 손실이 생기게 한 경우

③ 직무에 관계없이 품위를 손상하는 행위를 한 경우

④ 임원의 직무상 의무를 위반한 경우

14 다음은 국민건강보험공단의 준비금과 관련된 규정이다. 다음 빈칸에 들어갈 숫자의 합은?

> 공단은 회계연도마다 결산상의 잉여금 중에서 그 연도의 보험급여에 든 비용의 100분의 (   ) 이상에 상당하는 금액을 그 연도에 든 비용의 100분의 (   )에 이를 때까지 준비금으로 적립하여야 한다.

① 25

② 55

③ 60

④ 70

15 다음 중 국민건강보험공단의 예산안에 대한 의결권자와 승인권자를 순서대로 바르게 연결한 것은?

① 국민건강보험공단 이사회, 보건복지부장관

② 보건복지부장관, 대통령

③ 국민건강보험공단 감사회, 보건복지부장관

④ 국민건강보험공단 이사회, 기획재정부장관

16 국민건강보험공단의 재정운영에 관한 설명으로 옳지 않은 것은?

① 직장가입자와 지역가입자의 재정은 통합하여 운영한다.

② 공단은 매 회계연도마다 결산보고서를 작성하여 다음해 2월까지 국회 보건복지위원회에 보고하여야
   한다.

③ 공단은 1년 이상 장기로 현금을 차입할 경우 보건복지부장관의 승인을 받아야 한다.

④ 공단의 준비금은 부족한 보험급여 비용에 충당하거나 지출할 현금이 부족할 때 외에는 사용할 수 없다.

17 다음은 국민건강보험공단의 운영에 관한 준용규정이다. 다음 빈칸에 들어갈 내용이 순서대로 바르게
    연결된 것은?

> 국민건강보험공단에 관하여 「국민건강보험법」과 (   )에서 정한 사항 외에는 「민법」 중
> (   )에 관한 규정을 준용한다.

① 「공공기관의 운영에 관한 법률」, 사단법인

② 「공공기관의 운영에 관한 법률」, 재단법인

③ 「행정절차법」, 사단법인

④ 「행정절차법」, 재단법인

보험급여

1 요양급여(제41조)

(1) 종류 : 가입자와 피부양자의 질병, 부상, 출산 등에 대한 진찰·검사, 약제(藥劑)·치료재료의 지급, 처치·수술 및 그 밖의 치료, 예방·재활, 입원, 간호, 이송(移送)

(2) 내용
   ① 약제 : 제41조의3에 따라 요양급여대상으로 보건복지부장관이 결정하여 고시한 것
   ② 그 외의 요양급여 : 보건복지부장관이 비급여대상으로 정한 것을 제외한 일체의 것

(3) 요양급여의 방법·절차·범위·상한 등의 기준은 보건복지부령으로 정한다.

(4) 보건복지부장관은 요양급여의 기준을 정할 때 업무나 일상생활에 지장이 없는 질환에 대한 치료 등 보건복지부령으로 정하는 사항은 요양급여대상에서 제외되는 사항(이하 "비급여대상"이라 한다)으로 정할 수 있다.

2 약제에 대한 요양급여비용 상한금액의 감액(제41조의2)

★ 의약품 등의 판매질서(「약사법」 제47조 제2항)
의약품공급자는 의약품 채택·처방 유도·거래유지 등 판매촉진을 목적으로 약사·한약사·의료인·의료기관 개설자 또는 의료기관 종사자에게 금전, 물품, 편익, 노무, 향응, 그 밖의 경제적 이익을 제공하거나 이를 취득하게 하여서는 안 된다. 다만, 견본품 제공등의 행위로서 식품의약품안전처장과 협의하여 보건복지부령으로 정하는 범위 안의 경제적 이익등인 경우에는 그러하지 아니하다.

(1) 보건복지부장관은 「약사법」 제47조 제2항의 위반과 관련된 약제에 대하여는 요양급여비용 상한금액의 100분의 20을 넘지 아니하는 범위에서 그 금액의 일부를 감액할 수 있다.

(2) 보건복지부장관은 (1)에 따라 요양급여비용의 상한금액이 감액된 약제가 감액된 날부터 5년의 범위에서 대통령령으로 정하는 기간 내에 다시 (1)에 따른 감액의 대상이 된 경우에는 요양급여비용 상한금액의 100분의 40을 넘지 아니하는 범위에서 요양급여비용 상한금액의 일부를 감액할 수 있다

(3) 보건복지부장관은 (2)에 따라 요양급여비용의 상한금액이 감액된 약제가 감액된 날부터 5년의 범위에서 대통령령으로 정하는 기간 내에 다시 「약사법」 제47조 제2항의 위반과 관련된 경우에는 해당 약제에 대하여 1년의 범위에서 기간을 정하여 요양급여의 적용을 정지할 수 있다.

(4) 요양급여비용 상한금액의 감액 및 요양급여 적용 정지의 기준, 절차, 그 밖에 필요한 사항은 대통령령으로 정한다.

3 행위·치료재료 및 약제에 대한 요양급여대상 여부의 결정(제41조의3)

(1) 요양기관, 치료재료의 제조업자·수입업자 등 보건복지부령으로 정하는 자는 요양급여 대상 또는 비급여대상으로 결정되지 아니한 법 제41조 제1항 제1호·제3호·제4호의 요양급여에 관한 행위 및 법 제41조 제1항 제2호의 치료재료에 대하여 요양급여대상 여부의 결정을 보건복지부장관에게 신청하여야 한다.

(2) 「약사법」에 따른 약제의 제조업자·수입업자 등 보건복지부령으로 정하는 자는 요양급여대상에 포함되지 아니한 약제에 대하여 보건복지부장관에게 요양급여대상 여부의 결정을 신청할 수 있다.

국민건강보험법

1회 기출예상

2회 기출예상

3회 기출예상

4회 기출예상

5회 기출예상

(3) (1), (2)에 따른 신청을 받은 보건복지부장관은 정당한 사유가 없으면 보건복지부령으로 정하는 기간 이내에 요양급여대상 또는 비급여대상의 여부를 결정하여 신청인에게 통보하여야 한다.

(4) 보건복지부장관은 신청이 없는 경우에도 환자의 진료상 반드시 필요하다고 보건복지부령으로 정하는 경우에는 직권으로 행위 · 치료재료 및 약제의 요양급여대상의 여부를 결정할 수 있다.

(5) 요양급여대상 여부의 결정 신청의 시기, 절차, 방법 및 업무의 위탁 등에 필요한 사항과 요양급여대상 여부의 결정 절차 및 방법 등에 관한 사항은 보건복지부령으로 정한다.

4 선별급여(제41조의4)

(1) 요양급여를 결정함에 있어 경제성 또는 치료효과성 등이 불확실하여 그 검증을 위하여 추가적인 근거가 필요하거나, 경제성이 낮아도 가입자와 피부양자의 건강회복에 잠재적 이득이 있는 등 대통령령으로 정하는 경우에는 예비적인 요양급여인 선별급여로 지정하여 실시할 수 있다.

(2) 보건복지부장관은 대통령령으로 정하는 절차와 방법에 따라 선별급여에 대하여 주기적으로 요양급여의 적합성을 평가하여 요양급여 여부를 다시 결정하고, 요양급여의 기준을 조정하여야 한다.

5 방문요양급여(제41조의5)

가입자 또는 피부양자가 질병이나 부상으로 거동이 불편한 경우 등 보건복지부령으로 정하는 사유에 해당하는 경우에는 가입자 또는 피부양자를 직접 방문하여 요양급여를 실시할 수 있다.

6 요양기관(제42조)

(1) 요양급여(간호와 이송은 제외한다)는 다음의 요양기관에서 실시한다. 이 경우 보건복지부장관은 공익이나 국가정책에 비추어 요양기관으로 적합하지 아니한 대통령령으로 정하는 의료기관 등은 요양기관에서 제외할 수 있다.
  ① 「의료법」에 따라 개설된 의료기관
  ② 「약사법」에 따라 등록된 약국
  ③ 「약사법」 제91조에 따라 설립된 한국희귀 · 필수의약품센터
  ④ 「지역보건법」에 따른 보건소 · 보건의료원 및 보건지소
  ⑤ 「농어촌 등 보건의료를 위한 특별조치법」에 따라 설치된 보건진료소

★ 의료기관(「의료법」 제3조)
의료인이 공중(公衆) 또는 특정 다수인을 위하여 의료 · 조산의 업을 하는 곳으로, 주로 외래환자를 대상으로 하는 의원급 의료기관, 주로 입원환자를 대상으로 하는 병원급 의료기관, 조산과 임산부 및 신생아를 대상으로 보건활동 등을 하는 조산원으로 구분한다.

★ 보건진료소(「농어촌 등 보건의료를 위한 특별조치법」 제2조)
의사가 배치되어 있지 아니하고 계속하여 의사를 배치하기 어려울 것으로 예상되는 의료 취약지역에서 보건진료 전담공무원으로 하여금 의료행위를 하게 하기 위하여 시장 · 군수가 설치 · 운영하는 보건의료시설

(2) 보건복지부장관은 효율적인 요양급여를 위하여 필요하면 보건복지부령으로 정하는 바에 따라 시설·장비·인력 및 진료과목 등 보건복지부령으로 정하는 기준에 해당하는 요양기관을 전문요양기관으로 인정할 수 있다. 이 경우 해당 전문요양기관에 인정서를 발급하여야 한다.

(3) 전문요양기관의 인정취소사유
① 전문요양기관 인정기준에 미달하게 된 경우
② 발급받은 전문요양기관 인정서를 반납한 경우

(4) 전문요양기관과 상급종합병원은 요양급여의 절차 및 요양급여비용을 다른 요양기관과 달리 할 수 있다.

(5) 요양기관은 정당한 이유 없이 요양급여를 거부하지 못한다.

7 선별급여 실시에 대한 관리(제42조의2)

(1) 선별급여 중 자료의 축적 또는 의료 이용의 관리가 필요한 경우에는 보건복지부장관이 해당 선별급여의 실시 조건을 사전에 정하여 이를 충족하는 요양기관만이 해당 선별급여를 실시할 수 있다.

(2) 선별급여를 실시하는 요양기관은 해당 선별급여의 평가를 위하여 필요한 자료를 제출하여야 한다.

(3) 보건복지부장관은 요양기관이 선별급여의 실시 조건을 충족하지 못하거나 필요한 자료를 제출하지 아니할 경우에는 해당 선별급여의 실시를 제한할 수 있다.

(4) 선별급여의 실시 조건, 자료의 제출, 선별급여의 실시 제한 등에 필요한 사항은 보건복지부령으로 정한다.

8 요양기관의 현황 신고(제43조)

(1) 요양기관은 요양급여비용을 최초로 청구하는 때에는 요양기관의 시설·장비 및 인력 등에 대한 현황을 건강보험심사평가원(이하 "심사평가원"이라 한다)에 신고하여야 한다.

(2) 요양기관은 신고 내용(요양급여비용의 증감에 관련된 사항만 해당)이 변경된 경우에는 그 변경된 날로부터 15일 이내에 보건복지부령으로 정하는 바에 따라 심사평가원에 신고하여야 한다.

(3) 신고의 범위, 대상, 방법 및 절차에 등에 필요한 사항은 보건복지부령으로 정한다.

9 비용의 일부부담(제44조)

(1) 요양급여를 받은 자는 대통령령으로 정하는 바에 따라 비용의 일부(이하 "본인일부부담금"이라 한다)를 본인이 부담한다. 이 경우 선별급여에 대해서는 다른 요양급여에 비하여 본인일부부담금을 상향 조정할 수 있다.

(2) 본인이 연간 부담하는 본인일부부담금의 총액이 대통령령으로 정하는 금액(이하 "본인부담상한액"이라 한다)을 초과한 경우에는 공단이 그 초과 금액을 부담하여야 한다.

(3) 본인부담상한액은 가입자의 소득수준 등에 따라 정한다.

(4) 본인일부부담금 총액 산정 방법, 본인부담상한액을 넘는 금액의 지급 방법 및 가입자의 소득수준 등에 따른 본인부담상한액 설정 등에 필요한 사항은 대통령령으로 정한다.

10 요양급여비용의 산정(제45조)

(1) 요양급여비용은 공단의 이사장과 대통령령으로 정하는 의약계를 대표하는 사람들의 계약으로 정한다. 이 경우 계약기간은 1년으로 한다.

(2) 계약이 체결되면 그 계약은 공단과 각 요양기관 사이에 체결된 것으로 본다.

(3) 계약은 직전 계약기간 만료일이 속하는 연도의 5월 31일까지 체결하여야 한다.

(4) 5월 31일까지 계약이 체결되지 아니하는 경우, 보건복지부장관이 그 직전 계약기간 만료일이 속하는 연도의 6월 30일까지 심의위원회의 의결을 거쳐 요양급여비용을 정한다. 이 경우 보건복지부장관이 정하는 요양급여비용은 계약으로 정한 요양급여비용으로 본다.

(5) 요양급여비용이 정해지면 보건복지부장관은 그 요양급여비용의 명세를 지체 없이 고시하여야 한다.

(6) 공단의 이사장은 재정운영위원회의 심의·의결을 거쳐 요양급여비용 산정 계약을 체결하여야 한다.

(7) 심사평가원은 공단의 이사장이 계약을 체결하기 위하여 필요한 자료를 요청하면 그 요청에 성실히 따라야 한다.

(8) 계약의 내용과 그 밖에 필요한 사항은 대통령령으로 정한다.

11 약제·치료재료에 따른 요양급여비용의 산정(제46조)

약제·치료재료(제41조 제1항 제2호)에 대한 요양급여비용은 요양기관의 약제·치료재료 구입 금액 등을 고려하여 대통령령으로 정하는 바에 따라 달리 산정할 수 있다.

12 요양급여비용의 청구와 지급(제47조)

(1) 요양기관은 공단에 요양급여비용의 지급을 청구할 수 있다. 이 경우 요양급여비용에 대한 심사청구는 공단에 대한 요양급여비용의 청구로 본다.

(2) 요양급여비용을 청구하려는 요양기관은 심사평가원에 요양급여비용의 심사청구를 하여야 하며, 심사청구를 받은 심사평가원은 이를 심사한 후 지체 없이 그 내용을 공단과 요양기관에 알려야 한다.

(3) 심사 내용을 통보받은 공단은 지체 없이 그 내용에 따라 요양급여비용을 요양기관에 지급한다. 이 경우 이미 낸 본인일부부담금이 통보된 금액보다 더 많으면 요양기관에 지급할 금액에서 더 많이 낸 금액을 공제하여 해당 가입자에게 지급하여야 한다.

(4) 공단은 가입자에게 지급하여야 하는 금액을 그 가입자가 내야 하는 보험료와 그 밖에 이 법에 따른 징수금(이하 "보험료등"이라 한다)과 상계(相計)할 수 있다.

(5) 공단은 심사평가원이 요양급여의 적정성을 평가하여 공단에 통보하면 그 평가 결과에 따라 요양급여비용을 가산하거나 감액 조정하여 지급한다. 이 경우 평가 결과에 따라 요양급여비용을 가산하거나 감액하여 지급하는 기준은 보건복지부령으로 정한다.

(6) 요양급여비용의 심사청구 대행 단체
의사회·치과의사회·한의사회·조산사회 또는 신고한 각각의 지부 및 분회, 의료기관단체, 약사회 또는 신고한 지부 및 분회

(7) 요양급여비용의 청구·심사·지급 등의 방법과 절차에 필요한 사항은 보건복지부령으로 정한다.

13 요양급여비용의 지급 보류(제47조의2)

(1) 공단은 요양급여비용의 지급을 청구한 요양기관이 의료기관 및 약국의 개설에 관한 규정을 위반하였다는 사실을 수사기관의 수사 결과로 확인한 경우에는 해당 요양기관이 청구한 요양급여비용의 지급을 보류할 수 있다. 이 경우 요양급여비용 지급 보류 처분의 효력은 해당 요양기관이 그 처분 이후 청구하는 요양급여비용에 대해서도 미친다.

(2) 공단은 요양급여비용의 지급을 보류하기 전에 해당 요양기관에 의견 제출의 기회를 주어야 한다.

(3) 법원의 무죄 판결이 확정되는 등 대통령령으로 정하는 사유로 요양기관이 의료기관 및 약국의 개설에 관한 규정을 위반한 혐의가 입증되지 아니한 경우, 공단은 지급 보류된 요양급여비용에 그 기간 동안의 이자를 가산하여 해당 요양기관에 지급하여야 한다.

(4) 지급 보류 절차 및 의견 제출의 절차 등에 필요한 사항, 지급 보류된 요양급여비용 및 이자의 지급 절차와 이자의 산정 등에 필요한 사항은 대통령령으로 정한다.

★ 의료기관 및 약국의 개설 권한
• 의료기관과 약국은 각각 「의료법」 제33조 제2항과 「약사법」 제20조 제1항에서 지정된 자만이 개설할 수 있다.
• 의료인은 다른 의료인 또는 의료법인 등의 명의로 의료기관을 개설하거나 운영할 수 없다(「의료법」 제4조 제2항).
• 의료인은 어떠한 명목으로도 둘 이상의 의료기관을 개설·운영할 수 없다. 다만 둘 이상의 의료인 면허를 소지한 자가 하나의 장소에서 면허 종별에 따른 의료기관을 함께 개설할 수 있다(「의료법」 제33조 제8항).
• 약사 또는 한약사는 하나의 약국만을 개설할 수 있다(「약사법」 제21조 제1항).

14 요양급여비용의 차등 지급(제47조의3)

지역별 의료자원의 불균형 및 의료서비스 격차의 해소 등을 위하여 지역별로 요양급여비용을 달리 정하여 지급할 수 있다.

15 요양급여 대상 여부의 확인(제48조)

(1) 가입자나 피부양자는 본인일부부담금 외에 자신이 부담한 비용이 요양급여 대상에서 제외되는 비용인지 여부에 대하여 심사평가원에 확인을 요청할 수 있다.

(2) 확인 요청을 받은 심사평가원은 그 결과를 요청한 사람에게 알려야 한다. 이 경우 확인을 요청한 비용이 요양급여 대상에 해당되는 비용으로 확인되면 그 내용을 공단 및 관련 요양기관에 알려야 한다.

(3) 해당 통보를 받은 요양기관은 받아야 할 금액보다 더 많이 징수한 금액(이하 "과다본인부담금"이라 한다)을 지체 없이 확인을 요청한 사람에게 지급하여야 한다. 다만, 공단은 해당 요양기관이 과다본인부담금을 지급하지 아니하면 해당 요양기관에 지급할 요양급여비용에서 과다본인부담금을 공제하여 확인을 요청한 사람에게 지급할 수 있다.

16 요양비(제49조)

(1) 지급요건
준요양기관에서 질병·부상·출산 등에 대한 요양을 받거나 요양기관이 아닌 장소에서 출산한 경우

(2) 요양비의 지급
① 공단은 요양급여에 상당하는 금액을 보건복지부령으로 정하는 바에 따라 가입자나 피부양자에게 요양비로 지급한다.
② 준요양기관은 보건복지부장관이 정하는 요양비 명세서나 요양 명세를 적은 영수증을 요양을 받은 사람에게 내주어야 하며, 요양을 받은 사람은 그 명세서나 영수증을 공단에 제출하여야 한다.

(3) 요양비의 지급 청구
① 준요양기관은 요양을 받은 가입자나 피부양자의 위임이 있는 경우 공단에 요양비의 지급을 직접 청구할 수 있다. 이 경우 공단은 지급이 청구된 내용의 적정성을 심사하여 준요양기관에 요양비를 지급할 수 있다.
② 준요양기관의 요양비 지급 청구와 공단의 적정성 심사 등에 필요한 사항은 보건복지부령으로 정한다.

★ 2021. 6. 30. 시행 개정법
요양급여비용의 지급 보류사유에 「의료법」 제4조 제2항, 「약사법」 제21조 제1항을 추가로 명시하고, 요양급여비용의 차등지급 규정을 신설하였다.

★ 준요양기관
가입자나 피부양자가 보건복지부령으로 정하는 긴급하거나 부득이한 사유로 업무정지중인 요양기관을 포함하여 요양기관과 비슷한 기능을 하는 기관으로서 보건복지부령으로 정하는 기관

★ 2021. 6. 30. 시행 개정법
준요양기관과 장애인 보조기기 판매업자가 국민건강보험공단에 직접 요양비와 보험급여를 각각 청구하여 지급받을 수 있도록 하는 법적 근거가 마련되었다.

국민건강보험법

1회 기출예상

2회 기출예상

3회 기출예상

4회 기출예상

5회 기출예상

17 부가급여(제50조)

공단은 이 법에서 정하는 요양급여 외에 대통령령으로 정하는 바에 따라 임신·출산 진료비, 장제비, 상병수당, 그 밖의 급여를 실시할 수 있다.

18 장애인에 대한 특례(제51조)

★ 보조기기(「장애인·노인 등을 위한 보조기기 지원 및 활용촉진에 관한 법률」제3조)
장애인등의 신체적·정신적 기능을 향상·보완하고 일상 활동의 편의를 돕기 위하여 사용하는 각종 기계·기구·장비로서 보건복지부령으로 정하는 것

(1) 공단은 「장애인복지법」에 따라 등록한 장애인인 가입자 및 피부양자에게는 「장애인·노인 등을 위한 보조기기 지원 및 활용촉진에 관한 법률」 제3조 제2호에 따른 보조기기에 대하여 보험급여를 할 수 있다.

(2) 장애인인 가입자 또는 피부양자에게 보조기기를 판매한 자는 피부양자의 위임이 있는 경우 공단에 보험급여를 직접 청구할 수 있다. 이 경우 공단은 지급이 청구된 내용의 적정성을 심사하여 보조기기를 판매한 자에게 보조기기에 대한 보험급여를 지급할 수 있다.

(3) 보조기기에 대한 보험급여의 범위·방법·절차와 보조기기 판매업자의 보험급여 청구, 공단의 적정성 심사 그 밖에 필요한 사항은 보건복지부령으로 정한다.

19 건강검진(제52조)

(1) 공단은 가입자와 피부양자에 대하여 질병의 조기 발견과 그에 따른 요양급여를 하기 위하여 건강검진을 실시한다.

(2) 건강검진의 종류 및 대상
   ① 일반건강검진 : 직장가입자, 세대주인 지역가입자, 20세 이상인 지역가입자 및 20세 이상인 피부양자
   ② 암검진 : 「암관리법」 제11조 제2항에 따른 암의 종류별 검진주기와 연령 기준 등에 해당하는 사람
   ③ 영유아건강검진 : 6세 미만의 가입자 및 피부양자

(3) 건강검진의 검진항목은 성별, 연령 등의 특성 및 생애 주기에 맞게 설계되어야 한다.

(4) 건강검진의 횟수·절차와 그 밖에 필요한 사항은 대통령령으로 정한다.

20 급여의 제한(제53조)

(1) 공단은 보험급여를 받을 수 있는 사람이 다음의 어느 하나에 해당되면 보험급여를 하지 아니한다.
   ① 고의 또는 중대한 과실로 인한 범죄행위에 그 원인이 있거나 고의로 사고를 일으킨 경우

국민건강보험법

1회 기출예상

2회 기출예상

3회 기출예상

4회 기출예상

5회 기출예상

② 고의 또는 중대한 과실로 공단이나 요양기관의 요양에 관한 지시에 따르지 아니한 경우

③ 고의 또는 중대한 과실로 제55조에 따른 문서와 그 밖의 물건의 제출을 거부하거나 질문 또는 진단을 기피한 경우

④ 업무 또는 공무로 생긴 질병·부상·재해로 다른 법령에 따른 보험급여나 보상(報償) 또는 보상(補償)을 받게 되는 경우

(2) 보험급여를 받을 수 있는 사람이 다른 법령에 따라 국가나 지방자치단체로부터 보험급여에 상당하는 급여를 받거나 보험급여에 상당하는 비용을 지급받게 되는 경우에는 그 한도에서 보험급여를 하지 아니한다.

(3) 보험료 체납에 의한 보험급여의 제한

① 가입자가 대통령령으로 정하는 기간 이상동안 소득월액보험료, 세대단위의 보험료를 체납한 경우, 그 체납한 보험료를 완납할 때까지 그 가입자 및 피부양자에 대하여 보험급여를 실시하지 아니할 수 있다.

② 다만, 보험료의 체납에 있어서 그 월별 보험료의 총 체납횟수가 대통령령으로 정하는 횟수 미만이거나 가입자 및 피부양자의 소득 및 재산 등이 대통령령으로 정하는 기준 미만인 경우에는 보험급여를 제한하지 않는다.

③ 보험료를 체납한 자가 공단으로부터 분할납부 승인을 받고 그 승인된 보험료를 1회 이상 낸 경우에는 보험급여를 할 수 있다.

④ 다만, 분할납부를 승인받은 사람이 정당한 사유 없이 5회(승인받은 분할납부 횟수가 5회 미만인 경우에는 해당 분할납부 횟수) 이상 그 승인된 보험료를 내지 아니한 경우에는 보험급여를 제한한다.

⑤ 보험급여를 하지 아니하는 기간(이하 "급여제한기간"이라 한다) 동안에 받은 보험급여는 다음의 경우에만 보험급여로 인정한다.

㉠ 공단이 급여제한기간에 보험급여를 받은 사실이 있음을 가입자에게 통지한 날부터 2개월이 지난 날이 속한 달의 납부기한 이내에 체납된 보험료를 완납한 경우

㉡ 공단이 급여제한기간에 보험급여를 받은 사실이 있음을 가입자에게 통지한 날부터 2개월이 지난 날이 속한 달의 납부기한 이내에 분할납부 승인을 받은 체납보험료를 1회 이상 낸 경우. 다만, 분할납부 승인을 받은 사람이 정당한 사유 없이 5회 이상 그 승인된 보험료를 내지 아니한 경우에는 그러하지 아니하다.

21 급여의 정지(제54조)

(1) 급여의 정지사유

① 국외에 체류하는 경우

② 「병역법」에 따른 현역병(지원에 의하지 아니하고 임용된 하사를 포함한다), 전환복무된 사람 및 군간부후보생

★ 전환복무

군사훈련 후 선발되어 치안업무나 소방업무를 보조하는 역할을 수행하는 의무경찰, 의무소방대 등으로 신분이 전환된 사람으로, 병역을 이행하고 있으나 신분상으로는 군인에 해당하지 않는다. 전환복무제도는 2022년에 배정이 중단되어 2023년 폐지될 예정이다.

③ 교도소, 그 밖에 이에 준하는 시설에 수용되어 있는 경우

(2) (1)의 ②, ③의 경우에는 제60조에 따른 요양급여를 실시한다.

22 급여의 확인(제55조)

공단은 보험급여를 할 때 필요하다고 인정되면 보험급여를 받는 사람에게 문서와 그 밖의 물건을 제출하도록 요구하거나 관계인을 시켜 질문 또는 진단하게 할 수 있다.

23 요양비 등의 지급(제56조)

공단은 이 법에 따라 지급의무가 있는 요양비 또는 부가급여의 청구를 받으면 지체 없이 이를 지급하여야 한다.

24 요양비등수급계좌(제56조의2)

(1) 공단은 이 법에 따른 보험급여로 지급되는 현금(이하 "요양비등"이라 한다)을 받는 수급자의 신청이 있는 경우에는 이를 수급자 명의의 지정된 계좌인 요양비등수급계좌로 입금하여야 한다.

(2) 다만, 정보통신장애나 그 밖에 대통령령으로 정하는 불가피한 사유로 요양비등수급계좌로 이체할 수 없을 때에는 직접 현금으로 지급하는 등 대통령령으로 정하는 바에 따라 요양비등을 지급할 수 있다.

(3) 요양비등수급계좌가 개설된 금융기관은 요양비등수급계좌에 요양비등만이 입금되도록 하고, 이를 관리하여야 한다.

(4) 요양비등수급계좌의 신청 방법·절차와 관리에 필요한 사항은 대통령령으로 정한다.

25 부당이득의 징수(제57조)

(1) 공단은 속임수나 그 밖의 부당한 방법으로 보험급여를 받은 사람·준요양기관 및 보조기기 판매업자나 보험급여 비용을 받은 요양기관에 대하여 그 보험급여나 보험급여 비용에 상당하는 금액의 전부 또는 일부를 징수한다.

(2) 징수금의 연대납부
① 속임수나 그 밖의 부당한 방법으로 보험급여 비용을 받은 요양기관이 다음에 해당하는 경우에는 해당 요양기관을 개설한 자에게 그 요양기관과 연대하여 징수금을 납부하게 할 수 있다.

www.gosinet.co.kr gosi**net**

국민건강보험법

1회 기출예상

2회 기출예상

3회 기출예상

4회 기출예상

5회 기출예상

㉠ 의료기관을 개설할 수 없는 자가 의료인의 면허나 의료법인 등의 명의를 대여받아 개설 · 운영하는 의료기관(「의료법」 제33조 제2항 위반)

㉡ 약국을 개설할 수 없는 자가 약사 등의 면허를 대여받아 개설 · 운영하는 약국(「약사법」 제20조 제1항 위반)

㉢ 한 의료인이 둘 이상의 의료기관을 개설하거나 다른 의료인 또는 의료법인의 명의로 개설 · 운영한 경우 그 의료기관(「의료법」 제4조 제2항, 제33조 제8항 위반)

㉣ 한 약사 또는 한약사가 둘 이상의 약국을 개설 · 운영한 경우의 그 약국(「약사법」 제21조 제1항 위반)

② 건강보험증이나 신분증명서를 양도 · 대여하여 다른 사람이 보험급여를 받게 하는 등의 사용자나 가입자의 거짓 보고나 거짓 증명 또는 요양기관의 거짓 진단 또는 준요양기관이나 보조기기를 판매한 자의 속임수 기타 부당한 방법으로 보험급여가 실시된 경우 공단은 이들에게 보험급여를 받은 사람과 연대하여 징수금을 내게 할 수 있다.

③ 속임수나 그 밖의 부당한 방법으로 보험급여를 받은 사람과 같은 세대에 속한 가입자(피부양자의 경우에는 그 직장가입자)에게 속임수나 그 밖의 부당한 방법으로 보험급여를 받은 사람과 연대하여 징수금을 내게 할 수 있다.

(3) 요양기관이 가입자나 피부양자로부터 속임수나 그 밖의 부당한 방법으로 요양급여비용을 받은 경우 공단은 해당 요양기관으로부터 이를 징수하여 가입자나 피부양자에게 지체없이 지급하여야 한다. 이 경우 공단은 가입자나 피부양자에게 지급하여야 하는 징수금을 그 가입자 및 피부양자가 내야 하는 보험료 등과 상계할 수 있다.

★2021. 6. 30. 시행 개정법
보험급여비의 부정청구로 인한 누수를 방지하기 위해 1인 1개설 위반 및 면허 대여 의료기관과 장애인 보조기기 판매업자 등에 대한 부당이득을 환수할 수 있는 근거를 신설하였다.

26 부당이득 징수금 체납자의 인적사항 등의 공개(제57조의2)

(1) 요건

① 징수금을 납부할 의무가 있는 요양기관 또는 이를 개설한 자

② 납입 고지 문서에 기재된 납부기한의 다음 날부터 1년이 경과한 징수금을 1억 원 이상 체납한 경우

(2) 효과

징수금 발생의 원인이 되는 위반행위, 체납자의 인적사항 및 체납액 등 대통령령으로 정하는 사항(이하 "인적사항등"이하 한다)을 공개할 수 있다.

(3) 예외

체납된 징수금에 관한 이의신청, 심판청구가 제기되거나 행정소송이 계류 중인 경우 또는 그 밖에 체납된 금액의 일부 납부 등 대통령령으로 정하는 사유가 있는 경우에는 이를 공개하지 않는다.

(4) 부당이득징수금체납정보공개심의위원회

① 인적사항등의 공개여부를 심의하기 위해 공단에 부당이득징수금체납정보공개심의위원회를 둔다.

② 부당이득징수금체납정보공개심의위원회의 심의를 거친 인적사항등의 공개대상자에
게는 공개대상자임을 서면으로 통지하여 소명의 기회를 부여하여야 하며, 통지일부
터 6개월이 경과한 후 체납자의 납부이행 등을 고려하여 공개대상자를 선정한다.

(5) 인적사항등의 공개는 관보에 게재하거나 공단 인터넷 홈페이지에 게시하는 방법으로
한다.

(6) 인적사항등의 공개 절차 및 부당이득징수금체납정보공개심의위원회의 구성 · 운영 등에
필요한 사항은 대통령령으로 정한다.

27 구상권(제58조)

(1) 공단은 제3자의 행위로 보험급여사유가 생겨 가입자 또는 피부양자에게 보험급여를 한
경우에는 그 급여에 들어간 비용 한도에서 그 제3자에게 손해배상을 청구할 권리를 얻
는다.

(2) 보험급여를 받은 사람이 제3자로부터 이미 손해배상을 받은 경우에는 공단은 그 배상액
한도에서 보험급여를 하지 아니한다.

28 수급권 보호(제59조)

(1) 보험급여를 받을 권리는 양도하거나 압류할 수 없다.

(2) 요양비등수급계좌에 입금된 요양비등은 압류할 수 없다.

29 현역병 등에 대한 요양급여비용 등의 지급(제60조)

(1) 요건
  ① 「병역법」에 따른 현역병(지원에 의하지 아니하고 임용된 하사를 포함한다), 전환복무
    된 사람 및 군간부후보생
  ② 교도소, 그 밖에 이에 준하는 시설에 수용되어 있는 경우

(2) (1)에 해당하는 사람이 요양급여를 받은 경우, 공단이 부담하는 요양급여비용과 요양비
를 법무부장관 · 국방부장관 · 경찰청장 · 소방청장 또는 해양경찰청장으로부터 예탁 받
아 지급할 수 있다.

(3) 법무부장관 · 국방부장관 · 경찰청장 · 소방청장 또는 해양경찰청장은 예산상 불가피한
경우 외에는 연간(年間) 들어갈 것으로 예상되는 요양급여비용과 요양비를 대통령령으
로 정하는 바에 따라 미리 공단에 예탁하여야 한다.

30 요양급여비용의 정산(제61조)

공단은 근로복지공단이 이 법에 따라 요양급여를 받을 수 있는 사람에게 「산업재해보상보험법」 제40조에 따른 요양급여를 지급한 후 그 지급결정이 취소되어 해당 요양급여의 비용을 청구하는 경우에는 그 요양급여가 이 법에 따라 실시할 수 있는 요양급여에 상당한 것으로 인정되면 그 요양급여에 해당하는 금액을 지급할 수 있다.

+ 더 알아보기

「산업재해보상보험법」 제40조(요양급여) ① 요양급여는 근로자가 업무상의 부상을 당하거나 질병에 걸린 경우에 그 근로자에게 지급된다.

② 본법의 요양급여는 산재보험 의료기관에서 하게 되며, 부득이한 경우에는 요양을 갈음하여 요양비를 지급할 수 있다.

③ 부상 또는 질병이 3일 이내의 요양으로 치유될 수 있으면 요양급여를 지급하지 않는다.

④ 요양급여의 범위는 다음 각 호와 같다.

1. 진찰 및 검사
2. 약제 또는 진료재료와 의지(義肢) 그 밖의 보조기의 지급
3. 처치, 수술, 그 밖의 치료
4. 재활치료
5. 입원
6. 간호 및 간병
7. 이송
8. 그 밖에 고용노동부령으로 정하는 사항

국민건강보험법

1회 기출예상

2회 기출예상

3회 기출예상

4회 기출예상

5회 기출예상

법령 핵심체크 OX

📖 다음을 읽고 맞는 것은 O, 틀린 것은 X에 표시하시오.

01 가입자와 피부양자의 질병, 부상, 출산 등에 대한 재활은 요양급여에 해당하지 않는다. (O / X)

02 약제의 제조업자·수입업자는 요양급여대상으로 결정되지 않은 약제에 대해 그 요양급여대상 여부의 결정을 보건복지부장관에게 신청할 수 있다. (O / X)

03 선별급여란 경제성이 낮아도 가입자와 피부양자의 건강회복에 잠재적 이득이 있는 요양급여에 대해 예비적인 요양급여로 지정하는 것을 의미한다. (O / X)

04 요양급여는 반드시 지정된 기관에서만 실시되어야 하며, 가입자 또는 피부양자를 직접 방문하여 요양급여를 실시하는 것은 허용되지 않는다. (O / X)

05 약국은 요양기관에 해당하나, 한국희귀·필수의약품센터는 요양기관에 해당하지 않는다. (O / X)

06 전문요양기관이란 시설·장비·인력 및 진료과목 등이 보건복지부령으로 정하는 기준에 해당하여 보건복지부장관으로부터 인정서를 발급받은 요양기관이다. (O / X)

07 연간 부담하는 본인일부부담금의 상한을 초과할 경우 국민건강보험공단이 그 초과 금액을 부담하여야 한다. (O / X)

08 국민건강보험공단 이사장과 의약계를 대표하는 사람들의 요양급여비용의 계약은 그 직전 계약기간 만료일이 속하는 연도의 5월 31일까지 체결하여야 한다. (O / X)

09 기한까지 국민건강보험공단 이사장과 의약계를 대표하는 사람들의 요양급여비용의 계약이 체결되지 못한 경우, 해당 연도 8월 31일까지 심의위원회의 의결을 거쳐 보건복지부장관이 이를 정한다. (O / X)

10 요양급여비용은 요양급여의 적정성 평가에 따라 가산하거나 감액 조정하여 지급한다. (O / X)

11 요양기관이 의료기관 개설에 관한 위반사실이 수사결과로 확인되었다는 이유만으로는 해당 요양이 청구한 요양급여비용의 지급을 보류할 수는 없다. (O / X)

12 가입자나 피부양자는 본인일부부담금 외에 자신이 부담한 비용이 요양급여 대상에서 제외되는 비용인지 여부를 건강보험심사평가원에 확인을 요청할 수 있다. (O / X)

13 국민건강보험공단 가입자나 피부양자가 긴급을 이유로 업무정지기간 중인 요양기관에서 요양을 받은 경우 공단은 그 요양급여비용을 지급할 필요는 없다. (O / X)

14 일반건강검진은 직장가입자, 세대주인 지역가입자와 18세 이상의 지역가입자 및 피부양자를 대상으로 실시한다. (○ / ×)

15 영유아건강검진은 6세 미만의 가입자 및 피부양자를 대상으로 실시한다. (○ / ×)

16 국민건강보험의 가입자 및 피부양자의 소득·재산 등이 대통령령으로 정하는 기준 미만인 경우에는 보험료 체납을 이유로 보험급여를 제한하지 않는다. (○ / ×)

17 분할납부 승인을 받는 사람은 승인 즉시 보험급여를 받을 수 있다. (○ / ×)

18 가입자가 국외에 체류 중임을 이유로는 보험급여가 정지되지 않는다. (○ / ×)

19 요양비등수급계좌에는 요양비등만이 입금되어야 한다. (○ / ×)

20 의료기관을 개설할 수 없는 자가 의료인의 면허를 대여받아 개설·운영한 경우 국민건강보험공단은 이를 개설한 자에 대하여 그 요양기관과 연대하여 보험급여에 대한 징수금을 납부하게 할 수 있다. (○ / ×)

21 국민건강보험공단은 속임수나 그 밖의 부당한 방법으로 보험급여를 받은 사람과 같은 세대에 속한다는 이유로 징수금을 연대하여 납부하게 할 수는 없다. (○ / ×)

22 부당이득징수금체납정보공개심의위원회는 징수금 체납을 이유로 인적사항 공개 대상자가 된 자에게 이를 서면으로 통지하여 소명의 기회를 부여해야 한다. (○ / ×)

23 국민건강보험공단은 제3자의 행위로 보험급여사유가 생겨 가입자 또는 피부양자에게 보험급여를 하였다는 이유로 그 제3자에게 손해배상을 청구할 수는 없다. (○ / ×)

24 보험급여를 받은 사람이 그 전에 제3자로부터 이미 손해배상을 받은 경우 공단은 그 배상액 한도에서 보험급여를 하지 않는다. (○ / ×)

정답과 해설 ✔

01 X	02 O	03 O	04 X
05 X	06 O	07 O	08 O
09 X	10 O	11 X	12 O
13 X	14 X	15 O	16 O
17 X	18 X	19 O	20 O
21 X	22 O	23 X	24 O

법령 확인문제

4장 보험급여

▶ 정답과 해설 6p

01 다음 중 「국민건강보험법」의 요양급여에 해당하지 않는 것은?

① 재활

② 이송(移送)

③ 약제(藥劑)

④ 시설급여

02 다음은 약제에 대한 요양급여비용의 상한금액 감액에 관한 규정이다. 빈칸에 들어갈 숫자의 합은?

> 1. 보건복지부장관은 「약사법」 제47조 제2항의 위반과 관련된 제41조 제1항 제2호의 약제에 대하여는 요양급여비용 상한금액의 100분의 (   )을 넘지 아니하는 범위에서 그 금액의 일부를 감액할 수 있다.
>
> 2. 보건복지부장관은 1.에 따라 요양급여비용의 상한금액이 감액된 약제가 감액된 날부터 5년의 범위에서 대통령령으로 정하는 기간 내에 다시 1.에 따른 감액의 대상이 된 경우에는 요양급여비용 상한금액의 100분의 (   )을 넘지 아니하는 범위에서 요양급여비용 상한금액의 일부를 감액할 수 있다.
>
> 3. 보건복지부장관은 2.에 따라 요양급여비용의 상한금액이 감액된 약제가 감액된 날부터 (   )년의 범위에서 대통령령으로 정하는 기간 내에 다시 「약사법」 제47조 제2항의 위반과 관련된 경우에는 해당 약제에 대하여 1년의 범위에서 기간을 정하여 요양급여의 적용을 정지할 수 있다

① 45

② 55

③ 65

④ 75

03 다음 빈칸에 들어갈 내용은?

> 요양급여를 결정함에 있어 경제성 또는 치료효과성 등이 불확실하여 그 검증을 위하여 추가적인 근거가 필요하거나, 경제성이 낮아도 가입자와 피부양자의 건강회복에 잠재적 이득이 있는 등의 경우에는 이를 예비적인 요양급여인 (   )로 지정하여 실시할 수 있다.

① 방문요양급여
② 선별급여
③ 예비급여
④ 특별현금급여

04 다음 중 요양급여를 실시하는 「국민건강보험법」의 요양기관에 해당하지 않는 것은?

① 장기요양기관
② 약국
③ 보건의료원
④ 보건진료소

05 요양기관이 요양급여비용을 최초로 청구할 경우 그 요양기관의 시설현황을 신고해야 하는 대상기관은?

① 국민건강보험공단
② 건강보험심사평가원
③ 보건복지부
④ 건강보험정책심의위원회

06 다음 빈칸에 공통으로 들어갈 내용은?

> 보건복지부장관은 효율적인 요양급여를 위하여 필요하면 시설·장비·인력 및 진료과목 등 보건복지부령으로 정하는 기준에 해당하는 요양기관을 (   )으로 인정할 수 있고, 해당 (   )에 인정서를 발급하여야 한다.
> (   )으로 인정된 요양기관 또는 「의료법」 제3조의4에 따른 상급종합병원에 대하여는 요양급여의 절차 및 요양급여비용을 다른 요양기관과 달리 할 수 있다.

① 전문요양기관
② 선별요양기관
③ 특수요양기관
④ 장기요양기관

07 본인일부부담금에 대한 설명으로 옳지 않은 것은?

① 요양급여를 받는 자는 대통령령에 따라 비용의 일부를 본인이 부담한다.

② 본인이 월별 부담하는 본인일부부담금이 상한을 초과할 경우 공단이 그 초과 금액을 부담하여야 한다.

③ 본인일부부담금의 상한은 가입자의 소득수준에 따라 정한다.

④ 선별급여의 경우에는 다른 요양급여에 비해 본인일부부담금을 상향 조정할 수 있다.

08 다음 빈칸에 들어갈 내용을 순서대로 바르게 연결한 것은?

> 국민건강보험공단의 이사장과 의약계를 대표하는 사람들의 계약으로 정하는 요양급여비용의 산
> 정계약은 직전 계약기간 만료일이 속하는 연도의 (   )까지 체결하여야 한다. 만일 이 기한까지
> 계약이 체결되지 않은 경우 보건복지부장관이 (   )까지 건강보험정책심의위원회의 의결을
> 거쳐 요양급여비용을 정하고, 이는 이사장과 의약계를 대표하는 사람들 사이의 계약으로 정한 것으
> 로 본다.

① 1월 1일, 2월 말일　　　　　　　　② 5월 31일, 6월 30일
③ 8월 1일, 12월 31일　　　　　　　④ 12월 31일, 그 다음해 1월 31일

09 다음은 건강검진의 종류 및 대상에 관한 내용이다. 빈칸에 들어갈 숫자의 합은?

> 1. 일반건강검진 : 직장가입자, 세대주인 지역가입자, (   )세 이상인 지역가입자 및 피부양자
> 2. 암검진 : 암의 종류별 검진주기와 연령 기준 등에 해당하는 사람
> 3. 영유아건강검진 : (   )세 미만의 가입자 및 피부양자

① 24　　　　　　　　　　　　　　② 26
③ 28　　　　　　　　　　　　　　④ 30

10 가입자가 긴급한 이유로 요양기관이 아니나 이와 유사한 기능을 하는 기관에서 질병·부상·출산에 관한 요양을 받은 경우에 지급할 수 있는 것은?

① 요양비   ② 장제비
③ 부가급여   ④ 특별현금급여

11 요양급여비용의 지급에 대한 설명으로 옳지 않은 것은?

① 건강보험심사평가원에 대한 요양급여비용 심사청구는 공단에 대한 요양급여비용의 청구로 본다.
② 요양급여비용은 건강보험심사평가원의 적정성평가에 따라 가산되거나 감액될 수 있다.
③ 요양기관의 심사청구는 의료기관 단체나 약사회가 이를 대행할 수 있다.
④ 국민건강보험공단은 요양기관이 「의료법」 제33조 제2항을 위반하였다는 수사 결과만을 이유로는 요양급여비용의 지급을 보류할 수 없다.

12 다음 중 보험급여의 지급제한사유에 해당하지 않는 경우는?

① 경미한 범죄행위가 원인이 되어 발생한 보험급여의 지급사유인 경우
② 고의로 요양기관의 요양에 관한 지시를 따르지 않은 경우
③ 고의로 진단을 기피하는 경우
④ 공무 중 발생한 부상으로 다른 법령에 따른 보험급여를 받은 경우

13 다음 중 보험급여의 정지사유이자 예외적 요양급여 지급사유에 해당하지 않는 경우는?

① 지급대상이 국외에 체류 중인 경우
② 지급대상이 교도소에 수감 중인 경우
③ 지급대상이 현재 군복무중인 병사인 경우
④ 지급대상이 군간부후보생인 경우

14 요양비의 수급에 대한 설명으로 옳지 않은 것은?

① 요양비를 지급받은 수급계좌는 수급자 명의의 지정된 계좌임을 요구한다.
② 공단은 정보통신장애를 이유로 수급계좌를 이체할 수 없을 때에는 요양비의 지급을 보류할 수 있다.
③ 요양비를 입금하는 계좌는 압류할 수 없다.
④ 요양을 실시한 기관은 그 요양비 명세서를 그 요양을 받은 사람에게 제출해야 한다.

15 제3자의 행위로 발생한 보험급여사유로 피부양자에게 보험급여를 한 공단이 그 제3자에게 청구할 수 있는 손해배상의 권리는?

① 유치권   ② 저당권
③ 구상권   ④ 지상권

16 공단이 징수금을 납부할 의무가 있는 요양기관이 징수금 체납을 함을 이유로 그 체납자의 인적사항 등을 공개할 수 있는 체납액의 기준금액은?

① 5천만 원　　　　　　　　　　　② 1억 원
③ 2억 원　　　　　　　　　　　　④ 5억 원

17 다음 내용에 공통으로 들어갈 숫자는?

> 보험료 체납을 이유로 보험급여가 정지되었을 때 공단으로부터 분할납부 승인을 받고 그 승인된 보험료를 1회 이상 낸 경우에는 보험급여를 할 수 있다. 다만, 분할납부 승인을 받은 사람이 정당한 사유 없이 (　　)회(승인받은 분할납부 횟수가 (　　)회 미만인 경우에는 해당 분할납부 횟수) 이상 그 승인된 보험료를 내지 아니한 경우에는 그러하지 아니하다.

① 3　　　　　　　　　　　　　　② 4
③ 5　　　　　　　　　　　　　　④ 8

18 다음 빈칸에 들어갈 기관의 명칭은?

> 국민건강보험공단은 (　　　　　　)이 「국민건강보험법」에 따라 요양급여를 받을 수 있는 사람에게 「산업재해보상보험법」 제40조에 따른 요양급여를 지급한 후 그 지급결정이 취소되어 해당 요양급여의 비용을 청구하는 경우, 그 요양급여가 「국민건강보험법」에 따라 실시할 수 있는 요양급여에 상당한 것으로 인정될 때 그 요양급여에 해당하는 금액을 지급할 수 있다.

① 한국산업인력공단　　　　　　　② 국민연금공단
③ 국민권익위원회　　　　　　　　④ 근로복지공단

건강보험심사평가원

1 설립(제62조)

요양급여비용을 심사하고 요양급여의 적정성을 평가하기 위하여 건강보험심사평가원을 설립한다.

2 업무(제63조)

(1) 심사평가원은 다음의 업무를 관장한다.
   ① 요양급여비용의 심사
   ② 요양급여의 적정성 평가
   ③ 심사기준 및 평가기준의 개발
   ④ ① ~ ③에 따른 업무와 관련된 조사연구 및 국제협력
   ⑤ 다른 법률에 따라 지급되는 급여비용의 심사 또는 의료의 적정성 평가에 관하여 위탁받은 업무
   ⑥ 건강보험과 관련하여 보건복지부장관이 필요하다고 인정한 업무
   ⑦ 그 밖에 보험급여 비용의 심사와 보험급여의 적정성 평가와 관련하여 대통령령으로 정하는 업무

(2) 요양급여 등의 적정성 평가의 기준 · 절차 · 방법 등에 필요한 사항은 보건복지부장관이 정하여 고시한다.

3 법인격(제64조)

(1) 심사평가원은 법인으로 한다.
(2) 심사평가원은 주된 사무소의 소재지에서 설립등기를 함으로써 성립한다.

4 임원(제65조)

(1) 심사평가원에 임원으로서 원장, 이사 15명 및 감사 1명을 둔다.
(2) 원장, 이사 중 4명 및 감사는 상임으로 한다.
(3) 원장은 임원추천위원회가 복수로 추천한 사람 중에서 보건복지부장관의 제청으로 대통령이 임명한다.
(4) 상임이사는 보건복지부령으로 정하는 추천 절차를 거쳐 원장이 임명한다.
(5) 비상임이사는 다음의 사람을 보건복지부장관이 임명한다.
   ① 공단이 추천하는 1명
   ② 의약관계단체가 추천하는 5명
   ③ 노동조합 · 사용자단체 · 소비자단체 및 농어업인단체가 추천하는 각 1명
   ④ 대통령령으로 정하는 바에 따라 추천한 관계 공무원 1명

★관계 공무원 (「국민건강보험법 시행령」 제29조)
보건복지부장관은 보건복지부의 3급 공무원 또는 고위공무원단에 속하는 공무원 중에서 1명을 지명하는 방법으로 건강보험심사평가원의 비상임이사를 추천한다.

(6) 감사는 임원추천위원회가 복수로 추천한 사람 중에서 기획재정부장관의 제청으로 대통령이 임명한다.

(7) 비상임이사는 정관으로 정하는 바에 따라 실비변상을 받을 수 있다.

(8) 원장의 임기는 3년, 공무원이 아닌 이사와 감사의 임기는 각각 2년으로 한다.

5 진료심사평가위원회(제66조)

(1) 심사평가원의 업무를 효율적으로 수행하기 위하여 심사평가원에 진료심사평가위원회(이하 "심사위원회"라 한다)를 둔다.

(2) 구성
  ① 심사위원회는 위원장을 포함하여 90명 이내의 상근 심사위원과 1천 명 이내의 비상근 심사위원으로 구성하며, 진료과목별 분과위원회를 둘 수 있다.
  ② 상근 심사위원은 심사평가원의 원장이 보건복지부령으로 정하는 사람 중에서 임명한다.
  ③ 비상근 심사위원은 심사평가원의 원장이 보건복지부령으로 정하는 사람 중에서 위촉한다.

(3) 심사위원의 해임 또는 해촉사유
  ① 신체장애나 정신장애로 직무를 수행할 수 없다고 인정되는 경우
  ② 직무상 의무를 위반하거나 직무를 게을리한 경우
  ③ 고의나 중대한 과실로 심사평가원에 손실이 생기게 한 경우
  ④ 직무 여부와 관계없이 품위를 손상하는 행위를 한 경우

(4) 심사위원의 자격·임기 및 심사위원회의 구성·운영 등에 필요한 사항은 보건복지부령으로 정한다.

6 자금의 조달(제67조)

(1) 심사평가원은 업무(다른 법률에 따라 지급되는 급여비용의 심사 또는 의료의 적정성 평가에 관하여 위탁받은 업무는 제외)를 하기 위해 공단으로부터 부담금을 징수할 수 있다.

(2) 심사평가원은 다른 법률에 따라 지급되는 급여비용의 심사 또는 의료의 적정성 평가에 관한 업무를 위탁받은 경우에는 위탁자로부터 수수료를 받을 수 있다.

(3) 부담금 및 수수료의 금액·징수 방법 등에 필요한 사항은 보건복지부령으로 정한다.

7 준용(제68조)

심사평가원에 관하여 제14조 제3항·제4항, 제16조, 제17조(같은 조 제1항 제6호 및 제7호는 제외한다), 제18조, 제19조, 제22조부터 제32조까지, 제35조 제1항, 제36조, 제37조, 제39조 및 제40조를 준용한다. 이 경우 "공단"은 "심사평가원"으로, "이사장"은 "원장"으로 본다.

★ 실비변상(實費辨償)
공무원 등이 직무의 집행을 위해 소비한 여비·일당·숙박료 등의 비용을 갚기 위해 금전을 지급하는 것

www.gosinet.co.kr gosinet

국민건강보험법

1회 기출예상

2회 기출예상

3회 기출예상

4회 기출예상

5회 기출예상

법령 핵심체크 OX

📖 다음을 읽고 맞는 것은 O, 틀린 것은 X에 표시하시오.

01 요양급여비용을 심사하고 요양급여의 적정성을 평가하기 위하여 건강보험심사평가원을 설립한다. (O / ×)

02 건강보험심사평가원은 다른 법률에 따라 지급되는 급여비용의 심사 또는 의료의 적정성 평가업무를 위탁받아 이를 수행한다. (O / ×)

03 건강보험심사평가원은 법인으로 한다. (O / ×)

04 건강보험심사평가원장은 임원추천위원회가 복수로 추천한 사람 중에서 보건복지부장관이 임명한다. (O / ×)

05 건강보험심사평가원의 상임이사는 보건복지부령으로 정하는 추천 절차를 거쳐 건강보험심사평가원장이 임명한다. (O / ×)

06 건강보험심사평가원의 비상임이사의 임명권자는 보건복지부장관이다. (O / ×)

07 건강보험심사평가원의 비상임이사에는 노동조합·사용자단체·소비자단체 및 농어업인단체가 추천하는 각 1명을 포함한다. (O / ×)

08 건강보험심사평가원의 감사는 보건복지부장관의 제청으로 대통령이 임명한다. (O / ×)

09 건강보험심사평가원장과 공무원을 제외한 이사, 감사의 임기는 3년으로 한다. (O / ×)

10 건강보험심사평가원의 업무를 효율적으로 수행하기 위하여 진료심사평가위원회를 둔다. (O / ×)

11 진료심사평가위원회는 위원장을 포함한 90명 이내의 상근 심사위원과 1천 명 이내의 비상근 심사위원으로 구성하며, 진료과목별 분과위원회를 둘 수 있다. (O / ×)

12 진료심사평가위원회의 상근 심사위원은 보건복지부장관이 임명한다. (O / ×)

13 진료심사평가위원회의 비상근 심사위원은 건강보험심사평가원장이 위촉한다.   (○ / ×)

14 건강보험심사평가원장은 직무 여부와 관계없이 품위를 손상하는 행위를 한 이유로 해당 진료심사평가위원회 심사위원을 해임
또는 해촉할 수 없다.   (○ / ×)

15 건강보험심사평가원은 요양급여비용의 심사업무를 수행하기 위해 국민건강보험공단으로부터 부담금을 징수할 수 있다.
                                                                          (○ / ×)

16 건강보험심사평가원은 급여비용의 심사에 관한 업무를 위탁받고 위탁자로부터 수수료를 받을 수 있다.   (○ / ×)

정답과 해설 | ✔

01 O	02 O	03 O	04 X
05 O	06 O	07 O	08 X
09 X	10 O	11 O	12 X
13 O	14 X	15 O	16 O

▶ 정답과 해설 8p

법령 확인문제

5장 건강보험심사평가원

01 다음 중 건강보험심사평가원의 업무가 아닌 것은?

① 요양급여비용의 심사
② 심사기준 및 평가기준의 개발
③ 급여비용의 심사 또는 의료의 적정성평가에 관해 위탁받은 업무
④ 보험급여비용의 지급

02 다음 중 건강보험심사평가원장의 임명에 관한 규정이다. 다음 빈칸에 들어갈 내용에 해당하지 않는 것은?

> 원장은 (   )가 복수로 추천한 사람 중에서 (   )의 제청으로 (   )이 임명한다.

① 대통령
② 보건복지부장관
③ 국민건강보험공단 이사장
④ 임원추천위원회

03 다음 중 건강보험심사평가원 상임이사의 임명권자는?

① 보건복지부장관
② 대통령
③ 건강보험심사평가원장
④ 진료심사평가위원회 위원장

04 건강보험심사평가원의 자금조달에 관한 설명으로 옳지 않은 것은?

① 건강보험심사평가원은 요양급여의 적정성 평가를 위해 국민건강보험공단으로부터 부담금을 징수할 수 있다.

② 건강보험심사평가원은 의료의 적정성 평가업무를 위탁받고 위탁자로부터 수수료를 받을 수 있다.

③ 건강보험심사평가원은 정부로부터 급여의 심사기준과 그 평가기준의 개발에 대한 비용을 제공받을 수 있다.

④ 건강보험심사평가원은 요양급여비용의 심사에 관해 국민건강보험공단으로부터 부담금을 징수할 수 있다.

05 진료심사평가위원회의 구성에 대한 다음의 빈칸 ㉠ ~ ㉣에 들어갈 내용으로 적절하지 않은 것은?

> 진료심사평가위원회는 (㉠)명 이내의 상근 심사위원과 (㉡)명 이내의 비상근 심사위원으로 구성되며, 진료과목별 (㉢)를 둘 수 있다. 상근 심사위원은 (㉣)이 임명하고, 비상근 심사위원은 건강보험심사평가위원장이 위촉한다.

① ㉠ : 90

② ㉡ : 1,000

③ ㉢ : 분과위원회

④ ㉣ : 보건복지부장관

06 다음 중 진료심사평가위원회 심사위원의 해임 또는 해촉사유에 해당하지 않는 경우는?

① 정신장애로 직무를 수행할 수 없게 된 경우

② 직무태만 사실이 적발된 경우

③ 과실로 인해 건강보험심사평가원에 손실을 가한 경우

④ 직무 여부와 관계없이 품위를 손상하는 행위를 한 경우

보험료

1 보험료(제69조)

(1) 공단은 건강보험사업에 드는 비용에 충당하기 위하여 보험료의 납부의무자로부터 보험료를 징수한다.

(2) 보험료 징수기간의 기준

   ① 보험료는 가입자의 자격을 취득한 날이 속하는 달의 다음 달부터 가입자의 자격을 잃은 날의 전날이 속하는 달까지 징수한다. 다만, 가입자의 자격을 매월 1일에 취득한 경우 또는 유공자등 의료보호대상자의 건강보험 적용 신청(법 제5조 제1항 제2목 가목)으로 가입자의 자격을 취득하는 경우에는 그 달부터 징수한다.

   ② 보험료를 징수할 때 가입자의 자격이 변동된 경우에는 변동된 날이 속하는 달의 보험료는 변동되기 전의 자격을 기준으로 징수한다. 다만, 가입자의 자격이 매월 1일에 변동된 경우에는 변동된 자격을 기준으로 징수한다.

(3) 직장가입자의 월별 보험료액 산정

   ① 보수월액보험료 : 보수월액에 보험료율을 곱하여 얻은 금액

   ② 소득월액보험료 : 소득월액에 보험료율을 곱하여 얻은 금액

(4) 지역가입자의 월별 보험료액은 세대 단위로 산정하되, 지역가입자가 속한 세대의 월별 보험료액은 보험료부과점수에 보험료부과점수당 금액을 곱한 금액으로 한다.

(5) 월별 보험료액은 가입자의 보험료 평균액의 일정비율에 해당하는 금액을 고려하여 대통령령으로 정하는 기준에 따라 상한 및 하한을 정한다.

2 보수월액(제70조)

(1) 직장가입자의 보수월액은 직장가입자가 지급받는 보수를 기준으로 산정한다.

(2) 휴직이나 그 밖의 사유로 보수의 전부 또는 일부가 지급되지 아니하는 가입자(이하 "휴직자등"이라 한다)의 보수월액보험료는 해당 사유가 생기기 전 달의 보수월액을 기준으로 산정한다

(3) 보수는 근로자등이 근로를 제공하고 사용자·국가 또는 지방자치단체로부터 지급받는 금품(실비변상적인 성격을 갖는 금품은 제외한다)으로서 대통령령으로 정하는 것을 말한다.

(4) 보수 관련 자료가 없거나 불명확한 경우 등 대통령령으로 정하는 사유에 해당하면 보건복지부장관이 정하여 고시하는 금액을 보수로 본다.

(5) 보수월액의 산정 및 보수가 지급되지 아니하는 사용자의 보수월액의 산정 등에 필요한 사항은 대통령령으로 정한다.

국민건강보험법

1회 기출예상

2회 기출예상

3회 기출예상

4회 기출예상

5회 기출예상

3 소득월액(제71조)

(1) 보수월액의 산정에 포함된 보수를 제외한 직장가입자의 소득인 보수외소득이 대통령령으로 정하는 금액을 초과하는 경우 다음의 계산식에 따라 산정한다.

$$(연간\ 보수외소득 - 대통령령으로\ 정하는\ 금액) \times \frac{1}{12}$$

(2) 소득월액을 산정하는 기준, 방법 등 소득월액의 산정에 필요한 사항은 대통령령으로 정한다.

4 보험료부과점수(제72조)

(1) 보험료부과점수는 지역가입자의 소득 및 재산을 기준으로 산정한다.

(2) 보험료부과점수의 산정방법과 산정기준을 정할 때 법령에 따라 재산권의 행사가 제한되는 재산에 대하여는 다른 재산과 달리 정할 수 있다.

(3) 보험료부과점수의 산정방법·산정기준 등에 필요한 사항은 대통령령으로 정한다.

5 보험료부과제도개선위원회(제72조의2)

(1) 보험료부과와 관련된 제도 개선을 위하여 보건복지부장관 소속으로 관계 중앙행정기관 소속 공무원 및 민간전문가로 구성된 보험료부과제도개선위원회(이하 "제도개선위원회"라 한다)를 둔다.

(2) 제도개선위원회의 심의사항
  ① 가입자의 소득 파악 실태에 관한 조사 및 연구에 관한 사항
  ② 가입자의 소득 파악 및 소득에 대한 보험료 부과 강화를 위한 개선 방안에 관한 사항
  ③ 그 밖에 보험료부과와 관련된 제도 개선 사항으로서 위원장이 회의에 부치는 사항

(3) 보건복지부장관은 제도개선위원회 운영 결과를 국회에 보고하여야 한다.

(4) 제도개선위원회의 구성·운영 등에 관하여 필요한 사항은 대통령령으로 정한다.

6 보험료 부과제도에 대한 적정성 평가(제72조의3)

(1) 보건복지부장관은 피부양자 인정기준과 보험료, 보수월액, 소득월액 및 보험료부과점수의 산정 기준 및 방법 등에 대하여 적정성을 평가하고, 이 법 시행일로부터 4년이 경과한 때 이를 조정하여야 한다.

(2) 적정성 평가에 있어서의 고려사항
  ① 제도개선위원회가 심의한 가입자의 소득 파악 현황 및 개선방안
  ② 공단의 소득 관련 자료 보유 현황
  ③ 종합소득(종합과세되는 종합소득과 분리과세되는 종합소득을 포함한다) 과세 현황
  ④ 직장가입자에게 부과되는 보험료와 지역가입자에게 부과되는 보험료 간 형평성

★ 종합소득(「소득세법」 제4조)
「소득세법」에 따라 과세되는 모든 소득에서 퇴직소득과 양도소득을 제외한 나머지 소득, 즉 이자소득·배당소득·사업소득·근로소득·연금소득·기타소득을 의미한다.

⑤ 인정기준 및 산정기준의 조정으로 인한 보험료 변동

⑥ 그 밖에 적정성 평가 대상이 될 수 있는 사항으로서 보건복지부장관이 정하는 사항

(3) 적정성 평가의 절차, 방법 및 그 밖에 적정성 평가를 위하여 필요한 사항은 대통령령으로 정한다.

7 보험료율(제73조)

(1) 직장가입자의 보험료율

① 1천분의 80의 범위에서 심의위원회의 의결을 거쳐 대통령령으로 정한다.

② 국외에서 업무에 종사하고 있는 직장가입자의 경우 ①에서 정해진 보험료율의 100분의 50으로 한다.

(2) 지역가입자의 보험료부과점수당 금액은 심의위원회의 의결을 거쳐 대통령령으로 정한다.

8 보험료의 면제(제74조)

(1) 공단은 직장가입자가 급여의 정지사유(제54조)에 해당하는 경우에는 그 가입자의 보험료를 면제한다.

(2) 단, 국외에 체류하는 경우는 1개월 이상 국외에 체류하는 경우에 한정하며, 다만 국외에 거주하는 직장가입자의 경우에는 국내에 거주하는 피부양자가 없을 때에 한해 보험료를 면제한다.

(3) 지역가입자가 급여의 정지사유에 해당하면 그 가입자가 속한 세대의 보험료를 산정할 때 그 가입자의 보험료부과점수를 제외한다.

(4) 적용기간

① 보험료의 면제나 보험료의 산정에서 제외되는 보험료부과점수에 대해서는 급여의 정지사유가 생긴 날이 속하는 달의 다음 달부터 그 사유가 없어진 날이 속하는 달까지 적용한다.

② 급여정지사유가 매월 1일에 없어진 경우, 국외에 거주하는 가입자 또는 그 피부양자가 국내에 입국하여 입국일이 속하는 달에 보험급여를 받고 그 달에 출국하는 경우에는 그 달의 보험료를 면제하지 않거나 보험료부과점수를 제외하지 않는다.

9 보험료의 경감(제75조)

(1) 보건복지부령으로 정하는 가입자에 대한 보험료의 경감사유

① 섬·벽지(僻地)·농어촌 등 대통령령으로 정하는 지역에 거주하는 사람

② 65세 이상인 사람

③ 「장애인복지법」에 따라 등록한 장애인

④ 「국가유공자 등 예우 및 지원에 관한 법률」 제4조 제1항 제4호, 제6호, 제12호, 제15호 및 제17호에 따른 국가유공자

⑤ 휴직자

⑥ 그 밖에 생활이 어렵거나 천재지변 등의 사유로 보험료를 경감할 필요가 있다고 보건복지부장관이 정하여 고시하는 사람

(2) 대통령령에 따라 보험료 납부의무자에게 보험료 감액 등의 재산상의 이익을 제공할 수 있는 경우

① 보험료의 납입 고지를 전자문서로 받는 경우

② 보험료를 계좌 또는 신용카드 자동이체의 방법으로 내는 경우

(3) 보험료 경감의 방법·절차 등에 필요한 사항은 보건복지부장관이 정하여 고시한다.

🔟 보험료의 부담(제76조)

(1) 직장가입자의 보수월액보험료는 직장가입자와 다음에 따른 자가 각각 보험료액의 100분의 50씩을 부담한다.

① 근로자인 직장가입자 : 근로자가 소속되어 있는 사업장의 사업주

② 공무원인 직장가입자 : 그 공무원이 소속되어 있는 국가 또는 지방자치단체

③ 사립학교 교원이 아닌 교직원 직장가입자 : 해당 사립학교를 설립·운영하는 사용자

(2) 다만, 직장가입자가 교직원으로서 사립학교에 근무하는 교원인 경우 보험료액은 그 직장가입자가 100분의 50, 해당 사립학교를 설립·운영하는 사용자가 100분의 30, 국가가 100분의 20을 각각 부담한다.

(3) 직장가입자의 소득월액보험료는 직장가입자가 부담한다.

(4) 지역가입자의 보험료는 그 가입자가 속한 세대의 지역가입자 전원이 연대하여 부담한다.

(5) 직장가입자가 교직원인 경우, 만일 해당 사립학교를 설립·운영하는 사용자가 부담액 전부를 부담할 수 없으면 그 부족액을 학교가 속하는 회계에서 부담하게 할 수 있다.

1️⃣1️⃣ 보험료의 납부의무(제77조)

(1) 직장가입자의 보험료 납부의무자

① 보수월액보험료 : 사용자. 사업장의 사용자가 2명 이상인 경우 해당 직장가입자의 보험료를 연대하여 납부

② 소득월액보험료 : 직장가입자

(2) 지역가입자의 보험료 납부의무자

① 그 가입자가 속한 세대의 지역가입자 전원이 연대하여 납부

② 다만, 소득 및 재산이 없거나 대통령령으로 정하는 기준에 해당하는 미성년자는 납부의무를 부담하지 않는다.

(3) 사용자는 보수월액보험료 중 직장가입자가 부담하여야 하는 그 달의 보험료액을 그 보수에서 공제하여 납부하여야 한다. 이 경우 직장가입자에게 공제액을 알려야 한다.

www.gosinet.co.kr

gosinet

국민건강보험법

1회 기출예상

2회 기출예상

3회 기출예상

4회 기출예상

5회 기출예상

★ 건강보험료 경감 대상자 고시 (2020. 4. 9. 기준)

세월호 피해 주민의 생계 안정을 위한 건강보험료 경감(2014년 4 ~ 9월), 개성공업지구 전면중단에 따른 건강보험료 경감(2016년 2 ~ 7월), 일자리 안정자금 지원 대상자의 강보험료 경감(2019 ~ 2020년 중 일자리안정자금이 지원된 날), 코로나19 확산에 따른 건강보험료 경감(2020년 3 ~ 5월)

12 제2차 납부의무(제77조의2)

(1) 법인의 재산으로 그 법인이 납부하여야 하는 보험료, 연체금 및 체납처분비를 충당하여도 부족한 경우에는 해당 법인에게 보험료의 납부의무가 부과된 날 현재의 무한책임사원 또는 과점주주가 그 부족한 금액에 대하여 제2차 납부의무를 진다.

(2) 다만, 과점주주의 경우에는 그 부족한 금액을 그 법인의 발행주식 총수 또는 출자총액으로 나눈 금액에 해당 과점주주가 실질적으로 권리를 행사하는 주식 수 또는 출자액을 곱하여 산출한 금액을 한도로 한다(의결권이 없는 주식은 제외).

(3) 사업이 양도·양수된 경우에 양도일 이전에 양도인에게 납부의무가 부과된 보험료, 연체금 및 체납처분비를 양도인의 재산으로 충당하여도 부족한 경우에는 사업의 양수인이 그 부족한 금액에 대하여 양수한 재산의 가액을 한도로 제2차 납부의무를 진다. 이 경우 양수인의 범위 및 양수한 재산의 가액은 대통령령으로 정한다.

13 납부기한(제78조)

(1) 보험료의 납부의무가 있는 자는 가입자에 대한 그 달의 보험료를 그 다음 달 10일까지 납부하여야 한다. 다만, 직장가입자의 소득월액보험료 및 지역가입자의 보험료는 보건복지부령으로 정하는 바에 따라 분기별로 납부할 수 있다.

(2) 납부기한의 연장
① 납입 고지의 송달 지연 등 보건복지부령으로 정하는 사유가 있는 경우 납부의무자의 신청에 따라 (1)에 따른 납부기한부터 1개월의 범위에서 납부기한을 연장할 수 있다.
② 납부기한의 연장을 신청하는 방법, 절차 등에 필요한 사항은 보건복지부령으로 정한다.

14 가산금(제78조의2)

(1) 사업장의 사용자가 대통령령으로 정하는 사유에 해당되어 직장가입자가 될 수 없는 자를 보험자에게 거짓으로 직장가입자로 신고한 경우, 공단은 다음 ①에서 ②를 뺀 금액의 100분의 10에 상당하는 가산금을 그 사용자에게 부과하여 징수한다.
① 사용자가 직장가입자로 신고한 사람이 직장가입자로 처리된 기간 동안 그 가입자가 지역가입자로 부담하여야 하는 보험료의 총액
② ①에 따른 기간 동안 공단이 해당 가입자에 대하여 직장가입자로 부과한 보험료의 총액

(2) 만일 가산금이 소액이거나 그 밖에 가산금을 징수하는 것이 적절하지 아니하다고 인정되는 등 대통령령으로 정하는 경우에는 징수하지 아니할 수 있다.

15 보험료등의 납입 고지(제79조)

(1) 공단은 보험료등을 징수하려면 그 금액을 결정하여 납부의무자에게 다음의 사항을 적은 문서로 납입 고지를 하여야 한다.
① 징수하려는 보험료등의 종류

② 납부해야 하는 금액

③ 납부기한 및 장소

(2) 전자문서를 통한 납입고지

　① 공단은 납입 고지를 할 때 납부의무자의 신청이 있으면 전자문서교환방식 등에 의하여 전자문서로 고지할 수 있다.

　② 전자문서 고지에 대한 신청 방법·절차 등에 필요한 사항은 보건복지부령으로 정한다.

　③ 공단이 전자문서로 고지하는 경우에는 전자문서가 보건복지부령으로 정하는 정보통신망에 저장되거나 납부의무자가 지정한 전자우편주소에 입력된 때에 납입 고지가 그 납부의무자에게 도달된 것으로 본다.

(3) 직장가입자의 사용자가 2명 이상인 경우 또는 지역가입자의 세대가 2명 이상으로 구성된 경우 그중 1명에게 한 고지는 해당 사업장의 다른 사용자 또는 세대 구성원인 다른 지역가입자 모두에게 효력이 있는 것으로 본다.

(4) 휴직자등의 보험료는 휴직 등의 사유가 끝날 때까지 보건복지부령으로 정하는 바에 따라 납입 고지를 유예할 수 있다.

(5) 공단은 제2차 납부의무자에게 납입의 고지를 한 경우에는 해당 법인인 사용자 및 사업양도인에게 그 사실을 통지하여야 한다.

16 신용카드등으로 하는 보험료등의 납부(제79조의2)

(1) 공단이 납입 고지한 보험료등을 납부하는 자는 보험료등의 납부를 대행할 수 있도록 대통령령으로 정하는 기관(이하 "보험료등납부대행기관"이라 한다)을 통하여 신용카드, 직불카드 등(이하 "신용카드등"이라 한다)으로 납부할 수 있다.

(2) 신용카드등으로 보험료등을 납부하는 경우에는 보험료등납부대행기관의 승인일을 납부일로 본다.

(3) 보험료등납부대행기관은 보험료등의 납부자로부터 보험료등의 납부를 대행하는 대가로 수수료를 받을 수 있다.

(4) 보험료등납부대행기관의 지정 및 운영, 수수료 등에 필요한 사항은 대통령령으로 정한다.

17 연체금(제80조)

(1) 납부기한이 지난 날부터 매 1일이 경과할 때마다의 연체금

　① 보험료 또는 보험급여 제한기간 중에 받은 보험급여에 대한 징수금을 체납한 경우, 해당 체납금액의 1천 500분의 1에 해당하는 금액의 연체금을 징수한다. 이 경우 연체금은 해당 체납금액의 1천분의 20을 넘지 못한다.

　② 그 외에 이 법에 따른 징수금을 체납한 경우, 해당 체납금액의 1천분의 1에 해당하는 금액의 연체금을 징수한다. 이 경우 연체금은 해당 체납금액의 1천분의 30을 넘지 못한다.

국민건강보험법

1회 기출예상

2회 기출예상

3회 기출예상

4회 기출예상

5회 기출예상

(2) 납부기한 후 30일이 지난 날부터 매 1일이 경과할 때마다의 추가 연체금

　① 보험료 또는 보험급여 제한기간 중에 받은 보험급여에 대한 징수금을 체납한 경우, 해당 체납금액의 6천분의 1에 해당하는 금액의 연체금을 더하여 징수한다. 이 경우 연체금은 해당 체납금액의 1천분의 50을 넘지 못한다.

　② 그 외에 이 법에 따른 징수금을 체납한 경우, 해당 체납금액의 3천분의 1에 해당하는 금액의 연체금을 더하여 징수한다. 이 경우의 연체금은 해당 체납금액의 1천분의 90을 넘지 못한다.

(3) 천재지변이나 그 밖에 보건복지부령으로 정하는 부득이한 사유가 있으면 연체금을 징수하지 않을 수 있다.

18 보험료의 독촉 및 체납처분(제81조)

(1) 독촉

　① 공단은 보험료등을 내야 하는 자가 보험료등을 내지 아니하면 기한을 정하여 독촉할 수 있다.

　② 직장가입자의 사용자가 2명 이상인 경우 혹은 지역가입자의 세대가 2명 이상으로 구성된 경우에는 그중 1명에게 한 독촉은 해당 사업장의 다른 사용자 또는 세대 구성원인 다른 지역가입자 모두에게 효력이 있는 것으로 본다.

　③ 독촉은 10일 이상 15일 이내의 납부기한을 정하여 독촉장을 발부하여야 한다.

(2) 체납처분

　① 공단은 독촉을 받은 자가 그 납부기한까지 보험료등을 내지 아니하면 보건복지부장관의 승인을 받아 국세 체납처분의 예에 따라 이를 징수할 수 있다.

　② 공단은 체납처분을 하기 전에 보험료등의 체납 내역, 압류 가능한 재산의 종류, 압류 예정 사실 및 「국세징수법」 제41조 제18호에 따른 소액금융재산에 대한 압류금지 사실 등이 포함된 통보서를 발송하여야 한다.

　③ 다만, 법인 해산 등 긴급히 체납처분을 해야 할 필요가 있는 경우로서 대통령령으로 정하는 경우에는 통보서 발송 없이 바로 체납처분을 할 수 있다.

(3) 체납처분으로 압류한 재산의 공매

　① 국세 체납처분의 예에 따라 압류한 재산의 공매에 대하여 전문지식이 필요하거나 그 밖에 특수한 사정으로 직접 공매하는 것이 적당하지 아니하다고 인정하는 경우에는 한국자산관리공사에 공매를 대행하게 할 수 있다. 이 경우 공매는 공단이 한 것으로 본다.

　② 공단은 한국자산관리공사가 공매를 대행하면 보건복지부령으로 정하는 바에 따라 수수료를 지급할 수 있다.

★ 국세 체납처분의 예
국세를 납부할 기한에 납부하지 않을 경우 국가가 행사하는 행정상의 강제징수처분인 국세 체납처분과 그 절차를 규정한 「국세징수법」은 공법상 금전채권의 강제집행에 대한 일반법의 성질을 가지고 있어, 법률에서 "국세 체납처분의 예에 따른다."는 그 처분절차에 관해 「국세징수법」을 준용한다는 의미를 가진다.

★ 소액금융재산
보험금, 185만 원 미만의 예금(2020년 기준) 등 체납자의 생계유지에 필요한 최소한의 재산

19 체납 또는 결손처분 자료의 제공(제81조의2)

(1) 공단은 보험료 징수 또는 공익목적을 위하여 필요한 경우에 종합신용정보집중기관이 다음의 어느 하나에 해당하는 체납자 또는 결손처분자의 인적사항·체납액 또는 결손처분액에 관한 자료(이하 "체납등 자료"라 한다)를 요구할 때에는 그 자료를 제공할 수 있다. 다만, 체납된 보험료나 이 법에 따른 그 밖의 징수금과 관련하여 행정심판 또는 행정소송이 계류 중인 경우, 그 밖에 대통령령으로 정하는 사유가 있을 때에는 그러하지 아니하다.

① 이 법에 따른 납부기한의 다음 날부터 1년이 지난 보험료, 이 법에 따른 징수금과 체납처분비의 총액이 500만 원 이상인 자

② 결손처분한 금액의 총액이 500만 원 이상인 자

(2) 체납등 자료의 제공절차에 필요한 사항은 대통령령으로 정한다.

(3) 체납등 자료를 제공받은 자는 이를 업무 외의 목적으로 누설하거나 이용하여서는 아니 된다.

20 보험료의 납부증명(제81조의3)

(1) 보험료의 납부의무자는 국가, 지방자치단체, 또는 공공기관으로부터 공사·제조·구매·용역 등 대통령령으로 정하는 계약의 대가를 지급받는 경우에는 보험료와 그에 따른 연체금 및 체납처분비의 납부사실을 증명하여야 한다.

(2) 다만, 납부의무자가 해당 계약대금의 전부 또는 일부를 체납한 보험료로 납부하려는 경우 등 대통령령으로 정하는 경우에는 보험료의 납부증명을 요구하지 않는다.

(3) 납부의무자가 납부사실을 증명하여야 할 경우 그 계약을 담당하는 주무관서 또는 공공기관은 납부의무자의 동의를 받아 공단에 조회하여 보험료와 그에 따른 연체금 및 체납처분비의 납부여부를 확인하는 것으로 납부증명을 갈음할 수 있다.

21 서류의 송달(제81조의4)

서류의 송달에 관하여는 「국세기본법」 제8조(같은 조 제2항 단서는 제외한다)부터 제12조까지의 규정을 준용한다. 다만, 우편송달에 의하는 경우 그 방법은 대통령령으로 정하는 바에 따른다.

22 체납보험료의 분할납부(제82조)

(1) 공단은 보험료를 3회 이상 체납한 자가 신청하는 경우 보건복지부령으로 정하는 바에 따라 분할납부를 승인할 수 있다.

(2) 공단은 보험료를 3회 이상 체납한 자에 대하여 체납처분을 하기 전에 분할납부를 신청할 수 있음을 알리고, 보건복지부령으로 정하는 바에 따라 분할납부 신청의 절차·방법 등에 관한 사항을 안내하여야 한다.

★ **종합신용정보집중기관**
대통령령으로 정하는 국내의 모든 금융기관으로부터 신용정보를 집중 관리·활용하는 기관으로, 금융기관에서 금융거래가 발생하는 신용정보 및 공공기관에서 보유하는 공공기록정보를 수집하여 공공기관 및 신용정보업자 등에게 제공하는 역할을 수행하며, 2016년 한국신용정보원이 종합신용정보집중기관으로의 지정을 받았다.

(3) 공단은 분할납부 승인을 받은 자가 정당한 사유 없이 5회(승인받은 분할납부 횟수가 5회 미만인 경우에는 해당 분할납부 횟수) 이상 그 승인된 보험료를 납부하지 아니하면 그 분할납부의 승인을 취소한다.

(4) 분할납부의 승인과 취소에 관한 절차·방법·기준 등에 필요한 사항은 보건복지부령으로 정한다.

23 고액·상습체납자의 인적사항 공개(제83조)

(1) 공단은 이 법에 따른 납부기한의 다음 날부터 1년이 경과한 보험료, 연체금과 체납처분비의 총액이 1천만 원 이상인 체납자가 납부능력이 있음에도 이를 체납한 경우, 그 인적사항·체납액 등을 공개할 수 있다.

(2) 인적사항 공개의 제외사유
  ① 체납한 보험료, 연체금과 체납처분비와 관련하여 이의신청, 심판청구가 제기되거나 행정소송이 계류 중인 경우
  ② 체납된 금액의 일부 납부 등 대통령령으로 정하는 사유가 있는 경우

(3) 보험료정보공개심의위원회
  ① 체납자의 인적사항등에 대한 공개 여부를 심의하기 위하여 공단에 보험료정보공개심의위원회를 둔다.
  ② 공단은 보험료정보공개심의위원회의 심의를 거친 인적사항등의 공개대상자에게 공개대상자임을 서면으로 통지하여 소명의 기회를 부여하여야 하며, 통지일부터 6개월이 경과한 후 체납액의 납부이행 등을 감안하여 공개대상자를 선정한다.

(4) 체납자 인적사항등의 공개는 관보에 게재하거나 공단 인터넷 홈페이지에 게시하는 방법에 따른다.

(5) 체납자 인적사항등의 공개와 관련한 납부능력의 기준, 공개절차 및 위원회의 구성·운영 등에 필요한 사항은 대통령령으로 정한다.

★ 결손처분
조세채권이 일정한 사유로 인해 징수의 가능성이 없어 이를 징수할 수 없음을 인정하고 그 채무를 소멸시키는 것

24 결손처분(제84조)

(1) 공단은 결손처분의 사유가 있으면 재정운영위원회의 의결을 받아 보험료 등을 결손처분할 수 있다.

(2) 결손처분의 사유
  ① 체납처분이 끝나고 체납액에 충당될 배분금액이 그 체납액에 미치지 못하는 경우
  ② 해당 권리에 대한 소멸시효가 완성된 경우
  ③ 그 밖에 징수할 가능성이 없다고 인정되는 경우로서 대통령령으로 정하는 경우

(3) 공단은 결손처분을 한 후 압류할 수 있는 다른 재산이 있는 것을 발견한 때에는 지체 없이 그 처분을 취소하고 체납처분을 하여야 한다.

www.gosinet.co.kr gosinet

국민건강보험법

1회 기출예상

2회 기출예상

3회 기출예상

4회 기출예상

5회 기출예상

25 보험료등의 징수 순위(제85조)

(1) 보험료등은 국세와 지방세를 제외한 다른 채권에 우선하여 징수한다.

(2) 다만, 보험료등의 납부기한 전에 전세권·질권·저당권 또는 담보권의 설정을 등기 또는 등록한 사실이 증명되는 재산을 매각할 때에 그 매각대금 중에서 보험료등을 징수할 경우 그 전세권·질권·저당권 또는 담보권으로 담보된 채권은 보험료등에 우선한다.

26 보험료의 충당과 환급(제86조)

(1) 공단은 납부의무자가 보험료등·연체금 또는 체납처분비로 낸 금액 중 과오납부한 금액이 있으면 대통령령이 정하는 바에 따라 그 과오납금을 보험료등·연체금 또는 체납처분비에 우선 충당하여야 한다.

(2) 공단은 여기에 충당하고 남은 금액이 있다면 대통령령으로 정하는 바에 따라 이를 납부의무자에게 환급하여야 한다.

(3) 과오납금에 대해서는 대통령령으로 정하는 이자를 가산하여야 한다.

법령 핵심체크 OX

📖 다음을 읽고 맞는 것은 O, 틀린 것은 X에 표시하시오.

01 국민건강보험료는 가입자의 자격을 취득한 날이 속하는 달부터 자격을 잃은 날이 속하는 달까지 징수한다. (O / X)

02 보험료를 징수할 때 가입자의 자격이 변동된 경우에는 변동한 날이 속하는 달의 보험료는 변동되기 전의 자격을 기준으로 징수한다. (O / X)

03 직장가입자의 보수월액보험료는 보수월액에 보험료율을 곱하여 얻은 금액으로 한다. (O / X)

04 지역가입자의 소득월액보험료는 소득월액에 보험료율을 곱하여 얻은 금액으로 한다. (O / X)

05 지역가입자가 속한 세대의 월별 보험료액은 보험료부과점수에 보험료부과점수당 금액을 곱한 금액으로 한다. (O / X)

06 휴직자의 보수월액보험료는 휴직을 하지 않았다면 그 달에 받았을 것으로 예상되는 보수를 기준으로 산정한다. (O / X)

07 소득월액은 보수월액의 산정에 포함된 보수를 제외한 직장가입자의 소득인 보수외소득이 대통령령으로 정하는 금액 미만인 경우에 산정한다. (O / X)

08 지역가입자의 보험료부과점수는 지역가입자의 소득 및 재산을 기준으로 산정한다. (O / X)

09 직장가입자의 보험료율은 건강보험정책심의위원회의 의결을 거쳐 대통령령으로 정하되, 1천분의 80을 초과할 수 없다. (O / X)

10 국외에서 업무에 종사하고 있는 직장가입자의 보험료율은 정해진 직장가입자의 보험료율의 100분의 25로 한다. (O / X)

11 직장가입자가 1개월 이상 해외에 체류하고, 국내에 거주하는 피부양자가 없다면 그 가입자의 국민건강보험료를 면제한다. (O / X)

12 교도소에 수용되어 있는 사람의 국민건강보험료는 면제되지 않는다. (O / X)

13 해외에 체류 중이던 국민건강보험의 가입자가 국내에 입국하여 그 입국일이 속하는 달에 보험급여를 받고 그 달에 출국할 경우 보험료의 면제대상에서 제외된다. (O / X)

14 국민건강보험의 가입자가 휴직자인 경우는 국민건강보험료의 경감사유에 해당하지 않는다. (O / X)

15 보험료의 납입 고지를 전자문서로 받는 경우 보험료의 감액 대상이 될 수 있다. (○ / ×)

16 보험료 납입을 계좌 또는 신용카드 자동이체의 방법으로 납부할 경우 보험료의 감액 대상이 될 수 있다. (○ / ×)

17 공무원인 직장가입자의 보수월액보험료는 그 직장가입자가 100분의 50을, 관할 지방자치단체가 100분의 30을, 국가가 100분의 20을 각각 부담한다. (○ / ×)

18 사립학교에 근무하는 교원인 직장가입자의 보수월액보험료는 직장가입자와 그 사용자가 100분의 50씩 부담한다. (○ / ×)

19 사립학교에 근무하는 교원이 아닌 교직원 직장가입자의 보수월액보험료는 직장가입자와 그 사용자가 100분의 50씩 부담한다. (○ / ×)

20 직장가입자의 소득월액보험료는 직장가입자가 전액 부담한다. (○ / ×)

21 지역가입자의 보험료는 그 가입자가 속한 세대의 지역가입자 전원이 연대하여 부담한다. (○ / ×)

22 직장가입자가 교직원인 경우 만일 사용자가 보수월액보험료 부담액을 전부를 부담할 수 없으면 그 부족액을 국가가 부담하게 할 수 있다. (○ / ×)

23 직장가입자의 보수월액보험료 납부의무자는 직장가입자이다. (○ / ×)

24 직장가입자의 소득월액보험료 납부의무자는 직장가입자이다. (○ / ×)

25 지역가입자의 보험료 납부의무자는 그 가입자가 속한 세대의 지역가입자 중 소득 및 재산이 없는 미성년자 등을 제외한 지역가입자 전원이다. (○ / ×)

26 사용자는 보수월액보험료 중 직장가입자가 부담하여야 하는 그 달의 보험료액을 그 보수에서 공제하여 납부해야 하며, 직장가입자에게 그 공제액을 알려야 한다. (○ / ×)

27 법인의 재산으로 법인이 납부하여야 할 국민건강보험료, 연체금 및 체납처분비를 충당하여도 부족할 경우, 그 무한책임사원은 그 부족분에 대한 제2차 납부의무를 진다. (○ / ×)

28 법인이 납부하지 못한 국민건강보험료에 대한 과점주주의 제2차 납부의무는 그 부족금액을 법인의 발행주식 총수로 나누고 그 과점주주가 실질적으로 권리를 행사하는 주식 수 또는 출자액을 곱하여 산출한 금액을 한도로 한다. (○ / ×)

29 원칙적으로 그 달의 국민건강보험료는 그 다음달 10일까지 납부하여야 한다. (○ / ×)

30 직장가입자의 소득월액보험료 및 지역가입자의 보험료는 분기별로 납부할 수 있다. (○ / ×)

31 국민건강보험공단은 사업장의 사용자가 직장가입자가 될 수 없는 자를 거짓으로 직장가입자로 신고한 경우 그 사용자에 대해 가산금을 부과하여 이를 징수한다. (○ / ×)

32 국민건강보험공단은 징수하려는 납입의무자에게 보험료등의 종류, 납부해야 하는 금액, 납부기한 및 장소가 기록된 문서를 통해 납입고지를 하여야 한다. (○ / ×)

33 직장가입자의 사용자가 2명 이상인 경우 그중 1명에게 한 고지는 해당 사업장의 다른 사용자 모두에게 효력이 있는 것으로 본다. (○ / ×)

34 신용카드등으로 보험료를 납부할 경우의 납부일은 그 보험료등납부대행기관의 승인일로 본다. (○ / ×)

35 국민건강보험공단은 국민건강보험료의 납부의무자가 보험료를 내지 않으면 그 납부기한이 지난 날부터 매 1일이 경과할 때마다 연체금을 징수한다. (○ / ×)

36 국민건강보험료 또는 보험급여 제한기간 중 받은 보험급여에 대한 징수금을 체납한 경우 매 1일이 지날 때마다 해당 체납금액의 1,000분의 1에 해당하는 금액이 연체금이 된다. (○ / ×)

37 국민건강보험료 또는 보험급여 제한기간 중 받은 보험급여에 대한 징수금 이외의 징수금을 체납한 경우 매 1일이 지날 때마다 해당 체납금액의 1,500분의 1이 연체금이 된다. (○ / ×)

38 국민건강보험료 또는 보험급여 제한기간 중 받은 보험급여에 대한 징수금 이외의 징수금을 체납하여 발생한 연체금은 해당 체납금액의 1,000분의 20을 넘지 못한다. (○ / ×)

39 국민건강보험료 또는 보험급여 제한기간 중 받은 보험급여에 대한 징수금을 체납한 경우 납부의무자의 체납기간이 납부기한 후 30일이 지난 날부터 매 1일이 경과할 때마다 체납금액의 6,000분의 1을 연체금에 더하여 징수한다. (○ / ×)

40 국민건강보험료 또는 보험급여 제한기간 중 받은 보험급여에 대한 징수금 이외의 징수금을 체납한 경우 납부의무자의 체납기간이 납부기한 후 30일이 지난 날부터 매 1일이 경과할 때마다 체납금액의 3,000분의 1을 연체금에 더하여 징수한다. (○ / ×)

41 국민건강보험료 미납을 이유로 독촉장을 발부할 때에는 5일 이상 30일 이내의 납부기한을 정해야 한다. (○ / ×)

42 국민건강보험공단은 국민건강보험료 납부 독촉을 받은 자가 납부기한까지 보험료를 내지 않으면 보건복지부장관의 승인을 받아 국세 체납처분의 예에 따라 이를 징수할 수 있다. (○ / ×)

43 국민건강보험공단이 체납처분으로 압류한 재산의 공매에 전문지식이 필요한 경우 한국자산관리공사에게 공매를 대행하게 할 수 있다. (○ / ×)

44 국민건강보험료를 2회 체납한 자의 신청을 통해 보험료의 분할납부를 승인할 수 있다. (○ / ×)

45 분할납부를 승인받은 자가 정당한 사유 없이 5회 이상 그 승인된 보험료를 납부하지 않은 경우 그 분할납부의 승인을 취소한다.
(○ / ×)

46 국민건강보험공단은 납부기한의 다음 날부터 1년이 경과한 보험료, 연체금, 체납처분비의 총액이 1천만 원 이상인 체납자가 납부능력이 있음에도 이를 체납한 경우 그 인적사항을 공개할 수 있다.
(○ / ×)

47 고액·상습체납자의 인적사항 공개여부를 심의하기 위해 보건복지부에 보험료정보공개심의위원회를 둔다.
(○ / ×)

48 고액·상습체납자의 인적사항은 관보에 게재하거나 국민건강보험공단 인터넷 홈페이지에 게시하여 공개한다.
(○ / ×)

49 보험료 체납처분이 끝나고 체납액에 충당할 배분금액이 그 체납액에 미치지 못할 경우, 재정운영위원회의 의결을 통해 부족분을 결손처분할 수 있다.
(○ / ×)

50 보험료의 결손처분을 한 후에는 압류할 수 있는 다른 재산이 있음이 발견되더라도 이를 취소할 수 없다.
(○ / ×)

51 만일 납부의무자가 보험료를 과오납부한 경우, 그 과오납금을 납부의무자에게 환급하기 전에 보험료, 연체금, 체납처분비에 우선 충당하여야 한다.
(○ / ×)

정답과 해설 ✔

01 X	02 O	03 O	04 X
05 O	06 X	07 X	08 O
09 O	10 X	11 O	12 X
13 O	14 X	15 O	16 O
17 X	18 X	19 O	20 O
21 O	22 X	23 X	24 O
25 O	26 O	27 O	28 O
29 O	30 O	31 O	32 O
33 O	34 O	35 O	36 X
37 X	38 X	39 O	40 O
41 X	42 O	43 O	44 X
45 O	46 O	47 X	48 O
49 O	50 X	51 O	

법령 확인문제

6장 보험료

▶ 정답과 해설 9p

01 보험료 징수의 기준에 대한 설명으로 옳지 않은 것은?

① 원칙적으로 보험료는 가입자의 자격을 취득한 날이 속하는 달의 다음 달부터 징수한다.

② 원칙적으로 보험료는 가입자의 자격을 잃은 날의 전날이 속하는 달까지 징수한다.

③ 원칙적으로 보험가입자의 자격이 변동된 경우 그 자격이 변동된 날이 속하는 달의 보험료는 변동된 자격을 기준으로 징수한다.

④ 보험가입자의 자격이 매월 1일에 변동된 경우에는 변동된 자격을 기준으로 징수한다.

02 직장가입자의 보수월액에 대한 설명으로 옳지 않은 것은?

① 직장가입자의 보수월액은 직장가입자가 지급받은 보수를 기준으로 한다.

② 휴직으로 인해 보수의 일부가 지급되지 않은 경우 그 일부 지급액을 기준으로 보수월액을 산정한다.

③ 직장가입자의 보수에는 국가나 지방자치단체로부터 지급받은 실비변상적 성격의 금품은 제외한다.

④ 보수에 관한 자료가 없거나 불명확한 경우 보건복지부장관이 정하는 금액을 보수로 본다.

03 다음은 소득월액의 계산식이다. 빈칸에 들어갈 내용이 순서대로 바르게 연결된 것은?

소득월액 = {(   ) − 대통령령으로 정하는 금액} × (   )

① 연간 총소득, 12

② 연간 보수외소득, 12

③ 연간 총소득, $\frac{1}{12}$

④ 연간 보수외소득, $\frac{1}{12}$

04 다음 중 「국민건강보험법」이 규정하고 있는 지역가입자의 보험료부과점수의 산정기준에 해당하는 것을 모두 고르면?

㉠ 소득	㉡ 재산
㉢ 연령	㉣ 경제활동참가율

① ㉠

② ㉡

③ ㉠, ㉡

④ ㉠, ㉡, ㉢, ㉣

05 보험료부과에 관한 제도개선을 위한 보험료부과제도개선위원회의 소속은?

① 보건복지부장관

② 국민건강보험공단

③ 건강보험심사평가원

④ 기획재정부장관

06 다음 중 「국민건강보험법」에 따른 보건복지부장관의 보험료부과제도에 대한 적정성 평가의 기준이 아닌 것은?

① 종합소득 과세 현황

② 공단의 소득 관련 자료 보유 현황

③ 건강보험정책심의위원회가 심의한 가입자의 소득 파악 현황

④ 직장가입자와 지역가입자의 보험료 간의 형평성

07 다음 빈칸에 들어갈 숫자를 곱한 값은?

> 직장가입자의 보험료율은 (　　)의 범위에서 심의위원회의 의결을 거쳐 대통령령으로 정하고, 국외에서 업무에 종사하고 있는 직장가입자의 보험료율은 정해진 보험료율의 (　　)으로 한다.

① $\dfrac{8}{1000}$　　　　　　　　　　② $\dfrac{4}{1000}$

③ $\dfrac{8}{100}$　　　　　　　　　　④ $\dfrac{4}{100}$

08 다음 중 가입자 또는 그 가입자가 속하는 세대의 국민건강보험료를 경감할 수 있는 경우를 모두 고르면?

> ㉠ 만 65세 이상의 사람의 경우
> ㉡ 「장애인복지법」에 따라 등록된 장애인의 경우
> ㉢ 휴직자인 경우
> ㉣ 4·19혁명부상자에 해당하는 국가유공자

① ㉢, ㉣　　　　　　　　　　② ㉡, ㉣

③ ㉠, ㉡, ㉢　　　　　　　　④ ㉠, ㉡, ㉢, ㉣

09 보험료의 납부의무에 대해 다음 ㉠, ㉡에 들어갈 내용으로 옳은 것은?

> 직장가입자의 보수월액보험료의 납부의무자는 (㉠)이며, 소득월액보험료의 납부의무자는 (㉡)이다.

	㉠	㉡		㉠	㉡
①	사용자	직장가입자	②	사용자	사용자
③	직장가입자	사용자	④	직장가입자	직장가입자

10 다음 중 근로자인 직장가입자의 보수월액보험료 부담비율로 옳은 것은?

① 전액 사용자가 부담한다.

② 직장가입자와 사용자가 각각 100분의 50씩 부담한다.

③ 직장가입자와 국가가 각각 100분의 50씩 부담한다.

④ 직장가입자가 100분의 50, 사용자가 100분의 30, 국가가 100분의 20을 부담한다.

11 다음 중 사립학교에 근무하는 교원의 국민건강보험료 부담으로 옳은 설명을 모두 고르면?

> ㉠ 사립학교 교원의 소득월액보험료는 교원과 그 사용자가 각각 100분의 50씩 부담한다.
> ㉡ 사립학교 교원의 소득월액보험료는 교원이 100분의 50, 사용자가 100분의 30, 국가가 100분의 20을 각각 부담한다.
> ㉢ 사립학교 교원의 보수월액보험료는 교원과 그 사용자가 각각 100분의 50씩 부담한다.
> ㉣ 사립학교 교원의 보수월액보험료는 교원이 100분의 50, 사용자가 100분의 30, 국가가 100분의 20을 각각 부담한다.

① ㉢

② ㉣

③ ㉠, ㉢

④ ㉡, ㉣

12 지역가입자의 보험료 부담에 대한 설명으로 옳은 것은?

① 지역가입자가 속한 세대의 세대주가 전액 부담한다.
② 지역가입자가 속한 세대의 세대주와 국가가 각각 100분의 50씩을 부담한다.
③ 지역가입자가 속한 세대의 지역가입자 전원이 연대하여 부담한다.
④ 국가가 전액 부담한다.

13 다음은 국민건강보험의 제2차 납부의무에 관한 내용이다. 빈칸 ㉠, ㉡에 들어갈 내용으로 옳은 것은?

> 법인의 재산으로 그 법인이 납부하여야 하는 보험료, 연체금 및 체납처분비를 충당하여도 부족한 경우에는 해당 법인에게 보험료의 납부의무가 부과된 날 현재의 (㉠   ) 또는 (㉡   )이/가 그 부족한 금액에 대하여 제2차 납부의무를 진다. 다만, (㉡   )의 경우에는 그 부족한 금액을 그 법인의 발행주식 총수 또는 출자총액으로 나눈 금액에 해당 (㉡   )이/가 실질적으로 권리를 행사하는 주식 수 또는 출자액을 곱하여 산출한 금액을 한도로 한다.

	㉠	㉡		㉠	㉡
①	이사장	무한책임사원	②	무한책임사원	과점주주
③	이사장	과점주주	④	무한책임사원	이사장

14 예외사항에 해당하지 않는 국민건강보험료 납부의무자의 그 달의 보험료 납부기한은?

① 그 다음 달 1일까지　　　　　　② 그 다음 달 10일까지
③ 그 다음 달 20일까지　　　　　④ 그 다음 달 말일까지

15 다음 중 국민건강보험료의 납입 고지의 송달지연이 발생할 경우, 납부의무자의 신청에 따라 연장할 수 있는 납부기한은?

① 납부기한부터 15일까지

② 납부기한부터 1개월까지

③ 납부기한부터 3개월까지

④ 납부기한부터 6개월까지

16 다음은 국민건강보험공단이 사용자에게 부과하는 가산금에 관한 규정의 내용이다. 다음 빈칸에 들어갈 숫자는?

> 사업장의 사용자가 대통령령으로 정하는 사유에 해당되어 직장가입자가 될 수 없는 자를 거짓으로 보험자에게 직장가입자로 신고한 경우 공단은 다음 1.의 금액에서 2.의 금액을 뺀 금액의 100분의 (   )에 상당하는 가산금을 그 사용자에게 부과하여 징수한다.
> 1. 사용자가 직장가입자로 신고한 사람이 직장가입자로 처리된 기간 동안 그 가입자가 지역가입자의 기준에 따라 부담하여야 하는 보험료의 총액
> 2. 1.에 따른 기간 동안 공단이 해당 가입자에 대하여 직장가입자의 기준에 따라 부과한 보험료의 총액

① 20

② 15

③ 10

④ 5

17 문서로 고지하는 국민건강보험료의 납입 고지의 필요적 기재사항이 아닌 것은?

① 가입자가 납부해야 할 금액

② 공단이 징수하려는 보험료등의 종류

③ 전자문서 납입고지 신청에 관한 안내

④ 보험료의 납부기한 및 납부 장소

18 다음은 국민건강보험료의 연체금에 관한 내용이다. 빈칸 ㉠ ~ ㉣에 들어갈 내용으로 옳은 것은?

> 「국민건강보험법」에 따른 징수금을 체납한 경우 매 1일이 경과할 때마다 그 체납금액의 (㉠)분의 1에 해당하는 금액을 징수한다. 이 경우 해당 체납금액 총액의 1천분의 (㉡)을 넘지 못한다.
>
> 　단, 보험료 또는 보험급여 제한기간 중 받은 보험급여의 징수금을 체납한 경우 매 1일이 경과할 때마다 그 체납급액의 (㉢)분의 1에 해당하는 금액을 연체금으로 징수한다. 이 경우 해당 체납금액 총액의 1천분의 (㉣)을 넘지 못한다.

	㉠	㉡	㉢	㉣		㉠	㉡	㉢	㉣
①	1,500	20	1,000	30	②	1,500	30	1,000	20
③	1,000	20	1,500	30	④	1,000	30	1,500	20

19 다음은 국민건강보험료의 납부기한 후 30일이 지난 경우의 연체금에 관한 내용이다. 빈칸 ㉠ ~ ㉣에 들어갈 내용으로 옳은 것은?

> 「국민건강보험법」에 따른 징수금을 체납한 경우 납부기한 후 30일이 지난 날부터 매 1일이 경과할 때마다 그 체납금액의 (㉠)분의 1에 해당하는 금액을 추가로 징수한다. 이 경우 해당 체납금액 총액의 1천분의 (㉡)을 넘지 못한다.
>
> 　단, 보험료 또는 보험급여 제한기간 중 받은 보험급여의 징수금을 체납한 경우 납부기한 후 30일이 지난 날부터 매 1일이 경과할 때마다 그 체납급액의 (㉢)분의 1에 해당하는 금액을 추가로 징수한다. 이 경우 해당 체납금액 총액의 1천분의 (㉣)을 넘지 못한다.

	㉠	㉡	㉢	㉣		㉠	㉡	㉢	㉣
①	3,000	90	6,000	50	②	3,000	50	6,000	90
③	6,000	90	3,000	50	④	6,000	50	3,000	90

20 다음 중 국민건강보험료의 미납에 대한 독촉장 발부에서 정해야 하는 납부기한은?

① 5일 이상 10일 이내   ② 10일 이상 15일 이내

③ 15일 이상 30일 이내   ④ 30일 이상 90일 이내

21 다음 국민건강보험료의 체납처분에 대한 설명으로 옳지 않은 것은?

① 독촉을 받은 자가 보험료 등을 내지 않을 경우 보건복지부장관의 승인을 받아 체납처분을 진행할 수 있다.

② 체납처분은 국세 체납처분의 예에 따라 징수한다.

③ 압류한 재산의 공매에 전문지식이 필요한 경우 한국자산관리공사에 수수료를 지급하고 그 공매를 대행하게 할 수 있다.

④ 체납처분 전 통보서에는 소액금융재산에 대한 압류허가에 관한 내용이 포함되어야 한다.

22 국민건강보험 체납보험료의 분할납부 승인의 기준이 되는 보험료 체납의 횟수는?

① 2회   ② 3회

③ 4회   ④ 5회

23 다음은 국민건강보험료의 고액·상습체납자의 인적사항 공개에 관한 규정이다. 다음 빈칸에 들어갈 내용이 순서대로 바르게 연결된 것은?

> 국민건강보험공단은 납부기한의 다음 날부터 (   )이 경과한 보험료, 연체금과 체납처분비의 총액이 (   ) 이상인 체납자가 납부능력이 있음에도 불구하고 체납한 경우 그 인적사항·체납액 등을 공개할 수 있다.

① 1년, 1천만 원 ② 1년, 5천만 원
③ 3년, 5천만 원 ④ 3년, 1억 원

24 다음 중 보험료등의 결손처분사유에 해당하지 않는 것은?

① 체납처분이 끝났음에도 충당된 금액이 그 체납액에 미치지 못할 경우
② 권리에 대한 소멸시효가 완성된 경우
③ 보험료 납부기한의 다음 날으로부터 3년이 경과한 경우
④ 징수할 가능성이 없다고 인정될 경우

25 다음 중 국민건강보험료의 결손처분을 의결하는 기관은?

① 기획재정부

② 국민건강보험공단 이사회

③ 국민건강보험공단 재정운영위원회

④ 보건복지부

26 다음 중 국민건강보험료보다 징수의 우선순위가 앞서는 것을 모두 고르면?

㉠ 국세

㉡ 지방세

㉢ 보험료 납부기한 전 매각된 저당권이 설정된 재산의 매각대금의 담보채권

---

① ㉠   ② ㉢

③ ㉠, ㉢   ④ ㉠, ㉡, ㉢

이의신청 및 심판청구 등

1 이의신청(제87조)

(1) 신청대상

① 가입자 및 피부양자의 자격, 보험료등, 보험급여, 보험급여 비용에 관한 국민건강보험공단의 처분에 이의가 있는 자는 공단에 이의신청을 할 수 있다.

② 요양급여비용 및 요양급여의 적정성 평가 등에 관한 심사평가원의 처분에 이의가 있는 공단, 요양기관 또는 그 밖의 자는 심사평가원에 이의신청을 할 수 있다.

(2) 제기기간 및 제기방법

① 이의신청은 처분이 있음을 안 날로부터 90일 이내에 문서(전자문서 포함)로 하여야 한다.

② 처분이 있은 날로부터 180일이 지나면 이의신청을 제기하지 못한다.

③ 다만, 정당한 사유로 기간 내에 이의신청을 할 수 없었음을 소명한 경우에는 기간 외에도 이의신청을 할 수 있다.

④ 요양기관이 심사평가원의 확인에 대해 이의를 신청하려면 이를 통보받은 날로부터 30일 이내에 하여야 한다.

(3) 이의신청의 방법·결정 및 그 결정의 통지 등에 필요한 사항은 대통령령으로 정한다.

2 심판청구(제88조)

(1) 이의신청에 대한 결정에 불복하는 자는 건강보험분쟁조정위원회에 심판청구를 할 수 있다.

(2) 심판청구의 제기기간 및 제기방법에 대해서는 이의신청의 규정을 준용한다.

(3) 심판청구를 하려는 자는 심판청구서를 해당 처분을 한 공단 또는 심사평가원에 제출하거나 건강보험분쟁조정위원회에 제출하여야 한다.

(4) 심판청구의 절차·방법·결정 및 그 결정의 통지 등에 필요한 사항은 대통령령으로 정한다.

3 건강보험분쟁조정위원회(제89조)

(1) 심판청구를 심리·의결하기 위하여 보건복지부에 건강보험분쟁조정위원회(이하 "분쟁조정위원회"라 한다)를 둔다.

(2) 구성

① 위원장을 포함하여 60명 이내의 위원으로 구성하고, 위원장을 제외한 위원 중 1명은 당연직위원으로 한다.

② 분쟁조정위원회의 위원은 공무원이 아닌 위원이 전체 위원의 과반수가 되도록 하여야 한다.

③ 분쟁조정위원회의 회의는 위원장, 당연직위원 및 위원장이 매 회의마다 지정하는 7명의 위원을 포함하여 총 9명으로 구성하되, 공무원이 아닌 위원이 과반수가 되도록 하여야 한다.

④ 분쟁조정위원회는 구성원 과반수의 출석과 출석의원 과반수의 찬성으로 의결한다.

⑤ 분쟁조정위원회를 실무적으로 지원하기 위하여 분쟁조정위원회에 사무국을 둔다.

⑥ 분쟁조정위원회 및 사무국의 구성 및 운영 등에 필요한 사항은 대통령령으로 정한다.

(3) 분쟁조정위원회의 위원 중 공무원이 아닌 사람은 「형법」 제129조부터 제132조까지(수뢰죄)의 규정을 적용할 때 공무원으로 본다.

4 행정소송(제90조)

공단 또는 심사평가원의 처분에 이의가 있는 자와 이의신청 또는 심판청구에 대한 결정에 불복하는 자는 「행정소송법」에서 정하는 바에 따라 행정소송을 제기할 수 있다.

➕ 더 알아보기

심판청구와 행정소송

1. 국민건강보험공단의 처분에 이의가 있는 자는 국민건강보험공단에 이의신청을 하거나 행정소송을 제기할 수 있다. 즉 행정소송은 이의신청이나 심판청구를 거치지 않고 바로 제기할 수 있다.

2. 행정소송은 이의신청과 심판청구 모두에 대한 불복절차로 기능하나, 심판청구는 오로지 이의신청에 대한 불복절차로만 기능한다. 즉 심판청구를 위해서는 반드시 이의신청을 거칠 것을 요구한다.

3. 행정소송은 사법기관인 행정법원을 통한다는 점에서 행정기관에 의한 권리구제절차인 심판청구와 차이를 가진다. 사법부인 행정법원은 행정부와 독립된 위치에서 사안을 판단할 수 있어 더욱 중립적인 판단을 기대할 수 있다는 이점이 있으나, 행정기관이 주체가 되는 구제절차들에 비해 절차 속도가 느린 편이다.

★ 행정소송
행정관청의 처분에 의해 권리를 침해받은 자가 이에 불복하여 행정관청을 상대로 법원에 처분의 취소, 변경, 무효 확인 등을 요구하는 소송

국민건강보험법

1회 기출예상

2회 기출예상

3회 기출예상

4회 기출예상

5회 기출예상

법령 핵심체크 OX

📖 다음을 읽고 맞는 것은 O, 틀린 것은 X에 표시하시오.

01 국민건강보험 가입자와 피부양자의 자격, 보험료, 보험급여, 보험급여 비용에 관한 국민건강보험공단의 처분에 이의가 있는 자는 국민건강보험공단에 이의신청을 할 수 있다. (O / X)

02 요양급여비용 및 요양급여의 적정성 평가 등에 관한 건강보험심사평가원의 처분에 이의가 있는 자는 국민건강보험공단에 이의신청을 할 수 있다. (O / X)

03 국민건강보험공단에 대한 이의신청은 처분이 있음을 안 날로부터 90일 내에 제기해야 한다. (O / X)

04 국민건강보험공단에 대한 이의신청은 처분이 있은 날로부터 180일이 지나면 제기하지 못한다. (O / X)

05 건강보험심사평가원의 요양급여 대상 여부의 확인에 대한 요양기관의 이의신청은 통보를 받은 날로부터 90일 내에 제기해야 한다. (O / X)

06 이의신청에 대한 결정에 불복하는 자는 건강보험분쟁조정위원회에 심판청구를 할 수 있다. (O / X)

07 심판청구의 제기기간 및 제기방법에 관하여는 이의신청의 절차를 준용한다. (O / X)

08 심판청구를 하려는 자는 심판청구서를 작성하여 반드시 건강보험분쟁조정위원회에 제출하여야 한다. (O / X)

09 건강보험분쟁조정위원회는 위원장과 당연직위원 1명을 포함하여 60명 이내의 위원으로 구성한다. (O / X)

10 건강보험분쟁조정위원회의 위원 구성에는 공무원이 아닌 의원이 전체 위원의 과반수가 되어서는 안 된다. (O / X)

11 분쟁조정위원회의 회의는 위원장, 당연직위원 및 위원장이 지명한 7명의 위원으로 구성하되, 이 중 공무원이 아닌 위원이 과반수가 되어서는 안 된다. (○ / ×)

12 분쟁조정위원회는 구성원 과반수의 출석과 구성원 과반수의 찬성으로 의결한다. (○ / ×)

13 분쟁조정위원회를 실무적으로 지원하기 위하여 분쟁조정위원회에 사무국을 둔다. (○ / ×)

14 분쟁조정위원회의 위원 중 공무원이 아닌 사람은 「형법」상 수뢰죄의 적용에 있어서 공무원으로 의제된다. (○ / ×)

15 국민건강보험공단 또는 심사평가원의 처분에 이의가 있는 자와 이의신청 또는 심판청구에 대한 결정에 불복하는 자는 행정소송을 제기할 수 있다. (○ / ×)

정답과 해설 | ✔

01 ○	02 X	03 ○	04 ○
05 X	06 ○	07 ○	08 X
09 ○	10 X	11 X	12 X
13 ○	14 ○	15 ○	

법령 확인문제

7장 이의신청 및 심판청구 등

▶ 정답과 해설 11p

01 다음은 국민건강보험공단에 대한 이의신청의 기한에 대한 내용이다. 빈칸에 들어갈 내용이 순서대로 바르게 연결된 것은?

> 국민건강보험공단에 대한 이의신청은 처분이 있음을 안 날로부터 (   ) 이내에 문서로 하여야 하며, 처분이 있은 날로부터 (   )이 지나면 제기하지 못한다. 다만 정당한 사유로 그 기간에 이의 신청을 할 수 없었음을 소명한 경우에는 그러하지 아니하다.

① 15일, 30일   ② 30일, 90일

③ 90일, 180일   ④ 1년, 3년

02 다음 중 건강보험심사평가원의 확인에 대한 이의신청의 기한은?

① 통보를 받은 날로부터 30일 이내

② 통보를 받은 날로부터 60일 이내

③ 통보를 보낸 날로부터 30일 이내

④ 통보를 보낸 날로부터 90일 이내

03 심판청구에 대한 설명으로 옳지 않은 것은?

① 국민건강보험공단에의 이의신청에 대한 결정에 불복하는 자는 건강보험분쟁조정위원회에 심판청구를 할 수 있다.

② 심판청구를 하려는 자는 건강보험분쟁조정위원회에 심판청구서를 제출하여야 하며, 이의신청에 따라 처분을 한 공단에 제출한 심판청구서는 효력이 없다.

③ 건강보험분쟁조정위원회 내에는 위원회의 업무를 지원하는 사무국을 둔다.

④ 심판청구의 제기방법에 대해서는 이의신청의 내용을 준용한다.

04 건강보험분쟁조정위원회의 구성 및 회의에 대한 설명으로 옳지 않은 것은?

① 위원장을 포함한 60명 이내의 위원으로 구성한다.

② 위원장을 제외한 위원 중 4명은 당연직위원으로 구성한다.

③ 분쟁조정위원회의 회의는 위원장과 당연직위원을 포함하여 총 9명으로 구성한다.

④ 분쟁조정위원회의 회의는 과반수의 출석과 출석위원 과반수의 찬성으로 의결한다.

05 다음 중 국민건강보험공단의 처분에 대한 행정소송을 제기할 수 있는 자를 모두 고르면?

㉠ 공단의 처분에 이의가 있는 자

㉡ 이의신청의 결정에 불복하는 자

㉢ 심판청구의 결정에 불복하는 자

---

① ㉠

② ㉢

③ ㉡, ㉢

④ ㉠, ㉡, ㉢

보칙

1 시효(제91조)

(1) 다음의 권리는 3년 동안 이를 행사하지 않으면 소멸시효가 완성된다.
   ① 보험료, 연체금 및 가산금을 징수할 권리
   ② 보험료, 연체금 및 가산금으로 과오납부한 금액을 환급받을 권리
   ③ 보험급여를 받을 권리
   ④ 보험급여 비용을 받을 권리
   ⑤ 과다납부된 본인일부부담금을 돌려받을 권리
   ⑥ 요양급여비용의 정산에 따른 근로복지공단의 권리(제61조)

(2) 위 시효는 다음의 사유로 중단된다.
   ① 보험료의 고지 또는 독촉
   ② 보험급여 또는 보험급여비용의 청구

(3) 휴직자등의 보수월액보험료를 징수할 권리의 소멸시효는 그 고지가 유예된 경우 휴직 등의 사유가 끝날 때까지 진행하지 아니한다.

(4) 소멸시효기간, 시효 중단 및 시효 정지에 관하여 이 법에서 정한 사항 외에는 「민법」에 따른다.

2 기간 계산(제92조)

이 법이나 이 법에 따른 명령에 규정된 기간의 계산에 관하여 이 법에서 정한 사항 외에는 「민법」의 기간에 관한 규정을 준용한다.

3 근로자의 권익 보호(제93조)

직장가입자에 해당하지 않는 사람 이외의 모든 사업장의 근로자를 고용하는 사용자는 그가 고용한 근로자가 이 법에 따른 직장가입자가 되는 것을 방해하거나 자신이 부담하는 부담금이 증가되는 것을 피할 목적으로 정당한 사유 없이 근로자의 승급 또는 임금 인상을 하지 아니하거나 해고나 그 밖의 불리한 조치를 할 수 없다.

4 신고 등(제94조)

(1) 공단은 사용자, 직장가입자 및 세대주에게 다음 사항을 신고하게 하거나 전자적 방법으로 기록된 것을 포함한 관계 서류를 제출하게 할 수 있다.
   ① 가입자의 거주지 변경
   ② 가입자의 보수·소득
   ③ 그 밖에 건강보험사업을 위하여 필요한 사항

(2) 신고에 대한 조사

① 공단은 신고한 사항이나 제출받은 자료에 대하여 사실 여부를 확인할 필요가 있으면 소속 직원이 해당 사항에 관하여 조사하게 할 수 있다.

② 조사를 하는 소속 직원은 그 권한을 표시하는 증표를 지니고 관계인에게 보여주어야 한다.

5 소득 축소 · 탈루 자료의 송부(제95조)

(1) 공단은 신고한 보수 또는 소득 등에 축소 또는 탈루(脫漏)가 있다고 인정하는 경우에는 보건복지부장관을 거쳐 소득의 축소 또는 탈루에 관한 사항을 문서로 국세청장에게 송부할 수 있다.

(2) 국세청장은 송부받은 사항에 대하여 「국세기본법」 등 관련 법률에 따른 세무조사를 하면 그 조사 결과 중 보수 · 소득에 관한 사항을 공단에 송부하여야 한다.

(3) 송부 절차 등에 필요한 사항은 대통령령으로 정한다.

6 자료의 제공(제96조)

(1) 국민건강보험공단의 자료제공요청

① 요청 대상 : 국가, 지방자치단체, 요양기관, 보험회사 및 보험료율 산출 기관, 공공기관, 그 밖의 공공단체 등

② 목적 : 가입자 및 피부양자의 자격관리, 보험료의 부과 · 징수, 보험급여의 관리 등 건강보험사업의 수행, 징수위탁근거법에 따라 위탁받은 업무의 수행

③ 요청할 수 있는 자료 : 주민등록 · 가족관계등록 · 국세 · 지방세 · 토지 · 건물 · 출입국관리 등의 자료로서 대통령령으로 정하는 자료

(2) 건강보험심사평가원의 자료제공요청

① 요청 대상 : 국민건강보험공단과 동일

② 목적 : 요양급여비용을 심사하고 요양급여의 적정성을 평가

③ 요청할 수 있는 자료 : 주민등록 · 출입국관리 · 진료기록 · 의약품공급 등의 자료로서 대통령령으로 정하는 자료

(3) 보건복지부장관은 관계 행정기관의 장에게 약제에 대한 요양급여비용 상한금액의 감액 및 요양급여의 적용 정지를 위하여 필요한 자료를 제공하도록 요청할 수 있다.

(4) 자료제공을 요청받은 자는 성실히 이에 따라야 한다.

(5) 공단 또는 심사평가원은 요양기관, 보험회사 및 보험료율 산출기관에 자료의 제공을 요청할 경우 그 요청 근거 및 사유, 자료 제공 대상자, 대상기간, 자료 제공 기한, 제출 자료 등이 기재된 자료제공요청서를 발송하여야 한다.

(6) 국가, 지방자치단체, 요양기관, 보험료율 산출 기관 그 밖의 공공기관 및 공공단체가 공단 또는 심사평가원에 제공하는 자료에 대하여는 사용료와 수수료 등을 면제한다.

★ 가족관계등록 전산정보(「가족관계의 등록 등에 관한 법률」 제9조)
등록기준지, 성명·본·성별·출생연월일 및 주민등록번호(대한민국 국민이 아닌 경우 국적 및 외국인등록번호 혹은 국내거소신고번호), 출생·혼인·사망 등 가족관계의 발생 및 변동에 관한 사항 등

★ 2021. 6. 30. 시행 개정법
국민건강보험공단이 가족관계등록 전산정보를 공동이용할 수 있도록 하는 법적 근거를 마련함과 동시에 전산정보자료의 목적 외 사용을 금지한다.

7 가족관계등록 전산정보의 공동이용(제96조의2)

(1) 공단은 각 기관의 자료제공요청에 관한 업무를 수행하기 위해 「전자정부법」에 따라 「가족관계의 등록 등에 관한 법률」 제9조에 따른 전산정보를 공동이용 및 처리할 수 있다.

(2) 법원행정처장은 공단이 전산정보자료의 공동이용을 요청하는 경우 그 공동이용을 위하여 필요한 조치를 취해야 한다.

(3) 누구든지 공동이용하는 전산정보자료를 그 목적 외의 용도로 이용하거나 활용하여서는 아니 된다.

8 서류의 보존(제96조의2)

(1) 요양기관은 요양급여가 끝난 날부터 5년간 보건복지부령으로 정하는 바에 따라 요양급여비용의 청구에 관한 서류를 보존하여야 한다.

(2) 다만, 약국 등 보건복지부령으로 정하는 요양기관은 처방전을 요양급여비용을 청구한 날부터 3년간 보존하여야 한다.

(3) 사용자는 3년간 보건복지부령으로 정하는 바에 따라 자격 관리 및 보험료 산정 등 건강보험에 관한 서류를 보존하여야 한다.

9 보고와 검사(제97조)

(1) 보건복지부장관은 사용자, 직장가입자 또는 세대주에게 가입자의 이동·보수·소득이나 그 밖에 필요한 사항에 관한 보고 또는 서류 제출을 명하거나, 소속 공무원이 관계인에게 질문하게 하거나 관계 서류를 검사하게 할 수 있다.

(2) 보건복지부장관은 요양기관에 대하여 요양·약제의 지급 등 보험급여에 관한 보고 또는 서류 제출을 명하거나, 소속 공무원이 관계인에게 질문하게 하거나 관계 서류를 검사하게 할 수 있다.

(3) 보건복지부장관은 보험급여를 받은 자에게 해당 보험급여의 내용에 관하여 보고하게 하거나, 소속 공무원이 질문하게 할 수 있다.

(4) 보건복지부장관은 요양급여비용의 심사청구를 대행하는 단체(이하 "대행청구단체"라 한다)에 필요한 자료의 제출을 명하거나, 소속 공무원이 대행청구에 관한 자료 등을 조사·확인하게 할 수 있다.

(5) 보건복지부장관은 약제에 대한 요양급여비용 상한금액의 감액 및 요양급여의 적용 정지를 위하여 필요한 경우에는 의약품공급자에 대하여 금전, 물품, 편익, 노무, 향응, 그 밖의 경제적 이익 등 제공으로 인한 의약품 판매 질서 위반 행위에 관한 보고 또는 서류 제출을 명하거나, 소속 공무원이 관계인에게 질문하게 하거나 관계 서류를 검사하게 할 수 있다.

(6) 질문·검사·조사 또는 확인을 하는 소속 공무원은 그 권한을 표시하는 증표를 지니고 관계인에게 보여주어야 한다.

국
민
건
강
보
험
법

1회 기출예상

2회 기출예상

3회 기출예상

4회 기출예상

5회 기출예상

10 업무정지(제98조)

(1) 보건복지부장관은 다음의 어느 하나에 해당하는 요양기관에 대해 1년의 범위에서 기간을 정하여 업무정지를 명할 수 있다.

① 속임수나 그 밖의 부당한 방법으로 보험자·가입자 및 피부양자에게 요양급여비용을 부담하게 한 경우

② 요양·약제의 지급 등 보험급여에 관한 보건복지부장관의 보고 및 서류제출명령에 위반하거나 거짓 보고를 하거나 거짓 서류를 제출하거나, 소속 공무원의 검사 또는 질문을 거부·방해 또는 기피한 경우

③ 정당한 사유 없이 요양기관이 행위·치료재료 및 약제에 대한 요양급여대상 여부의 결정 신청을 하지 않고 속임수나 그 밖의 부당한 방법으로 행위·치료재료를 가입자 또는 피부양자에게 실시 또는 사용하고 비용을 부담시킨 경우

(2) 업무정지 처분을 받는 자는 해당 업무정지기간 중에는 요양급여를 하지 못한다.

(3) 업무정지 처분 효과의 승계

① 업무정지 처분의 효과는 그 처분이 확정된 요양기관을 양수한 자 또는 합병 후 존속하는 법인이나 합병으로 설립되는 법인에 승계된다.

② 업무정지 처분의 절차가 진행 중인 때에는 양수인 또는 합병 후 존속하는 법인이나 합병으로 설립되는 법인에 대하여 그 절차를 계속 진행할 수 있다.

③ 다만, 양수인 또는 합병 후 존속하는 법인이나 합병으로 설립되는 법인이 그 처분 또는 위반사실을 알지 못하였음을 증명하는 경우에는 그 효과가 승계되지 않는다.

(4) 업무정지 처분을 받았거나 업무정지 처분의 절차가 진행 중인 자는 행정처분을 받은 사실 또는 행정처분절차가 진행 중인 사실을 보건복지부령으로 정하는 바에 따라 양수인 또는 합병 후 존속하는 법인이나 합병으로 설립되는 법인에 지체 없이 알려야 한다.

(5) 업무정지를 부과하는 위반행위의 종류, 위반 정도 등에 따른 행정처분기준이나 그 밖에 필요한 사항은 대통령령으로 정한다.

11 과징금(제99조)

(1) 요양기관이 속임수나 그 밖의 부당한 방법으로 금전을 부담하게 함을 이유로 하는 업무정지 처분에 대한 과징금(제98조 제1항 제1호 또는 제3호)

① 요건 : 업무정지 처분이 해당 요양기관을 이용하는 사람에게 심한 불편을 주거나 보건복지부장관이 정하는 특별한 사유가 있다고 인정될 경우

② 부과·징수 범위 : 속임수나 그 밖의 부당한 방법으로 부담하게 한 금액의 5배 이하의 금액. 이 경우 12개월의 범위에서 분할납부를 하게 할 수 있다.

★ **과징금**

행정청이 일정한 행정의무를 위반한 사업자에 대해 업무정지 처분을 대신하여 금전적 제재를 가하는 행정처분의 일종으로, 금전적 제재에 해당하나 형법상의 벌금과 행정질서벌인 과태료와는 구분된다. 일반적으로 업무정지 처분에 따라 발생하는 국민의 불편 등을 이유로 이에 갈음하여 부과한다.

★ 2021. 12. 9. 시행 개정법
「약사법」 제47조 제2항의 의약품공급자의 의료기관 등에 대한 리베이트 금지 위반에 관한 약제에 대한 요양급여의 적용 정지에 갈음한 과징금 처분사유를 구체화하고, 과징금의 상한을 상향 조정하기 위해 '국민 건강에 심각한 위험이 초래할 것이 예상되는 경우'의 기준을 신설하였다.

(2) 요양기관이 행위·치료재료 및 약제에 대한 요양급여대상 여부의 결정 신청을 하지 않음을 이유로 약제를 요양급여에서 적용 정지할 경우의 과징금(제41조의2 제3항)

　① 환자 진료에 불편을 초래하는 등 공공복리에 지장을 줄 것으로 예상되는 때 : 해당 약제에 대한 요양급여비용 총액의 100분의 200을 넘지 아니하는 범위

　② 국민 건강에 심각한 위험을 초래할 것이 예상되는 등 특별한 사유가 있다고 인정되는 때 : 해당 약제에 대한 요양급여비용 총액의 100분의 60을 넘지 아니하는 범위

　③ 보건복지부장관은 위 과징금을 12개월의 범위에서 분할납부를 하게 할 수 있다.

(3) 과징금 부과 대상이 된 약제가 과징금이 부과된 날부터 5년의 범위에서 대통령령으로 정하는 기간 내에 다시 과징금 부과 대상이 될 경우의 과징금

　① 환자 진료에 불편을 초래하는 등 공공복리에 지장을 줄 것으로 예상되는 때 : 해당 약제에 대한 요양급여비용 총액의 100분의 350을 넘지 아니하는 범위

　② 국민 건강에 심각한 위험을 초래할 것이 예상되는 등 특별한 사유가 있다고 인정되는 때 : 해당 약제에 대한 요양급여비용 총액의 100분의 100을 넘지 아니하는 범위

(4) 과징금 부과를 이유로 해당 약제에 대한 요양급여비용 총액을 정할 때에는 그 약제의 과거 요양급여 실적 등을 고려하여 1년간의 요양급여 총액을 넘지 않는 범위에서 정하여야 한다.

(5) 과징금의 징수

　① 과징금을 납부하여야 할 자가 납부기한까지 이를 내지 아니하면 대통령령으로 정하는 절차에 따라 그 과징금 부과 처분을 취소하고 업무정지 처분을 하거나 국세 체납처분의 예에 따라 이를 징수한다.

　② 다만, 요양기관의 폐업 등으로 업무정지 처분을 할 수 없으면 국세 체납처분의 예에 따라 과징금을 징수한다.

(6) 보건복지부장관은 과징금을 징수하기 위하여 필요하면 납세자의 인적사항, 사용목적, 과징금 부과 사유 및 부과기준을 적은 문서로 관할 세무관서의 장 또는 지방자치단체의 장에게 과세정보의 제공을 요청할 수 있다.

(7) 징수한 과징금은 다음 이외의 용도로는 사용할 수 없다. 단, 환자 진료에 불편을 초래하는 등 공공복리에 지장을 줄 것으로 예상되는 약제에 대해 부과한 과징금(제99조 제2항 제1호, 제3항 제1호)은 ③의 용도로 사용해야 한다.

　① 공단이 요양급여비용으로 지급하는 자금

　② 「응급의료에 관한 법률」에 따른 응급의료기금의 지원

　③ 「재난적의료비 지원에 관한 법률」에 따른 재난적의료비 지원사업에 대한 지원

(8) 과징금의 금액과 그 납부에 필요한 사항 및 과징금의 용도별 지원 규모, 사용 절차 등에 필요한 사항은 대통령령으로 정한다.

www.gosinet.co.kr **gosi**net

국민건강보험법

1회 기출예상

2회 기출예상

3회 기출예상

4회 기출예상

5회 기출예상

12 위반사실의 공표(제100조)

(1) 위반사실의 공표

① 대상 : 보건복지부장관은 관련 서류의 위조 · 변조로 요양급여비용을 거짓으로 청구하여 업무정지 혹은 이에 갈음하는 과징금 처분을 받은 요양기관

② 요건 : 거짓으로 청구한 금액이 1천 500만 원 이상인 경우, 요양급여비용 총액 중 거짓으로 청구한 금액의 비율이 100분의 20 이상인 경우

③ 공표내용 : 위반 행위, 처분 내용, 해당 요양기관의 명칭 · 주소 및 대표자 성명, 그 밖에 다른 요양기관과의 구별에 필요한 사항으로서 대통령령으로 정하는 사항

(2) 공표 여부를 결정할 때에는 그 위반행위의 동기, 정도, 횟수 및 결과 등을 고려하여야 한다.

(3) 건강보험공표심의위원회

① 보건복지부장관은 공표 여부 등을 심의하기 위하여 건강보험공표심의위원회를 설치 · 운영한다.

② 보건복지부장관은 건강보험공표심의위원회의 심의를 거친 공표대상자에게 공표대상자인 사실을 알려 소명자료를 제출하거나 출석하여 의견을 진술할 기회를 주어야 한다.

③ 보건복지부장관은 건강보험공표심의위원회가 제출된 소명자료 또는 진술된 의견을 고려하여 공표대상자를 재심의한 후 공표대상자를 선정한다.

(4) 공표의 절차 · 방법, 건강공표심의위원회의 구성 · 운영 등에 필요한 사항은 대통령령으로 정한다.

13 제조업자 등의 금지행위(제101조)

(1) 의약품의 제조업자 · 위탁제조판매업자 · 수입자 · 판매업자 및 의료기기 제조업자 · 수입업자 · 수리업자 · 판매업자 · 임대업자(이하 "제조업자등"이라 한다)는 약제 · 치료재료와 관련하여 요양급여대상 여부를 결정하거나 요양급여비용을 산정할 때에 다음의 행위를 하여 보험자 · 가입자 및 피부양자에게 손실을 주어서는 아니 된다.

① 요양기관이 속임수나 그 밖의 부당한 방법으로 보험자 · 가입자 및 피부양자에게 요양급여비용을 부담하게 하는 행위에 개입

② 보건복지부, 공단 또는 심사평가원에 거짓 자료를 제출

③ 그 밖에 속임수나 보건복지부령으로 정하는 부당한 방법으로 요양급여대상 여부의 결정과 요양급여비용의 산정에 영향을 미치는 행위

(2) 보건복지부장관은 해당 위반 사실이 있는지 여부를 확인하기 위하여 그 제조업자등에게 관련 서류의 제출을 명하거나, 소속 공무원이 관계인에게 질문을 하게 하거나 관계 서류를 검사하게 하는 등 필요한 조사를 할 수 있다.

(3) 조사를 하는 소속 공무원은 그 권한을 표시하는 증표를 지니고 이를 관계인에게 보여주어야 한다.

(4) 손실 상당액의 징수

　① 공단은 이를 위반하여 보험자·가입자 및 피부양자에게 손실을 주는 행위를 한 제조
　　업자등에 대하여 손실에 상당하는 금액을 징수한다.

　② 손실 상당액 중 가입자 및 피부양자의 손실에 해당되는 금액을 그 가입자나 피부양자
　　에게 지급하여야 한다.

　③ 공단은 가입자나 피부양자에게 지급하여야 하는 금액을 그 가입자 및 피부양자가 내
　　야하는 보험료등과 상계할 수 있다.

(5) 손실 상당액의 산정, 부과·징수절차 및 납부방법 등에 관하여 필요한 사항은 대통령령
　으로 정한다.

14 정보의 유지의무(제102조)

(1) 대상 : 공단, 심사평가원 및 대행청구단체에 종사하였던 사람 또는 종사하는 사람

(2) 내용

　① 가입자 및 피부양자의 개인정보를 누설하거나 직무상 목적 외의 용도로 이용 또는
　　정당한 사유 없이 제3자에게 제공하는 행위를 하여서는 아니 된다.

　② 개인정보 외에 업무를 수행하면서 알게 된 정보를 누설하거나 직무상 목적 외의 용도
　　로 이용 또는 제3자에게 제공하는 행위를 하여서는 아니 된다.

15 공단 등에 대한 감독(제103조)

(1) 보건복지부장관은 공단과 심사평가원의 경영목표를 달성하기 위하여 다음에 대한 보고
　를 명하거나 사업이나 업무 또는 재산상황을 검사하는 등의 감독을 할 수 있다.

　① 공단의 업무 및 심사평가원의 업무

　②「공공기관의 운영에 관한 법률」제50조에 따른 경영지침의 이행과 관련된 사업

　③ 이 법 또는 다른 법령에서 공단과 심사평가원이 위탁받은 업무

　④ 그 밖에 관계 법령에서 정하는 사항과 관련된 사업

(2) 보건복지부장관은 감독상 필요한 경우에는 정관이나 규정의 변경 또는 그 밖에 필요한
　처분을 명할 수 있다.

★ 공기업·준정부기관의 경영지침
(「공공기관의 운영에 관한 법률」
제50조)
공기업·준정부기관의 인사관리, 예
산과 자금 운영, 그 밖에 재무건전
성을 위해 필요하다고 기획재정부
장관이 필요하다고 인정된 사항 등
운영에 관한 일상적 사항에 대해 기
획재정부장관이 정한 지침

16 포상금 등의 지급(제104조)

(1) 공단은 다음의 어느 하나에 해당하는 자를 신고한 사람에게 포상금을 지급할 수 있다.

　① 속임수나 그 밖의 부당한 방법으로 보험급여를 받은 사람

　② 속임수나 그 밖의 부당한 방법으로 다른 사람이 보험급여를 받도록 한 자

③ 속임수나 그 밖의 부당한 방법으로 보험급여 비용을 받은 요양기관 또는 보험급여를 받은 준요양기관 및 보조기기 판매업자

(2) 공단은 건강보험 재정을 효율적으로 운영하는 데에 이바지한 요양기관에 대하여 장려금 을 지급할 수 있다.

(3) 포상금 및 장려금의 지급 기준과 범위, 절차 및 방법 등에 필요한 사항은 대통령령으로 정한다.

17 유사명칭의 사용금지(제105조)

(1) 공단이나 심사평가원이 아닌 자는 국민건강보험공단, 건강보험심사평가원 또는 이와 유 사한 명칭을 사용하지 못한다.

(2) 이 법으로 정하는 건강보험사업을 수행하는 자가 아닌 자는 보험계약 또는 보험계약의 명칭에 국민건강보험이라는 용어를 사용하지 못한다.

18 소액 처리(제106조)

(1) 공단은 징수하여야 할 금액이나 반환하여야 할 금액이 1건당 2천 원 미만인 경우에는 징수 또는 반환하지 아니한다.

(2) 상계 처리할 수 있는 본인일부부담금 환급금 및 가입자나 피부양자에게 지급하여야 하는 금액은 소액 처리하지 않는다.

19 끝수 처리(제107조)

보험료등과 보험급여에 관한 비용을 계산할 때 「국고금관리법」 제47조에 따른 끝수는 계산하지 아니한다.

20 보험재정에 대한 정부지원(제108조)

(1) 국가의 자금 지원
① 국가는 매년 예산의 범위에서 해당 연도 보험료 예상 수입액의 100분의 14에 상당하 는 금액을 국고에서 공단에 지원한다.
② 재원의 사용
㉠ 가입자 및 피부양자에 대한 보험급여
㉡ 건강보험사업에 대한 운영비
㉢ 보험료 경감에 대한 지원

★ 국고금의 끝수 계산(「국고금 관리법」 제47조)
국고금의 수입 또는 지출에서 10원 미만의 끝수가 있을 때에는 그 끝수 는 계산하지 아니하고, 전액이 10원 미만일 때에도 그 전액을 계산하지 아니하며, 국세의 과세표준액을 산 정할 때 1원 미만의 끝수가 있으면 이를 계산하지 아니한다.

★ 법률 제11141호(2011. 12. 31.) 부 칙 제2조의 규정에 의하여 「국민건 강보험법」 제108조는 2022년 12월 31일까지 유효하다.

(2) 국민건강증진기금의 자금 지원

    ① 공단은 「국민건강증진법」에서 정하는 바에 따라 같은 법에 따른 국민건강증진기금에서 자금을 지원받을 수 있다.

    ② 재원의 사용

        ㉠ 건강검진 등 건강증진에 관한 사업

        ㉡ 가입자와 피부양자의 흡연으로 인한 질병에 대한 보험급여

        ㉢ 가입자와 피부양자 중 65세 이상 노인에 대한 보험급여

21 외국인 등에 대한 특례(제109조)

(1) 정부는 외국 정부가 사용인인 사업장의 근로자의 건강보험에 관하여는 외국 정부와 한 합의에 따라 이를 따로 정할 수 있다.

(2) 국내체류 외국인등(국내에 체류하는 재외국민 또는 외국인)이 직장가입자가 되는 요건

    ① 적용대상사업장의 근로자, 공무원 또는 교직원

    ② 직장가입자의 예외조건(법 제6조 제2항)에 해당하지 않음.

    ③ 다음의 어느 하나에 해당하는 경우

        ㉠ 「주민등록법」 제6조 제1항 제3호에 따라 등록한 사람

        ㉡ 「재외동포의 출입국과 법적 지위에 관한 법률」 제6조에 따라 국내거소신고를 한 사람

        ㉢ 「출입국관리법」 제31조에 따라 외국인등록을 한 사람

(3) 직장가입자에 해당하지 않는 국내체류 외국인등이 지역가입자가 되는 요건

    ① 보건복지부령으로 정하는 기간 동안 국내에 거주하였거나 해당 기간 동안 국내에 지속적으로 거주할 것으로 예상할 수 있는 사유로서 보건복지부령으로 정하는 사유에 해당될 것

    ② 다음의 어느 하나에 해당하는 경우

        ㉠ 「주민등록법」 제6조 제1항 제3호에 따라 등록하거나 「재외동포의 출입국과 법적 지위에 관한 법률」 제6조에 따라 국내거소신고를 한 사람

        ㉡ 「출입국관리법」 제31조에 따라 외국인등록을 한 사람으로서 보건복지부령으로 정하는 체류자격이 있는 사람

(4) 국내체류 외국인등이 피부양자가 될 수 있는 요건

    ① 직장가입자와의 관계가 제5조 제2항 각 호의 어느 하나에 해당할 것

    ② 법 제5조 제3항에 따른 피부양자 자격의 인정 기준에 해당할 것

(5) 국내체류 외국인등이 가입자 및 피부양자가 될 수 없는 요건

    ① 국내체류가 법률에 위반되는 경우로서 대통령령으로 정하는 사유가 있는 경우

    ② 외국의 법령, 외국의 보험 또는 사용자와의 계약 등에 따라 요양급여에 상당하는 의료보장을 받을 수 있어 사용자 또는 가입자가 보건복지부령으로 정하는 바에 따라 가입 제외를 신청한 경우

www.gosinet.co.kr **gosinet**

국민건강보험법

1회 기출예상

2회 기출예상

3회 기출예상

4회 기출예상

5회 기출예상

(6) 그 외의 국내체류 외국인등의 가입자 또는 피부양자 자격의 취득 및 상실에 관한 시기·절차 등에 필요한 사항은 제5조부터 제11조까지의 규정을 준용한다. 다만, 국내체류 외국인 등의 특성을 고려하여 특별히 규정해야 할 사항은 대통령령으로 다르게 정할 수 있다.

(7) 가입자인 국내체류 외국인등이 매월 2일 이후 지역가입자의 자격을 취득하고 그 자격을 취득한 날이 속하는 달에 보건복지부장관이 고시하는 사유로 해당 자격을 상실한 경우에는 그 자격을 취득한 날이 속하는 달의 보험료를 부과하여 징수한다.

> **+ 더 알아보기**
>
> 「국민건강보험법」 제69조 제2항 본문과의 비교
> 보험료는 가입자의 자격을 취득한 날이 속하는 달의 다음 달부터 가입자의 자격을 잃은 날의 전날이 속하는 달까지 징수한다.

(8) 「국민건강보험법 시행령」 제76조의4에 해당하는 외국인 등에 관한 특례

> **+ 더 알아보기**
>
> 「국민건강보험법 시행령」 제76조의4(보험료 부과·징수 특례 대상 외국인)
> 법 제109조 제9항 단서에서 "대통령령으로 정하는 국내체류 외국인등"이란 지역가입자인 국내체류 외국인등 중에서 다음 각 호의 어느 하나에 해당하지 않는 사람을 말한다.
>   1. 「출입국관리법 시행령」 별표 1의2에 따른 결혼이민(F-6)의 체류자격이 있는 사람
>   2. 「출입국관리법 시행령」 별표 1의3에 따른 영주(F-5)의 체류자격이 있는 사람
>   3. 그 밖에 보건복지부장관이 체류경위, 체류목적 및 체류기간 등을 고려하여 국내거주 국민과 같은 보험료 부과·징수 기준을 적용할 필요가 있다고 인정하여 고시하는 체류자격이 있는 사람

① 국내체류 외국인등 중 「국민건강보험법 시행령」 제76조의4에 해당하는 지역가입자의 보험료는 그 직전 월 25일까지 납부하여야 한다. 다만, 다음에 해당되는 경우에는 공단이 정하는 바에 따라 납부하여야 한다.
  ㉠ 자격을 취득한 날이 속하는 달의 보험료를 징수하는 경우
  ㉡ 매월 26일 이후부터 말일까지의 기간에 자격을 취득한 경우

> **+ 더 알아보기**
>
> 「국민건강보험법」 제78조 제1항 본문과의 비교
> 보험료 납부의무가 있는 자는 가입자에 대한 그 달의 보험료를 그 다음 달 10일까지 납부하여야 한다.

② 국민건강보험의 가입자인 국내체류 외국인등의 보험료 부과·징수에 관한 사항은 제69조부터 제86조까지의 규정을 준용한다. 다만 특례 대상인 국내체류 외국인등의 보험료 부과·징수에 관한 사항은 그 특성을 고려하여 보건복지부장관이 다르게 정하

여 고시할 수 있다.

③ 특례 대상인 지역가입자가 보험료를 체납한 경우에는 체납일부터 체납한 보험료를 완납할 때까지 보험급여를 하지 아니한다.

④ 특례 대상인 지역가입자에 대하여 제53조 제3항 부분 단서 및 제5항, 제6항(국민건강보험료의 분할납부에 관한 규정)은 적용되지 않는다.

22 실업자에 대한 특례 – 임의계속가입자(제110조)

(1) 요건 : 사용관계가 끝난 사람 중 직장가입자로서의 자격을 유지한 기간이 보건복지부령으로 정하는 기간 동안 통산 1년 이상인 사람

(2) 신청 : 지역가입자가 된 이후 최초로 지역가입자 보험료를 고지받은 날부터 그 납부기한에서 2개월이 지나기 이전까지 공단에 직장가입자로서의 자격을 유지할 것을 신청할 수 있다.

(3) 효과

① 임의계속가입자는 대통령령으로 정하는 기간 동안 직장가입자의 자격을 유지한다.

② 다만, 신청 후 최초로 내야 할 직장가입자 보험료를 그 납부기한부터 2개월이 지난 날까지 내지 아니한 경우에는 직장가입자의 자격을 유지할 수 없다.

③ 임의계속가입자의 보수월액은 보수월액보험료가 산정된 최근 12개월간의 보수월액을 평균한 금액으로 한다.

④ 임의계속가입자의 보험료는 보건복지부장관이 정하여 고시하는 바에 따라 그 일부를 경감할 수 있다.

⑤ 임의계속가입자의 보수월액보험료는 임의계속가입자가 전액을 부담하고 납부한다.

⑥ 임의계속가입자가 보험료를 납부기한까지 내지 아니하는 경우 그 급여제한에 관하여는 제53조 제3항·제5항 및 제6항(국민건강보험료의 분할납부에 관한 규정)을 준용한다.

⑦ 임의계속가입자의 신청 방법·절차 등에 필요한 사항은 보건복지부령으로 정한다.

23 권한의 위임 및 위탁(제111조)

(1) 이 법에 따른 보건복지부장관의 권한은 대통령령으로 정하는 바에 따라 그 일부를 특별시장·광역시장·도지사 또는 특별자치도지사에게 위임할 수 있다.

(2) 요양기관에 대하여 요양·약제의 지급 등 보험급여에 관한 보고 또는 서류 제출을 명하거나, 소속 공무원이 관계인에게 질문하게 하거나 관계 서류를 검사하게 하는 보건복지부장관의 권한은 대통령령으로 정하는 바에 따라 공단이나 심사평가원에 위탁할 수 있다.

24 업무의 위탁(제112조)

(1) 공단은 대통령령으로 정하는 바에 따라 다음의 업무를 체신관서, 금융기관 또는 그 밖의 자에게 위탁할 수 있다.

① 보험료의 수납 또는 보험료납부의 확인에 관한 업무

② 보험급여비용의 지급에 관한 업무

③ 징수위탁근거법의 위탁에 따라 징수하는 연금보험료, 고용보험료, 산업재해보상보험료, 부담금 및 분담금 등(이하 "징수위탁보험료등"이라 한다)의 수납 또는 그 납부의 확인에 관한 업무

(2) 공단은 그 업무의 일부를 국가기관, 지방자치단체 또는 다른 법령에 따른 사회보험 업무를 수행하는 법인이나 그 밖의 자에게 위탁할 수 있다.

① 다만, 보험료와 징수위탁보험료등의 징수 업무는 위탁할 수 없다.

② 공단이 위탁할 수 있는 업무 및 위탁받을 수 있는 자의 범위는 보건복지부령으로 정한다.

25 징수위탁보험료등의 배분 및 납입(제113조)

(1) 공단은 자신이 징수한 보험료와 그에 따른 징수금 또는 징수위탁보험료등의 금액이 징수하여야 할 총액에 부족한 경우에는 대통령령으로 정하는 기준, 방법에 따라 이를 배분하여 납부 처리하여야 한다. 다만, 납부의무자가 다른 의사를 표시한 때에는 그에 따른다.

(2) 공단은 징수위탁보험료등을 징수한 때에는 이를 지체 없이 해당 보험별 기금에 납입하여야 한다.

26 출연금의 용도(제114조)

(1) 공단은 「국민연금법」, 「산업재해보상보험법」, 「고용보험법」 및 「임금채권보장법」에 따라 국민연금기금, 산업재해보상보험및예방기금, 고용보험기금 및 임금채권보장기금으로부터 각각 지급받은 출연금을 징수위탁근거법에 따라 위탁받은 업무에 소요되는 비용에 사용하여야 한다.

(2) 지급받은 출연금의 관리 및 운용 등에 필요한 사항은 대통령령으로 정한다.

27 공무원 의제(제114조의2)

심의위원회 및 건강보험공표심의위원회 위원 중 공무원이 아닌 사람은 「형법」 제127조(공무상 비밀의 누설) 및 제129조부터 제132조까지(수뢰죄)의 규정을 적용할 때에는 공무원으로 본다.

★「형법」 제127조(공무상 비밀의 누설)

공무원 또는 공무원이었던 자가 법령에 의한 직무상 비밀을 누설한 때에는 2년 이하의 징역이나 금고 또는 5년 이하의 자격정지에 처한다.

법령 핵심체크 OX

📖 다음을 읽고 맞는 것은 O, 틀린 것은 X에 표시하시오.

01 국민건강보험공단이 보험료, 연체금 및 가산금을 징수할 권리는 이를 5년 동안 행사하지 않으면 소멸시효가 완성된다.
(O / X)

02 국민건강보험의 가입자가 보험급여를 받을 권리는 3년 동안 행사하지 않으면 소멸시효가 완성된다. (O / X)

03 국민건강보험공단이 국민건강보험의 가입자에게 국민건강보험료의 납입고지를 하면 보험료를 징수할 권리의 소멸시효는 중단된다. (O / X)

04 요양기관이 요양급여비용을 청구할 권리에 대한 소멸시효는 이를 청구하더라도 중단되지 않는다. (O / X)

05 휴직을 이유로 국민건강보험료의 고지가 유예된 휴직자의 보수월액보험료를 징수할 권리는 그 휴직사유가 끝날 때까지 진행되지 않는다. (O / X)

06 국민건강보험공단은 세대주에게 가입자의 보수·소득의 관한 자료를 제출하게 할 수 있다. (O / X)

07 국민건강보험공단은 사용자로부터 제출받은 자료에 대한 사실 판단의 확인을 위해서는 보건복지부에 관련 자료의 조사를 요청해야 한다. (O / X)

08 국민건강보험공단은 신고받은 보수 또는 소득에 축소 또는 탈루(脫漏)가 있다고 인정할 경우 이에 관한 사항을 문서로 작성하여 기획재정부에 송부할 수 있다. (O / X)

09 국민건강보험공단은 보험회사 및 보험료율 산출기관에 대해 보험료의 부과·징수에 관한 업무를 수행하기 위해 대통령령으로 정하는 자료의 제출을 요청할 수 있다. (O / X)

10 지방자치단체는 국민건강보험공단의 요청에 따라 제공하는 자료에 대해 그 사용료 혹은 수수료를 받을 수 있다. (O / X)

11 요양기관은 요양급여를 제공한 날부터 5년간 보건복지부령에 정하는 바에 따라 요양급여비용의 청구에 관한 서류를 보존하여야 한다. (O / X)

12 약국은 처방전을 요양급여비용을 청구한 날부터 3년간 이를 보존하여야 한다. (O / X)

13 사용자는 2년간 자격 관리 및 보험료 산정 등 건강보험에 관한 서류를 보존하여야 한다. (O / X)

14 보건복지부장관은 요양기관에 대하여 요양·약제의 지급 등 보험급여에 대한 보고를 명할 수 있다. (O / X)

15 보건복지부장관은 속임수나 그 밖의 부당한 방법으로 보험자·가입자 및 피부양자에게 요양급여비용을 부담하게 한 요양기관에 대해 3년의 범위에서 기간을 정하여 업무정지를 명할 수 있다. (○ / ×)

16 업무정지처분을 받은 요양기관은 해당 업무기간 중에는 요양급여를 할 수 없다. (○ / ×)

17 업무정지처분의 효과는 그 처분이 확정된 요양기관을 양수한 자에 승계되며, 처분절차가 진행 중이라면 그 양수인에 대해 절차를 계속 진행할 수 있다. (○ / ×)

18 업무정지처분을 받은 요양기관을 합병하여 그 처분효과를 승계받아야 하는 법인은 해당 사실을 알지 못하였음을 증명하더라도 이에 대항할 수 없다. (○ / ×)

19 업무정지처분을 받은 요양기관을 양도하는 양도인은 그 양수인에게 행정처분을 받은 사실을 지체 없이 알려야 한다. (○ / ×)

20 보건복지부장관은 요양기관에 대해 업무정지 처분이 해당 요양기관을 이용하는 사람에게 심한 불편을 줄 우려가 있다면 그 업무정지 처분을 갈음하여 과징금을 부과할 수 있다. (○ / ×)

21 속임수나 그 밖의 부당한 방법으로 보험자·가입자 및 피부양자에게 요양급여비용을 부담하게 한 경우의 과징금은 그 금액의 2배 이상으로 한다. (○ / ×)

22 요양기관이 납부해야 하는 과징금을 분할납부할 수 없다. (○ / ×)

23 과징금의 부과대상이 되는 약제의 요양급여비용 총액은 그 약제의 과거 요양급여 실적을 고려하여 1년간의 요양급여 총액을 넘지 않는 범위에서 정하여야 한다. (○ / ×)

24 보건복지부장관은 과징금을 납부하여야 하는 자가 납부기한까지 이를 내지 않는 경우 국세 체납처분의 예에 따라 이를 징수하고, 필요시 관할 세무관서의 장에게 과세정보의 정보를 요청할 수 있다. (○ / ×)

25 요양기관으로부터 징수한 과징금은 요양급여비용, 응급의료기금, 재난적의료비 지원사업에 관한 지원 외의 용도로는 사용할 수 없다. (○ / ×)

26 보건복지부장관은 요양기관이 요양급여비용을 거짓으로 청구한 금액이 1,000만 원 이상인 경우 그 위반행위와 해당 요양기관에 관한 사항을 공표할 수 있다. (○ / ×)

27 국민건강보험공단은 요양급여비용을 거짓으로 청구함을 이유로 하는 위반사실의 공표 여부를 심의하기 위한 건강보험공표심의위원회를 설치·운영한다. (○ / ×)

28 의약품의 제조업자가 속임수나 그 밖의 부당한 방법으로 국민건강보험 가입자에게 요양급여비용을 부담하는 데 개입한 경우 공단은 제조업자로부터 손실에 상당하는 금액을 징수하여 이를 가입자에게 지급하여야 한다. (○ / ×)

29 국민건강보험공단의 직원은 가입자 및 피부양자의 개인정보를 직무상의 이유로 이를 이용하여서는 안 된다. (○ / ×)

30 보건복지부장관은 건강보험심사평가원의 업무에 대한 감독권을 행사할 수 있다. (○ / ×)

31 보건복지부장관은 국민건강보험공단 정관의 변경을 명할 수는 없다. (○ / ×)

32 국민건강보험공단은 속임수나 그 밖의 부당한 방법으로 보험급여 비용을 지급받은 요양기관을 신고한 사람에 대하여 포상금을 지급할 수 있다. (○ / ×)

33 국민건강보험공단은 건강보험의 재정을 효율적으로 운영함에 이바지한 요양기관에 대해 장려금을 지급할 수 있다. (○ / ×)

34 「국민건강보험법」으로 정하는 건강보험사업을 수행하는 자가 아닌 자는 보험계약의 명칭에 '국민건강보험'이라는 용어를 사용하지 못한다. (○ / ×)

35 국민건강보험공단은 가입자에게 반환하여야 할 금액이 1건당 2천 원 미만이라는 이유로 이를 반환하지 않으면 안 된다. (○ / ×)

36 국가는 매년 해당 연도 국민건강보험료 예상 수입액의 100분의 14에 상당하는 금액을 국민건강보험공단에 지원한다. (○ / ×)

37 국민건강보험공단이 국민건강증진기금에서 지원받은 재원은 건강검진 등 건강증진에 관한 사업에 사용되어야 한다. (○ / ×)

38 정부는 외국 정부가 사용자인 사업장의 근로자의 건강보험에 관하여 외국 정부와 한 합의에 따라 이를 따로 정할 수 있다. (○ / ×)

39 국내에 체류 중인 재외국민이 「주민등록법」에 따라 재외국민으로 등록하였다면 고용기간 1개월 미만의 일용근로자도 직장가입자가 될 수 있다. (○ / ×)

40 보건복지부령으로 정하는 기간 동안 국내에 거주하고 있는 재외국민이 「주민등록법」에 따라 재외국민으로 등록하였다면 지역가입자가 될 수 있다. (○ / ×)

41 국민건강보험의 가입요건을 충족한 외국인은 외국의 법령이나 보험 또는 사용자와의 계약에 의해 요양급여에 상당하는 의료보장을 받을 수 있음을 이유로 국민건강보험의 가입제외신청을 할 수 있다. (○ / ×)

42 국민건강보험 가입자 중 대통령령으로 정하는 국내체류 외국인에 해당하는 지역가입자의 보험료는 그 직전 월 15일까지 납부하여야 한다. (○ / ×)

43 국민건강보험 가입자 중 대통령령으로 정하는 국내체류 외국인이 보험료를 체납할 경우에는 국민건강보험공단으로부터 분할납부의 승인을 받을 수 있다. (○ / ×)

44 사용관계가 끝난 사람 중 직장가입자로서의 자격을 유지한 기간이 1년 이상이라면 국민건강보험공단에 직장가입자로서의 자격을 유지할 것을 신청할 수 있다. (○ / ×)

45 임의계속가입자의 보수월액은 보수월액보험료가 산정된 최근 3개월간의 보수월액을 평균한 금액으로 한다. (○ / ×)

46 임의계속가입자의 보수월액보험료의 납부의무자는 해당 임의계속가입자이다. (○ / ×)

47 국민건강보험공단은 보험료의 납부의 확인에 관한 업무를 체신관서, 금융기관 또는 그 밖의 자에게 위탁할 수 있다.
(○ / ×)

48 국민건강보험공단은 징수위탁근거법에 따른 징수위탁보험료의 납부의 확인을 금융기관에 위탁할 수 없다. (○ / ×)

49 국민건강보험공단은 「국민연금법」, 「산업재해보상보험법」, 「고용보험법」 및 「임금채권보장법」에 따라 국민연금기금, 산업재해보상보험및예방기금, 고용보험기금 및 임금채권보장기금으로부터 각각 지급받은 출연금을 각 업무에 소요되는 비용에 사용하여야 한다. (○ / ×)

50 건강보험정책심의위원회와 건강보험공표심의위원회의 위원 중 공무원이 아닌 사람은 「형법」 제127조(공무상 비밀의 누설)의 규정을 적용할 때에는 공무원으로 본다. (○ / ×)

정답과 해설 | ✔

01 X	02 O	03 O	04 X
05 O	06 O	07 X	08 X
09 O	10 X	11 X	12 O
13 X	14 O	15 X	16 O
17 O	18 X	19 O	20 O
21 X	22 X	23 O	24 O
25 O	26 X	27 X	28 O
29 X	30 O	31 X	32 O
33 O	34 O	35 X	36 O
37 O	38 O	39 X	40 O
41 O	42 X	43 X	44 O
45 X	46 O	47 O	48 X
49 O	50 O		

법령 확인문제

8장 보칙

▶ 정답과 해설 12p

01 국민건강보험공단이 보험료를 징수할 권리의 소멸시효는?

① 1년 　　　　　　　　　　　　　② 3년

③ 10년 　　　　　　　　　　　　 ④ 20년

02 다음 중 국민건강보험에 관한 권리의 시효 중단 사유가 아닌 것은?

① 보험료의 고지 　　　　　　　　 ② 보험료의 독촉

③ 보험급여의 청구 　　　　　　　 ④ 국민건강보험공단에 대한 이의신청

03 다음 중 보험료를 징수할 권리의 소멸시효의 진행이 정지되는 경우는?

① 보험가입자가 사망한 경우

② 휴직을 이유로 납입고지가 유예된 경우

③ 납입고지서를 발송한 경우

④ 연체한 보험료에 대한 체납처분이 진행된 경우

04 다음 내용의 빈칸 ㉠, ㉡에 들어갈 단어로 옳은 것은?

> 공단은 신고를 통해 제출받은 서류의 보수 또는 소득 등에 축소 혹은 탈루가 있다고 인정되는 경우 (　㉠　)를 거쳐 소득의 축소 또는 탈루에 관한 사항을 문서로 작성하여 (　㉡　)에게 송부할 수 있다.

	㉠	㉡
①	건강보험정책심의위원회	보건복지부장관
②	건강보험정책심의위원회	국세청장
③	보건복지부장관	국세청장
④	보건복지부장관	기획재정부장관

05 요양기관의 요양급여비용의 청구에 관한 서류의 보존연한은 요양급여에 끝난 날로부터 몇 년인가?

① 1년　　　　　　　　　　　　　　② 3년
③ 5년　　　　　　　　　　　　　　④ 10년

06 다음 내용의 빈칸에 공통으로 들어갈 단어는?

- 약국 등 보건복지부령으로 정하는 요양기관은 처방전을 요양급여비용을 청구한 날로부터 (　　)간 보존해야 한다.
- 사용자는 (　　)간 자격 관리 및 보험료 산정 등의 건강보험에 관한 서류를 보존해야 한다.

① 6개월　　　　　　　　　　　　　② 1년
③ 3년　　　　　　　　　　　　　　④ 5년

07 다음 중 보건복지부장관이 소속 공무원에게 관계 서류를 검사하도록 명령할 수 있도록 하는 대상을 모두 고르면?

ㄱ 세대주
ㄴ 요양기관
ㄷ 요양급여비용의 심사청구를 대행하는 대행청구단체
ㄹ 의약품공급자

① ㄷ　　　　　　　　　　　　　　② ㄱ, ㄴ
③ ㄴ, ㄷ, ㄹ　　　　　　　　　　④ ㄱ, ㄴ, ㄷ ㄹ

08 다음 내용의 빈칸 ㉠, ㉡에 들어갈 숫자로 옳은 것은?

> 　서류의 위 · 변조로 요양급여비용을 거짓으로 청구한 요양기관의 위법사실의 공표대상의 기준은 다음과 같다.
> 1. 요양기관이 거짓으로 청구한 금액이 (　㉠　)만 원 이상인 경우
> 2. 요양비용의 총액 중 거짓으로 청구한 금액의 비율이 100분의 (　㉡　) 이상인 경우

	㉠	㉡			㉠	㉡
①	1,500	20		②	2,000	20
③	2,000	10		④	3,000	10

09 다음 중 국민건강보험공단이 요양기관의 업무정지 처분을 갈음하여 징수한 과징금의 사용처로 적절하지 않은 것은?

① 국민건강보험료 경감 대상자의 보험료 경감에 대한 지원
② 재난적의료비 지원사업에 대한 지원
③ 응급의료기금의 지원
④ 요양급여비용의 지급하는 자금

10 다음 중 요양기관에 대한 보건복지부장관의 업무정지명령의 대상이 되는 경우가 아닌 것은?

① 부당한 방법으로 보험자에게 요양급여비용을 부담하게 한 경우
② 요양기관에 대한 보건복지부장관의 서류제출명령을 위반한 경우
③ 정당한 사유 없이 치료재료의 요양급여대상 결정 신청을 하지 않고 이를 가입자에게 사용하여 비용을 부담시킨 경우
④ 업무상 알게 된 정보를 누설하거나 직무목적 외의 용도로 이용한 경우

11 다음은 과징금 부과대상이 된 약제에 대한 규정이다. 빈칸 ㉠, ㉡에 들어갈 숫자로 옳은 것은?

> 환자 진료에 불편을 초래하는 등 공공복리에 지장을 줄 것으로 예상되어 과징금 부과 대상이 된 약제가 과징금이 부과된 날부터 (㉠)년의 범위에서 대통령령으로 정하는 기간 내에 다시 과징금 부과 대상이 되는 경우, 보건복지부장관은 해당 약제에 대한 요양급여비용 총액의 100분의 (㉡)을 넘지 아니하는 범위에서 과징금을 부과·징수할 수 있다.

	㉠	㉡			㉠	㉡
①	3	60		②	3	200
③	5	100		④	5	350

12 2021년 기준으로 다음 중 국가가 매년 공단에 지원하는 예산의 금액산정 기준과 그 범위로 옳은 것은?

① 해당 연도 보험료 예상 수익액의 14%

② 해당 연도 보험료 예상 수익액의 20%

③ 직전 연도 보험료 수익액의 14%

④ 직전 연도 보험료 수익액의 20%

13 다음 중 국민건강보험공단이 국민건강증진기금을 통해 지원받은 자금을 재원으로 사용할 수 있는 사업이 아닌 것은?

① 건강검진에 관한 사업

② 재난적의료비 지원사업에 대한 지원

③ 가입자의 흡연으로 인한 질병에 대한 보험급여

④ 65세 이상인 가입자에 대한 보험급여

14 다음 중 국내에 체류하고 있는 외국인 교직원이 직장가입자가 될 수 있는 경우가 아닌 것은?

① 주민등록을 한 경우

② 보건복지부령으로 정하는 기간 동안 국내에 거주할 것으로 예상될 경우

③ 외국인등록을 한 경우

④ 국내거소신고를 한 경우

15 직장가입자에 해당하지 않는 국내체류 외국인은 보건복지부령으로 정하는 기간 동안 국내에 거주한 경우, 일정한 요건을 충족한다면 지역가입자가 될 수 있다. 다음 중 그 요건으로 옳은 것을 모두 고르면?

> ㉠ 주민등록을 한 외국인
> ㉡ 국내거소신고를 한 외국인
> ㉢ 보건복지부령으로 정하는 체류자격을 갖추고 외국인등록을 한 외국인

① ㉡

② ㉢

③ ㉠, ㉢

④ ㉠, ㉡, ㉢

16 다음 중 직장가입자인 국내체류 외국인의 피부양자가 될 수 있는 경우의 개수는?

> ㉠ 직장가입자의 배우자   ㉡ 직장가입자의 직계존속
> ㉢ 직장가입자의 직계비속   ㉣ 직장가입자의 형제·자매
> ㉤ 직장가입자의 직계비속의 배우자

① 2개

② 3개

③ 4개

④ 5개

17 다음은 실업자에 대해 임의로 직장가입자로의 자격을 유지하게 하는 '임의계속가입자'에 대한 내용이다. 다음 빈칸에 들어갈 내용을 순서대로 바르게 연결한 것은?

> 사용인과의 사용관계가 끝난 사람 중 직장가입자로서의 자격을 유지한 기간이 통산 (　　) 이상
> 인 사람은 지역가입자가 된 이후 지역가입자 보험료를 고지받은 날부터 그 납부기한에서 (　　)이
> 지나기 전까지 공단에 직장가입자로서의 자격을 유지할 것을 신청할 수 있다.

① 1년, 2개월　　　　　　　　　　② 1년, 6개월
③ 3년, 2개월　　　　　　　　　　④ 6개월, 3개월

18 다음 중 다른 기관에 위탁할 수 없는 국민건강보험공단의 업무는?

① 보험료의 수납　　　　　　　　② 보험급여비용의 지급
③ 보험료의 징수　　　　　　　　④ 징수위탁보험료의 납부 확인

19 다음 중 징수위탁근거법에 따라 위탁받은 업무에 소요되는 비용에 사용되는 출연금에 해당하지 않는 것은?

① 국민연금기금　　　　　　　　　② 임금채권보장기금
③ 고용보험기금　　　　　　　　　④ 국민건강증진지금

벌칙

1 벌칙(제115조 ~ 제117조)

(1) 5년 이하의 징역 또는 5천만 원 이하의 벌금

공단, 심사평가원 및 대행청구단체에 종사하였던 사람 또는 종사하는 사람이 가입자 및 피부양자의 개인정보를 누설하거나 직무상 목적 외에 용도로 이용 또는 정당한 사유 없이 이를 제3자에게 제공한 경우(제102조 제1호 위반)

(2) 3년 이하의 징역 또는 3천만 원 이하의 벌금

① 대행청구단체의 종사자로서 거짓이나 그 밖의 부정한 방법으로 요양급여비용을 청구한 자

② 공단, 심사평가원 및 대행청구단체에 종사하였던 사람 또는 종사하는 사람이 개인정보를 제외한 업무를 수행하면서 알게 된 정보를 누설하거나 직무상 목적 외의 용도로 이용 또는 제3자에게 제공한 경우(제102조 제2호 위반)

(3) 3년 이하의 징역 또는 1천만 원 이하의 벌금

공동이용하는 전산정보자료를 목적 외의 용도로 이용하거나 활용한 자(제96조의2 제3항 위반)

(4) 2년 이하의 징역 또는 2천만 원 이하의 벌금

거짓이나 그 밖의 부정한 방법으로 보험급여를 받거나 타인으로 하여금 보험급여를 받게 한 사람

(5) 1년 이하의 징역 또는 1천만 원 이하의 벌금

① 선별급여의 실시 조건을 위반하여 선별급여를 제공한 요양기관의 개설자(제42조의2 위반)

② 대행청구단체가 아닌 자가 요양급여비용의 청구와 지급을 대행한 경우(제47조 제6항 위반)

③ 근로자의 권익 보호 규정(제93조)를 위반한 사용자

④ 업무정지기간 중에 요양급여를 제공한 요양기관의 개설자(제98조 제2항 위반)

(6) 1천만 원 이하의 벌금(제116조)

① 요양·약제의 지급 등에 관한 보건복지부장관의 보고 또는 서류 제출 명령을 위반하여 보고 또는 서류 제출을 하지 않거나, 거짓으로 보고하거나 거짓 서류를 제출한 자(제97조 제2항 위반)

② 요양·약제의 지급 등에 관한 보건복지부장관 소속 공무원의 관계서류 검사나 관계인 질문을 거부·방해 또는 기피한 자(제97조 제2항 위반)

(7) 500만 원 이하의 벌금(제117조)

① 정당한 이유 없이 요양급여를 거부한 요양기관(제42조 제5항 위반)

② 요양을 실시한 후 그 요양비 명세서나 요양 명세를 적은 영수증을 내주지 않은 자(제49조 제2항 위반)

2 양벌규정(제118조)

(1) 법인의 대표자나 법인 또는 개인의 대리인, 사용인, 그 밖의 종사자가 그 법인 또는 개인의 업무에 관하여 제115조부터 제117조까지의 규정(벌칙) 중 어느 하나에 해당하는 위반행위를 하면 그 행위자를 벌하는 외에 그 법인 또는 개인에게도 해당 조문의 벌금형을 과(科)한다.

(2) 다만, 법인 또는 개인이 그 위반행위를 방지하기 위하여 해당 업무에 관하여 상당한 주의와 감독을 게을리하지 아니한 경우에는 양벌규정을 적용하지 않는다.

3 과태료(제119조)

(1) 500만 원 이하의 과태료

① 사업장의 사용자가 적용대상사업장이 되거나 휴업·폐업 등 보건복지부령으로 정하는 사유가 발생하여 신고를 해야 함에도 이를 하지 않거나 거짓으로 신고한 경우(제7조 위반)

② 사용자, 직장가입자 및 세대주가 정당한 사유 없이 가입자의 거주지 변경, 보수·소득 그 밖에 건강보험사업을 위하여 필요한 사항에 대한 공단의 관계서류 제출 요구를 위반하여 이를 하지 않거나 거짓으로 보고·서류제출을 한 경우(제94조 제1항 위반)

③ 요양기관 이외의 자가 정당한 사유 없이 보건복지부장관의 보고 또는 서류제출명령을 위반하여 이를 하지 않거나 거짓으로 보고·서류제출을 한 경우(제97조 제1항, 제3항, 제4항, 제5항 위반)

④ 양수인 또는 합병 후 존속하는 법인, 합병으로 설립하는 법인에게 행정처분을 받은 사실 또는 행정처분절차가 진행 중인 사실을 지체 없이 알리지 않은 자(제98조 제4항 위반)

⑤ 제조업자 등의 금지행위에 대해 제조업자가 정당한 사유 없이 보건복지부장관의 서류제출명령을 위반하여 이를 제출하지 않거나 거짓으로 제출한 경우(제101조 제2항 위반)

(2) 100만 원 이하의 과태료

① 서류의 보존의무(제96조의3)를 위반하여 서류를 보존하지 않은 자

② 보건복지부장관의 감독 권한에 따라 공단 등의 사업이나 업무의 보고 명령을 위반한 경우(제103조 위반)

③ 유사명칭의 사용금지규정(제105조)를 위반한 자

(3) 과태료는 대통령령으로 정하는 바에 따라 보건복지부장관이 부과·징수한다.

★ 과태료

일정한 행정의무를 이행하지 않거나 가벼운 벌칙을 위반한 자에게 부과하는 행정질서벌로, 넓게는 행정뿐만 아니라 사법, 소송법상 의무위반을 이유로 부과되기도 한다. 부과·징수대상이 행정기관이며 전과기록이 남지 않는다는 점 등으로 형법상의 형벌인 벌금과 구분된다.

법령 핵심체크 OX

📑 다음을 읽고 맞는 것은 O, 틀린 것은 X에 표시하시오.

01 국민건강보험공단의 임직원이 국민건강보험 가입자의 개인정보를 누설할 경우 5년 이하의 징역 또는 5천만 원 이하의 벌금에 처한다. (O / ×)

02 국민건강보험공단의 임직원이 업무 수행 중 알게 된 정보를 누설할 경우 5년 이하의 징역 또는 5천만 원 이하의 벌금에 처한다. (O / ×)

03 대행청구단체의 종사자가 거짓이나 그 밖의 부정한 방법으로 요양비용을 청구할 경우 3년 이하의 징역 또는 3천만 원 이하의 벌금에 처한다. (O / ×)

04 거짓이나 그 밖의 부정한 방법으로 보험급여를 받은 사람은 2년 이하의 징역 또는 2천만 원 이하의 벌금에 처한다. (O / ×)

05 사업장의 근로자가 자신이 부담하는 부담금이 증가하는 것을 피할 목적으로 근로자의 승급 또는 임금 인상을 하지 않는 사용자는 1년 이하의 징역 또는 1천만 원 이하의 벌금에 처한다. (O / ×)

06 대행청구단체가 아닌 자에게 요양비용의 청구를 대행하게 한 자는 500만 원 이하의 벌금에 처한다. (O / ×)

07 보건복지부장관의 서류제출명령을 위반하여 서류제출을 하지 않은 자는 1년 이하의 징역 또는 1천만 원 이하에 벌금에 처한다. (O / ×)

08 요양을 받은 사람에게 요양비 명세서를 발급해주지 않는 자는 500만 원 이하의 벌금에 처한다. (O / ×)

09 직장가입자가 되는 근로자를 사용하는 사업장이 됐음에도 이를 14일 이내에 보험자에게 신고하지 않거나 거짓으로 신고할 경우 500만 원 이하의 과태료를 부과한다. (O / ×)

10 보건복지부장관의 서류제출명령에 거짓으로 제출한 직장가입자에 대해 500만 원 이하의 벌금에 처한다. (O / ×)

11 3년간 자격 관리 및 보험료 산정 등 건강보험에 관한 서류를 보존하지 않은 사용자에 대해서는 100만 원 이하의 과태료를 부과한다. (O / ×)

12 업무정지 처분 절차가 진행 중에 있는 요양기관을 양도한 양도인이 양수인에게 그 사실을 지체 없이 알리지 않은 경우 100만 원 이하의 과태료를 부과한다. (○ / ×)

13 법인의 대표자가 「국민건강보험법」상 징역 혹은 벌금형을 규정한 벌칙조항에 해당하게 될 경우, 그 법인에게도 해당 조문의 벌금형을 과한다. (○ / ×)

14 「국민건강보험법」에서 규정하는 과태료는 대통령령으로 정하는 바에 따라 보건복지부장관이 부과 · 징수한다. (○ / ×)

정답과 해설 | ✔

01 ○	02 X	03 ○	04 ○
05 ○	06 X	07 X	08 ○
09 ○	10 X	11 ○	12 X
13 ○	14 ○		

법령 확인문제

9장 벌칙

▶ 정답과 해설 14p

01 가입자 및 피부양자의 개인정보를 누설하거나 직무상 목적 외의 용도로 이용 또는 정당한 사유 없이 제3자에게 제공한 자에 대한 처벌규정으로 옳은 것은?

① 5년 이하의 징역 또는 5천만 원 이하의 벌금

② 3년 이하의 징역 또는 3천만 원 이하의 벌금

③ 2년 이하의 징역 또는 2천만 원 이하의 벌금

④ 1년 이하의 징역 또는 1천만 원 이하의 벌금

02 거짓이나 그 밖의 부정한 방법으로 요양급여비용을 청구한 대행청구단체 종사자에 대한 처벌규정으로 옳은 것은?

① 1천만 원 이하의 벌금

② 1년 이하의 징역 또는 1천만 원 이하의 벌금

③ 3년 이하의 징역 또는 3천만 원 이하의 벌금

④ 500만 원 이하의 과태료

03 국민건강보험료 부담금 증가를 피할 목적으로 정당한 사유 없이 근로자를 해고한 사용자에 대한 처벌규정으로 옳은 것은?

① 500만 원 이하의 과태료

② 1년 이하의 징역 또는 1천만 원 이하의 벌금

③ 2년 이하의 징역 또는 2천만 원 이하의 벌금

④ 3년 이하의 징역 또는 3천만 원 이하의 벌금

04 다음 중 100만 원 이하의 과태료 부과대상에 해당하는 경우는?

① 요양비 명세서 발급을 거부한 요양기관
② 정당한 사유 없이 보건복지부장관의 서류제출명령에 불응하여 서류를 제출하지 않은 직장가입자
③ 정당한 사유 없이 보건복지부장관의 서류제출명령에 불응하여 서류를 제출을 하지 않은 의약품제조업자
④ 요양급여비용을 청구한 후 3년간 처방전을 보존하지 않은 약국

05 직장가입자를 사용하는 사업자가 휴업 후 14일 이내에 보험자에게 신고하지 않은 경우의 처벌규정으로 옳은 것은?

① 1천만 원 이하의 벌금
② 500만 원 이하의 벌금
③ 500만 원 이하의 과태료
④ 100만 원 이하의 과태료

06 타인으로 하여금 거짓이나 그 밖의 부정한 방법으로 보험급여를 받게 한 자에 대한 처벌규정으로 옳은 것은?

① 500만 원 이하의 벌금
② 1년 이하의 징역 또는 1천만 원 이하의 벌금
③ 2년 이하의 징역 또는 2천만 원 이하의 벌금
④ 3년 이하의 징역 또는 3천만 원 이하의 벌금

국민건강보험법 행정직, 건강직, 전산직, 기술직

분석 ≫ 국민건강보험법 직무시험은 단답형 문제와 자료를 해석하는 응용문제를 통해 수험생들이 조문을 얼마나 정확하게 알고 있는가와 함께 조문의 내용을 얼마나 이해하고 있는지, 수험생들이 국민건강보험법의 정보를 실무에 적용할 수 있는 능력을 가지고 있는지를 함께 측정하는 추세로 진행되고 있다. 이에 따라 사례를 바탕으로 출제되는 문제나 자료를 제시하고 이를 분석해야 하는 문제들에 대한 경험과 대비가 필요하다.

국민건강보험공단 [직무시험]

파트 **2** 국민건강보험법
기출예상모의고사

▶ 정답과 해설 15쪽

01. 다음 중 「국민건강보험법」의 입법목적은?

① 국민의 노령, 장애 또는 사망에 대한 연금급여를 통한 국민의 생활 안정과 복지 증진

② 국민의 질병 · 부상에 대한 보험급여를 통한 국민보건 향상과 사회보장 증진

③ 노인의 신체활동과 가사활동 지원을 통한 국민의 노후건강증진 및 생활안정

④ 근로자의 업무상 재해에 대한 신속하고 공정한 보상과 재해근로자의 사회 복귀 촉진

02. 다음에서 설명하는 기관의 명칭은?

> 1. 설립근거 : 「국민건강보험법」 제4조
> 2. 소속 : 보건복지부장관
> 3. 구성
>   (1) 위원장 : 보건복지부차관
>   (2) 부위원장 : 위원 중 위원장이 지명하는 1명
>   (3) 위원 : 위원장, 부위원장 포함 총 25명
> 4. 주요 업무
>   (1) 국민건강보험종합계획 및 연도별 시행계획에 관한 사항 심의
>   (2) 요양급여의 기준 심의 및 의결
>   (3) 요양급여비용에 관한 사항 심의 및 의결
>   (4) 직장가입자의 보험료율, 지역가입자의 보험료부과점수당 금액 심의 및 의결
>   (5) 요양급여의 각 항목에 대한 상대가치점수 심의 및 의결
>   (6) 약제 · 치료재료별 요양급여비용의 상한 심의 및 의결
>   (7) 건강보험에 대한 주요사항으로 위원장이 회의에 부치는 사항

① 국민건강보험공단 재정운영위원회   ② 진료심사평가위원회

③ 건강보험정책심의위원회   ④ 장기요양위원회

03. 다음 중 국민건강보험의 가입자격이 변동 또는 상실되는 시기로 옳지 않은 것은?

① 보험가입자가 사망한 경우 : 사망한 날의 다음 날 가입자격 상실

② 건강보험을 적용받고 있던 사람이 유공자 등 의료보호대상자가 되어 건강보험의 적용배제를 신청한 경우 : 적용배제를 승인한 날 가입자격 상실

③ 직장가입자인 근로자가 그 사용관계가 끝난 경우 : 사용관계 종료일의 다음 날 가입자격 변동

④ 지역가입자가 적용대상사업장의 사용자가 된 경우 : 사용자가 된 날 가입자격 변동

04. 다음 중 건강보험심사평가원의 업무에 해당하지 않는 것은?

① 요양급여비용의 심사

② 요양급여의 적정성 평가

③ 건강보험가입자 및 피부양자의 자격 관리

④ 건강보험 심사기준 및 평가기준의 개발

05. 다음은 국민건강보험공단 정관 인사규정의 일부이다. 빈칸에 공통으로 들어갈 내용으로 옳은 것은?

> **제9조(채용의 원칙 등)** ① (   )은/는 직렬 · 직급별로 직무수행에 필요한 지식 및 응용역량을 검사하는 공개경쟁시험으로 직원을 채용한다.
>
> ② (   )은/는 직원 채용 시 임직원의 가족을 우대해서는 아니 되며, 성별 · 신체조건 · 용모 · 학력 · 연령 등에 대한 불합리한 차별 없이 공정한 경쟁을 할 수 있도록 균등한 기회를 보장해야 한다.
>
> ③ (   )은/는 근무예정 지역 또는 근무예정 부서를 미리 정하여 5년 이상 해당 지역 또는 부서에 근무하는 것을 조건으로 직원을 채용할 수 있다.
>
> ④ (   )은/는 직원을 채용하려면 채용인원, 합격자 결정 기준 등이 포함된 채용계획을 중앙위원회의 심의 · 의결을 거쳐 수립해야 한다.
>
> ⑤ (   )은/는 제4항에 따라 수립한 채용계획을 변경하려면 중앙위원회의 심의 · 의결을 거쳐야 한다.
>
> ⑥ 공단 직원을 채용하기 위한 시험의 방법, 절차, 합격자 결정, 그 밖에 채용에 필요한 사항은 규칙으로 정한다.

① 보건복지부장관

② 이사장

③ 총무상임이사

④ 각 지역본부장

06. 다음 중 국민건강보험의 대상이 되는 요양급여대상에 해당하지 않는 것은?

① 이송(移送)   ② 자가진단
③ 간호   ④ 예방 · 재활

07. 다음 중 요양기관에 대한 설명으로 옳은 것을 모두 고르면?

> ㄱ. 요양기관은 정당한 이유 없이 요양급여를 거부할 수 없다.
> ㄴ. 보건소, 한국희귀 · 필수의약품센터는 모두 요양기관에 해당한다.
> ㄷ. 업무정지기간 중의 요양기관도 긴급한 사유로 출산에 대한 요양을 제공하였다면 해당 요양기관은 공단에 그 요양급여비용을 청구할 수 있다.
> ㄹ. 현역 병사에게 요양급여를 제공한 경우 이를 제공한 요양기관은 그 요양급여비용의 지급을 국방부장관에게 직접 요청해야 한다.

① ㄱ, ㄴ   ② ㄱ, ㄹ
③ ㄴ, ㄷ   ④ ㄷ, ㄹ

08. 다음은 국민건강보험제도의 기능에 대한 글이다. 이에 대한 「국민건강보험법」상의 내용으로 옳지 않은 것은?

> 질병은 개인의 경제생활에 지장을 주어 소득을 떨어뜨리고 다시 건강을 악화시키는 악순환을 초래하기 때문에 각 개인의 경제적 능력에 따른 일정한 부담으로 재원을 조성하고 개별 부담과 관계없이 필요에 따라 균등한 급여를 제공하여 질병의 치료부담을 경감시키는 건강보험은 소득재분배 기능을 수행한다.

① 직장가입자의 보수월액은 직장가입자가 지급받는 보수를 기준으로 산정한다.
② 지역가입자의 보험료부과점수는 지역가입자의 소득 및 재산을 기준으로 산정한다.
③ 직장가입자의 소득월액보험료는 직장가입자의 보수를 제외한 소득이 대통령령으로 정하는 금액 미만인 경우에 적용된다.
④ 본인이 연간 부담하는 본인일부부담금의 상한액은 가입자의 소득수준 등에 따라 결정한다.

09. 국민건강보험료의 고액 · 상습체납자 인적사항 공개에 대한 설명으로 옳지 않은 것은?

① 공단은 보험료 납부능력이 있음에도 납부기한의 다음 날부터 1년이 경과한 보험료, 연체금과 체납처분의 총액이 1천만 원 이상인 체납자의 인적사항을 공개할 수 있다.

② 공단은 인적사항 공개대상자에게 해당 사실을 유선으로 통지하고 소명의 기회를 부여하여야 한다.

③ 고액 · 상습체납자의 인적사항은 관보 혹은 공단 인터넷 홈페이지를 통해 공개된다.

④ 체납자의 인적사항에 대한 공개 여부를 심의하는 보험료정보공개심의위원회를 공단에 둔다.

10. 국가유공자 A 씨의 국민건강보험 적용에 대한 설명으로 옳지 않은 것은?

① A 씨는 국민건강보험료를 경감받을 수 있다.

② A 씨가 「국가유공자 등 예우 및 지원에 관한 법률」에 따른 의료보호대상자라면 A 씨는 국민건강보험의 가입대상에서 제외된다.

③ 만일 국민건강보험을 적용받고 있던 중 국가유공자로 인정받아 의료보호대상자가 된 경우라면 A 씨는 국가유공자로 인정받은 날로부터 국민건강보험에서 자동 탈퇴된다.

④ A 씨는 「국가유공자 등 예우 및 지원에 관한 법률」에 따라 의료보호대상자가 되더라도 신청을 통해 국민건강보험의 적용대상이 될 수 있다.

11. 국민건강보험공단의 업무에 대한 설명으로 옳지 않은 것은?

① 「공공기관의 정보공개에 관한 법률」의 정보공개의무는 국가기관과 지방자치단체를 대상으로 하므로 공기업인 국민건강보험공단은 해당 법률에 따른 정보공개의무를 지지 않는다.

② 국민건강보험공단은 특정인이 공단 시설을 이용할 경우 공단 정관에 따라 그 시설의 이용에 따른 수수료와 사용료를 징수할 수 있다.

③ 국민건강보험공단은 자산의 증식사업을 위해 공단의 업무에 사용할 부동산을 매입하고 이를 임대할 수 있다.

④ 국민건강보험공단은 보험료의 수납과 납부 확인에 대한 업무를 체신관서, 금융기관 등에 위탁할 수 있다.

12. 국민건강보험 급여의 제한에 대한 설명으로 옳지 않은 것은?

① 고의로 의료기관의 진단을 기피하는 경우 국민건강보험급여의 제공을 제한한다.

② 보수월액보험료의 납부의무를 지는 사용자가 보수월액보험료를 체납하는 경우에는 그 체납에 직장가입자 본인의 귀책사유가 있는 경우에만 보험급여를 제한할 수 있다.

③ 피보험자가 급여제한기간 중 보험급여를 받은 경우, 공단이 이를 통지한 날로부터 2개월 이내에 보험료를 완납했다면 그 체납기간 중에 받은 보험급여는 보험급여로 인정한다.

④ 피보험자가 공단으로부터 분할납부를 승인받은 경우에는 그 즉시 보험급여를 할 수 있다.

13. 다음 국민건강보험료의 독촉 및 체납에 대한 설명으로 옳지 않은 것은?

① 체납처분으로 압류한 재산의 공매에 전문지식이 필요한 경우 한국자산관리공사에 수수료를 지급하고 공매를 대행하게 할 수 있다.

② 보험료의 독촉 대상인 직장가입자의 사용자가 2명 이상인 경우 복수의 사용자들 모두에게 독촉을 해야 해당 독촉의 효력이 발생한다.

③ 체납처분대상인 법인의 해산 등 긴급하게 보험료 체납처분을 해야 될 경우 체납처분 전에 압류 사실 등이 기재된 통보서를 발송하지 않을 수 있다.

④ 보험료의 체납처분이 끝났으나 체납액에 충당될 배분금액이 그 체납액에 미치지 못하는 경우 재정운영위원회의 의결을 받아 보험료를 결손처분할 수 있다.

14. 다음 「국민건강보험법」의 벌칙 규정에 대한 설명으로 옳지 않은 것은?

① 가입자 및 피부양자의 개인정보를 누설하거나 직무상 목적 외의 용도로 이용한 자는 5년 이하의 징역 또는 5천만 원 이하의 벌금에 처한다.

② 가입자 · 피부양자 또는 가입자 · 피부양자였던 사람이 자격을 잃은 후 자격을 증명하던 서류를 사용하여 보험급여를 받은 경우 그가 받은 보험급여에 상당하는 금액 이하의 과태료를 부과한다.

③ 법인의 대표자가 그 법인의 업무에 관하여 「국민건강보험법」상 벌칙 규정에 해당하는 위반행위를 하면 그 행위자를 벌하는 외에 그 법인에게도 해당 조문의 벌금형을 과한다.

④ 과태료는 대통령령으로 정하는 바에 따라 보건복지부장관이 부과 · 징수한다.

15. 다음 자료를 참고할 때 「국민건강보험법」에 제시된 내용으로 적절하지 않은 것은?

〈자료 1〉

「상법」 제212조(사원의 책임) ① 회사의 재산으로 회사의 채무를 완제할 수 없는 때에는 각 사원은 연대하여 변제할 책임이 있다.

② 회사재산에 대한 강제집행이 주효하지 못한 때에도 전항과 같다.

③ 전항의 규정은 사원이 회사에 변제의 자력이 있으며 집행이 용이한 것을 증명한 때에는 적용하지 아니한다.

해당 규정에서의 '회사'는 무한책임사원으로만 구성된 합자회사, '사원'은 무한책임사원을 의미한다. 무한책임사원은 회사의 대표권과 소유권, 운영에 대한 결정권을 가진 대신 회사에 대한 무제한의 책임의무를 진다.

만일 회사의 채무불이행, 즉 회사가 채무를 갚지 못할 경우에는 무한책임사원은 자신이 가진 회사의 지분이 어느 정도인가를 불문하고 자신의 재산을 이용해서라도 회사의 채무에 대한 모든 2차적 책임을 지어야 한다.

〈자료 2〉

과점주주란 주식회사 지분의 50%를 초과한 만큼을 소유하여 실질적으로 회사를 지배하고 있는 지배주주, 대주주를 의미한다. 여기서의 50%는 주주 개인을 포함하여 그와 관계된 친족 등 특수관계인의 지분을 모두 합친 것을 의미한다.

이처럼 과점주주는 곧 주식회사의 주인이므로 그만큼 회사에 대한 책임을 같이 지게 된다. 예를 들어 주식회사가 납부해야 할 국세나 체납처분비를 납부하지 못하게 될 경우 「국세기본법」 제39조에 의해 그 주식회사의 과점주주에게 그 부족분에 대한 제2차 납세의무를 지게 되어있다. 밴저민 프랭클린의 말처럼, 죽음과 세금은 피할 수 없는 것이다(In this world nothing can be said to be certain, except death and taxes).

① 법인의 재산으로 법인이 납부해야 할 보험료의 체납처분비를 납부할 수 없는 경우, 해당 법인의 무한책임사원은 그 부족분에 대한 제2차 납부의무를 진다.

② 무한책임사원이 다수인 경우 각자 그 법인의 무한책임사원의 수만큼 나눈 비율분의 책임을 진다.

③ 과점주주는 그 주식회사가 납부해야 할 보험료의 부족분에 대한 제2차 납부의무를 진다.

④ 과점주주의 제2차 납부의무에는 과점주주의 실질적인 권리지분의 비율만큼의 상한이 있다.

국민건강보험법

1회 기출예상

2회 기출예상

3회 기출예상

4회 기출예상

5회 기출예상

16. 다음 글의 빈칸에 들어갈 내용으로 옳은 것은?

> 과오납 보험료 환급의무가 발생한 후 오랜 세월이 경과한 뒤에도 언제나 환급을 청구할 수 있도록 한다면, 재정운영의 예측가능성이 감소되어 재정의 안정적이고 효율적인 운영이 어려워지게 된다. 그러므로 과오납 보험료 환급청구권에 대하여 (   )이라는 단기의 소멸시효를 두는 것은 가입자와 국가 사이에 존재하는 권리의무관계를 조기에 확정하고 예산 수립의 불안정성을 제거하여 보험재정을 합리적으로 운용하기 위한 것으로, 그 입법목적은 정당하다.
>
> 헌법재판소 2012. 11. 29. 2011헌마814 전원재판부

① 1년   ② 3년

③ 5년   ④ 10년

17. 다음 보도자료에 관한 「국민건강보험법」의 내용으로 옳은 것은?

> 국민건강보험공단은 ○○교회(담임목사 전○○) 등 일부 단체를 중심으로 국가(지자체)의 격리지시 위반, 행정명령 위반, 역학조사 거부 및 방역방해 행위 등으로 코로나19 확진자가 급증하는 상황과 관련하여 「국민건강보험법」에 근거하여 급여의 제한 또는 구상권을 청구할 계획이라고 밝혔다.
>
> 공단은 「감염병 예방 및 관리에 관한 법률」을 위반하여 코로나19로 확진되어 건강보험으로 진료를 받거나 타인에게 전파하여 진료를 받게 한 경우, 해당 단체나 개인에 대하여 「국민건강보험법」 제53조 제1항 제1호, 제57조 제1항 및 제58조 제1항에 따라 공단이 부담한 진료비에 대하여 부당이득금 환수 및 구상권을 청구할 계획이다.
>
> 공단은 이를 위하여 소송전담팀을 구성하고, 방역당국과 지자체 협조를 받아 법률위반 사실관계를 확인하고, 사례별 법률 검토, 손해액 산정, 부당이득금 환수 또는 구상금 청구 순으로 진행할 예정이다.

① 공단은 범죄행위의 경중에 관계없이 이를 원인으로 하는 보험급여를 하지 않는다.

② 제3자의 행위로 인해 발생한 보험급여사유로 공단이 보험가입자에게 보험급여를 할 경우, 공단은 그 제3자에게 보험가입자에 들어간 비용 한도의 손해배상을 청구할 수 있다.

③ 보험급여를 제공받은 가입자가 그 보험급여의 발생원인의 부당함이 급여 제공 후에 밝혀진 경우, 이미 제공된 보험급여에 대해서는 이를 환수할 수는 없다.

④ 공단의 구상권 청구에 있어 보험급여사유의 발생 원인을 제공한 제3자가 가입자에게 제공한 손해배상 여부는 검토하지 않는다.

18. 다음은 국민건강보험급여에 관한 공단 처분의 구제절차를 도식화한 자료이다. 이에 대한 설명으로 옳은 것은?

이의신청		심판청구		(㉠)
이의신청위원회	→	(㉡)	→	행정법원(1심)

① ㉠에 들어갈 절차는 행정심판이다.
② ㉠에 들어갈 절차는 이의신청에 대한 불복으로 제기할 수 없다.
③ ㉡에 들어갈 기관은 보건복지부 소속으로 한다.
④ ㉡에 들어갈 기관은 그 위원 구성의 과반수가 공무원이어야 한다.

19. 외국인의 국민건강보험 가입에 대한 내용으로 옳지 않은 것은?

① 국외에서 체류 중인 재외국민은 외국인의 국민건강보험 특례조항의 적용을 받지 않는다.
② 외국 정부가 사용자인 사업장의 근로자의 건강보험은 외국 정부와의 합의로 이를 따로 정할 수 있다.
③ 국내체류 외국인이라는 이유로 보험료 납부일이 다르게 설정되지는 않는다.
④ 국내체류 외국인 중 외국인등록을 한 장기근로자는 국민건강보험에 가입할 수 있다.

20. 다음은 국민건강보험공단의 수입 구성을 정리한 내용이다. ㉠ ~ ㉢에 대한 설명으로 옳지 않은 것은?

- ㉠ 보험료 : 「국민건강보험법」 제69조 등
- 정부지원금
  - ㉡ 국고지원금 : 「국민건강보험법」 제108조
  - ㉢ 건강증진기금 : 「국민건강증진법」 부칙 제6619호 제2항
- 기타 수입(연체금, 부당이득금, 기타징수금 등)

① ㉠ : 관련 제도 개선을 위한 보험료부과제도개선위원회를 보건복지부장관 소속으로 둔다.
② ㉡ : 해당 연도에 발생할 것으로 예상되는 ㉠의 20%를 국고로 지원받는다.
③ ㉡ : 보험료 경감사유에 해당하는 가입자의 지원에 사용된다.
④ ㉢ : 국민건강보험공단의 건강검진사업에 사용된다.

01. 다음 중 「국민건강보험법」상 '사용자'에 해당하지 않는 사람은?

① 근로자가 소속되어 있는 사업장의 사업주 ② 공무원이 소속되어 있는 기관의 장

③ 사단법인의 이사장 ④ 사립학교의 운영자

02. 다음 중 국민건강보험의 자격 취득 시기로 옳은 것을 모두 고르면?

> ㄱ. 수급권자가 그 대상자에서 제외된 날
>
> ㄴ. 직장가입자의 피부양자가 그 자격을 상실한 날
>
> ㄷ. 유공자등 의료보호대상자에서 제외된 날
>
> ㄹ. 유공자등 의료보호대상자가 국민건강보험의 적용을 신청한 경우 그 신청일

① ㄱ, ㄴ ② ㄱ, ㄷ, ㄹ

③ ㄴ, ㄷ, ㄹ ④ ㄱ, ㄴ, ㄷ, ㄹ

03. 다음은 직장가입자의 소득월액보험료를 구하는 식이다. 이에 대한 설명으로 옳지 않은 것은?

$$\text{소득월액보험료}=(\text{연간 보수외소득}-\text{대통령령으로 정하는 금액})\times\frac{1}{(?)}\times\text{보험료율}$$

① 보수외소득이란 보수월액의 산정에 포함되는 보수를 제외한 이자소득, 연금소득 등의 직장가입자의 소득을 의미한다.

② '?'에 들어갈 숫자는 12이다.

③ 보수외소득이 대통령령으로 정하는 금액의 미만인 경우에는 위 계산식에 따라 산정한 금액만큼 직장가입자의 국민건강보험료를 공제한다.

④ 국외에서 업무에 종사하고 있는 직장가입자의 소득월액보험료율은 4% 이내에서 건강보험정책 심의위원회의 의결을 거쳐 대통령령으로 정한다.

04. 다음 중 국민건강보험의 피부양자에 해당하는 사람을 모두 고르면?

> ㄱ. 직장가입자의 배우자
> ㄴ. 직장가입자의 직계존속
> ㄷ. 직장가입자의 직계비속의 배우자
> ㄹ. 직장가입자의 형제·자매의 배우자

① ㄱ, ㄴ
② ㄴ, ㄷ
③ ㄱ, ㄴ, ㄷ
④ ㄱ, ㄷ, ㄹ

05. 강원도 원주시에 거주하는 국민건강보험공단 직원 A 씨에 대한 「국민건강보험법」 적용에 대한 설명으로 옳지 않은 것은?

① A 씨는 직장가입자인 '근로자'에 해당한다.
② A 씨가 영리를 목적으로 직무 외의 사업에 종사하기 위해서는 공단 이사장의 허가를 필요로 한다.
③ 만일 A 씨가 뇌물수수로 처벌을 받을 경우에는 공무원의 처벌기준이 적용된다.
④ A 씨의 배우자는 피부양자가 될 수 있다.

06. 건강보험료 체납자에게 보험료의 분할납부에 대한 고지를 하고자 한다. 다음 중 그 고지내용으로 적절하지 않은 것은?

① 보험료를 3회 이상 체납한 가입자에 대해 체납처분과 함께 보험료 분할납부 신청을 할 수 있음을 알리고 관련 사항을 안내해야 한다.
② 분할납부를 승인받은 후 해당 보험료를 1회 이상 납부한 경우 보험급여를 받을 수 있다.
③ 공단은 분할납부 승인 후 정당한 사유 없이 5회 이상 보험료를 납부하지 않을 경우 해당 가입자에게 보험급여를 실시하지 않을 수 있다.
④ 공단이 3회에 걸친 보험료 분할납부를 승인한 경우 해당 가입자가 3회 이상 보험료를 납부하지 아니하면 그 분할납부의 승인이 취소된다.

07. 다음 공고문의 빈칸에 들어갈 직위에 대한 설명으로 옳지 않은 것은?

국민건강보험공단 상임이사 초빙 공고

국민의 평생건강을 책임지는
「국민건강보험공단」에서 전문성과 역량을 갖춘
상임이사를 다음과 같이 모시고자 합니다.

1. 공모직위 및 업무

공모직위	업무
( )	자격부과실, 통합징수실, 고객지원실 업무 총괄

2. 임기
 - 임명일로부터 2년, 성과계약 이행실적 평가 결과에 따라 1년 단위 연임 가능

3. 지원 자격
 - 경영, 경제 및 사회보험에 관한 학식과 경험이 풍부한 사람
 - 위원회가 정하는 단위 부서장 이상의 경력이 있는 사람
 - 「국민건강보험법」 제14조 제1항 제2호 및 제11호의 업무에 관한 전문지식과 경륜을 갖추고 경영혁신을 추진할 수 있는 사람
 - 「정관」 제13조에서 정한 임원의 결격사유에 해당하지 아니하는 사람
 (이하 생략)

---

① 국민건강보험공단은 해당 상임이사를 추천하기 위해 다른 상임이사추천위원회와 별도의 추천위원회를 둔다.

② 추천위원회는 국민건강보험공단의 이사를 위원으로 하고, 위원장은 국민건강보험공단 이사장이 지명하는 이사로 한다.

③ 추천위원회는 해당 상임이사를 모집하기 위해 주요 일간신문에 모집 공고를 내고, 이와 별도로 추천위원회가 자체적으로 적임자를 조사하여서는 안 된다.

④ 추천위원회는 해당 상임이사 후보와 계약 조건을 협의하고, 국민건강보험공단 이사장은 협의 결과에 따라 해당 후보와 계약을 체결한다.

www.gosinet.co.kr gosinet

국민건강보험법

1회 기출예상

2회 기출예상

3회 기출예상

4회 기출예상

5회 기출예상

08. 다음은 「국민건강보험법」상 어떤 급여제도를 적용하기 위한 평가 항목별 척도의 일부이다. 이에 해당하는 급여제도의 명칭은?

> 1. 치료효과성 : 치료효과성을 입증한 경우
>   - 대체 가능한 급여항목과 비교 시 치료효과성이 동등 이상임을 중요한 임상지표로 입증한 경우
>   - 치료재료의 경우 치료에 필수불가결한 재료로서 질병의 직접 치료 목적으로 사용되는 경우
>   - 진단검사의 경우 진단정확도의 증가를 입증하였으며 이를 통해 치료성적 향상을 기대할 수 있는 경우
> 2. 비용효과성 : 비용·효과적인 경우
>   - 대체 가능한 급여항목에 비해 유사하거나 개선되었으면서 비용이 동일 또는 절감된 경우
> 3. 대체가능성 : 대체 가능하지 않은 경우
>   - 해당 환자에게 선택 가능한 동일 목적의 급여 항목이 없는 경우
> 4. 사회적 요구도 : 보험급여에 대한 사회적 요구가 높은 경우
>   - 세부 평가요소*를 종합적으로 고려한 결과 급여에 대한 사회적 관심과 파급력이 크다고 판단한 경우
>
> * 재정 영향, 연령, 사회적 취약계층 대상 여부, 의료적 중대성, 유병률(특정 시점에서 일정 지역의 인구 대비 환자 수의 비율), 환자의 경제적 부담, 비의료 영역의 부담 정도 및 급여 후 사용양 관리로 인한 이득 등 비용효과분석에서 고려하기 힘든 기타 편익

① 방문요양급여제도   ② 선별급여제도

③ 부가급여제도   ④ 시설급여제도

09. 요양급여비용의 산정과 지급에 대한 설명으로 옳지 않은 것은?

① 보건복지부장관은 보건복지부 소속 재정운영위원회의 심의를 거쳐 요양급여비용의 계약을 체결해야 한다.

② 전문요양기관과 상급종합병원은 요양급여비용의 산정을 다른 요양기관과 달리 할 수 있다.

③ 계약기간이 만료되는 해의 5월 31일까지 요양급여비용 산정 계약이 체결되지 않는 경우, 보건복지부장관은 건강보험정책심의위원회의 의결을 거쳐 그 해 6월 30일까지 요양급여비용을 정한다.

④ 대한병원협회는 병원의 요양급여비용 심사청구를 대행할 수 있다.

10. 다음 중 보험급여의 지급제한 사유에 해당하는 것을 모두 고르면?

> ㄱ. 고의로 사고를 발생시킨 경우
> ㄴ. 의도적으로 보험급여의 지급을 위한 의료 진단을 기피하는 경우
> ㄷ. 공무상 발생한 부상으로 「국민건강보험법」 외의 규정에 따른 보상을 받은 경우
> ㄹ. 본인의 과실로 인한 범죄행위로 인정된 행위에 의해 발생한 부상의 경우
> ㅁ. 대통령령으로 정하는 기간을 초과하여 국민건강보험료를 체납한 경우

① ㄱ, ㄴ, ㅁ

② ㄱ, ㄴ, ㄷ, ㅁ

③ ㄴ, ㄷ, ㄹ, ㅁ

④ ㄱ, ㄴ, ㄷ, ㄹ, ㅁ

11. 건강보험증에 관한 설명으로 옳지 않은 것은?

① 국민건강보험공단은 별도의 신청이 없더라도 국민건강보험의 가입자에게 건강보험증을 발급하여야 한다.

② 가입자 또는 피부양자가 요양급여를 받을 때에는 건강보험증을 요양기관에 제출하여야 한다. 단 본인 여부를 확인할 수 있는 신분증명서를 제출하여 요양기관이 그 자격을 확인할 수 있다면 제출하지 않을 수 있다.

③ 가입자 또는 피부양자가 천재지변으로 인해 건강보험증을 제출할 수 없다면 건강보험증 없이 요양급여를 받을 수 있다.

④ 누구든지 건강보험증을 다른 사람에게 양도하거나 양도받아 보험급여를 받아서는 안 된다.

12. 다음 〈보기〉에서 설명하고 있는 국민건강보험공단의 사업은?

보기

국민의료비 부담완화를 위한 건강보험 보장성 강화 대책의 일환으로 2018년부터 추진되고 있는 이 사업은 질병·부상 등으로 가구의 부담능력을 넘어서는 의료비가 발생했을 때, 경제적으로 충분한 치료를 받지 못하는 문제가 발생하지 않도록 건강보험이 보장하지 않는 부분에 대한 의료비를 지원함으로써 모든 국민의 의료접근성을 보장하고, 건강보호에 이바지하려고 함을 그 목적으로 하고 있다.

이에 국민건강보험공단은 해당 사업에 사용하는 비용을 충당하기 위해 매년 예산의 범위에서 출연할 수 있음을 「국민건강보험법」 제39조의2에서 규정하고 있다.

① 산업재해보상보험사업　　　　　　② 장기요양사업
③ 재난적의료비 지원사업　　　　　　④ 국민연금사업

국민건강보험법
1회 기출예상
2회 기출예상
3회 기출예상
4회 기출예상
5회 기출예상

13. 다음 〈자료〉를 통해 추론할 수 없는 사실은?

> **자료**
>
> 건강보험 재정통합 하에서 보험가입자 간의 소득파악율의 차이는 보험료 부담의 평등 관점에서 헌법적으로 간과할 수 없는 본질적인 차이이다.
>
> 직장가입자의 소득은 거의 전부 파악되는 데 반하여, 지역가입자의 소득은 일부분밖에 파악되지 않는다는 점에서 현저한 차이가 있는바, 소득파악률과 소득형태에서 차이가 있는 직장가입자와 지역가입자의 보험료부담의 형평을 보장하기 위하여 직장근로자의 경우에는 기본적으로 보수만을 기준으로, 소득 파악이 어려운 지역가입자의 경우에는 소득뿐만 아니라 재산, 생활수준, 경제활동참가율 등 다양한 변수를 참작한 추정소득을 기준으로 하도록 한 것이 보험료 부담의 평등원칙에 위배된다고 보기 어렵다.
>
> 또한 직장가입자와 지역가입자의 소득파악률의 격차가 점차 좁혀지고 있는 점, 지역가입자의 보험료 산정방식을 합리적으로 개선하기 위한 노력이 계속되고 있는 점, 건강보험정책심의위원회를 통하여 가입자 간 보험료 부담의 집단적 형평이 확보될 수 있는 점 등을 종합하여 볼 때, 심판대상조항은 직장가입자와 지역가입자의 본질적 차이를 고려하여 각자의 경제적 능력에 상응하게 보험료를 산정하도록 하는 것이다.
>
> 헌법재판소 2016. 12. 29. 2015헌바99 전원재판부

① 지역가입자가 속한 세대의 월별 보험료액 산정에는 직장가입자와 달리 가입자의 재산도 고려한다.

② 직장가입자의 월별 보험료액을 결정하는 보수월액은 직장가입자가 지급받은 보수를 기준으로 산정한다.

③ 건강보험정책심의위원회는 직장가입자와 지역가입자의 보험료에 관한 사항을 심의·의결한다.

④ 월별 보험료액은 가입자의 보험료 평균액의 일정 비율에 해당하는 금액을 고려하여 상한 및 하한을 정한다.

14. 다음 직장가입자와 그 사용자의 보수월액보험료 납부에 대한 설명으로 옳지 않은 것은?

① 직장가입자는 본인의 보수월액보험료의 100분의 50을 부담한다.

② 국가나 지방자치단체는 소속 공무원의 보수월액보험료의 100분의 50을 부담한다.

③ 사립학교에 근무하는 교원인 교직원의 사용자는 교직원의 보수월액보험료의 100분의 50을 부담한다.

④ 직장가입자의 보수월액보험료는 보수에서 공제되어 납부된다.

15. 다음 건강보험심사평가원에 대한 설명으로 옳지 않은 것은?

① 건강보험심사평가원은 국민건강보험공단 소속의 기관이다.

② 건강보험심사평가원에는 원장과 이사 15명 및 감사 1명을 두고, 원장과 이사 중 4명 및 감사는 상임으로 한다.

③ 건강보험심사평가원은 업무의 효율적인 수행을 위해 진료심사평가위원회를 두고, 진료과목별 분과위원회를 둘 수 있다.

④ 건강보험심사평가원은 요양급여비용의 심사를 위해 국민건강보험공단으로부터 부담금을 징수할 수 있다.

16. 국민건강보험공단 직원 A 씨는 국민건강보험료 미납자를 대상으로 독촉장을 발부하는 업무를 담당하고 있다. 다음 중 독촉장의 발부에 관해 잘못된 것은?

① 보수월액보험료를 납부하지 않은 회사에 공동소유주가 있어 그 소유주들에게 모두 독촉장을 발송해야 했다.

② 독촉장에는 10일 이상, 15일 이하의 납부기한을 명시해야 한다.

③ 우편송달을 제외한 독촉장의 송달에 대해서는 「국세기본법」의 규정을 준용한다.

④ 보수월액보험료를 납부하지 않은 법인의 재산으로는 체납된 보험료를 충당할 수 없어 그 법인의 무한책임사원에게 독촉장을 발송하였다.

17. 다음은 「국민건강보험법」상 국민건강보험공단과 심사평가원의 처분에 관한 이의제기 절차를 도식화한 것이다. 이에 대한 설명으로 옳은 것은?

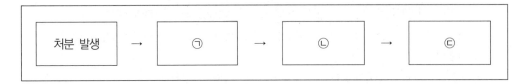

① ㉠는 심사청구, ㉡은 재심사청구, ㉢은 행정소송이다.

② ㉡의 심리·의결은 국민건강보험공단 내 건강보험분쟁조정위원회가 주관한다.

③ ㉠에 대한 불복으로 ㉡을 거치지 않고 바로 ㉢을 제기할 수 있다.

④ 처분에 대한 이의제기로 ㉠을 거치지 않고 바로 ㉡을 신청할 수 있다.

18. 다음 「국민건강보험법」의 소멸시효규정에 대한 설명으로 옳지 않은 것은?

① 국민건강보험공단으로부터 3년간 보험급여를 청구할 권리를 행사하지 않으면 시효로 소멸된다.

② 국민건강보험공단이 가입자로부터 보험료를 징수할 권리는 가입자에게 보험료를 고지한 후 3년이 지나면 시효로 소멸된다.

③ 휴직자의 보수월액보험료를 징수할 권리에 대한 소멸시효는 보험료 납입고지가 유예된 후 휴직이 끝날 때까지 진행되지 않는다.

④ 소멸시효기간의 기산점(기간의 계산이 시작되는 지점)은 「민법」의 규정을 준용한다.

19. 직장가입자 K 씨는 5년 간 다니던 직장에서 퇴사하면서 임의계속가입을 신청하기 위해 국민건강보험공단을 방문하였다. K 씨가 담당 직원에게 받을 안내로 잘못된 것은?

① 혹시 퇴사한 날짜가 언제인지 알 수 있을까요? 임의계속가입은 지역가입자 보험료를 고지받은 날로부터 그 납부기한에서 2개월 이내에 신청하셔야 합니다.

② 임의계속가입 신청 후 최초 2개월 동안 보험료를 납부하지 않으시면 직장가입자 자격을 유지할 수 없으신 점 유의하세요.

③ 임의계속가입기간동안의 보수월액보험료는 원래 직장에 다니실 때처럼 100분의 50을 부담하시면 되십니다.

④ 임의계속가입기간동안 납부하실 보수월액보험료의 보수월액은 최근 12개월간의 보수월액을 평균해서 계산한다는 점 참고하세요.

20. 다음 중 「국민건강보험법」상 과태료 부과 대상이 아닌 것은?

① 고용한 근로자가 직장가입자가 되는 것을 방해한 사용자
② 건강보험사업 수행과 무관한 보험 상품의 명칭에 국민건강보험이라는 용어를 사용한 보험사
③ 양수인에게 업무정지 처분 사실을 알리지 않은 요양기관의 양도인
④ 보건복지부장관의 서류제출 명령을 거부하고 서류를 제출하지 않은 사용자

01. 다음 중 「국민건강보험법」에서 정의하는 '근로자'에 해당하는 사람은?

① 춘천시청 기획행정국 행정지원과장
② 주식회사 ○○케미컬 이사
③ 사립 ○○고등학교 3학년 부장교사
④ 충청북도 옥천군수

02. 다음 중 건강보험정책심의위원회의 위원이 될 수 없는 사람은?

① 보건복지부장관(위원장 추천)
② 한국노동조합총연맹 부위원장(한국노동조합총연맹 추천)
③ 국민건강보험공단 급여상임이사(공단 이사장 추천)
④ 한국농업경영인중앙연합회 중앙회장(농어업인단체 추천)

03. 다음 중 국민건강보험공단의 업무가 아닌 것을 모두 고르면?

> ㉠ 요양급여의 적정성 평가
> ㉡ 의료시설의 운영
> ㉢ 보험급여 비용의 지급
> ㉣ 요양급여 비용의 심사
> ㉤ 장기요양보험료율의 심의
> ㉥ 국민건강보험 가입자 및 피부양자의 자격 관리

① ㉠, ㉢, ㉣
② ㉠, ㉣, ㉤
③ ㉡, ㉣, ㉤
④ ㉣, ㉤, ㉥

04. 다음 글의 요지로 가장 적절한 것은?

> 사회보험으로서의 건강보험은 그 본질상 강제적 요소가 수반될 수밖에 없다. 보험가입자로서는 그가 지불하는 보험료가 예상의료비용을 초과하는 경우 가입을 하지 않으려 할 것이고, 보험자로서는 질병위험도가 높아 예상의료비용이 보험료를 초과하는 경우 피보험자의 가입을 거부하려 할 것이나, 이런 경우에도 강제로 가입하도록 하여 원칙적으로 전국민을 포괄적 적용대상으로 하여야만 소득수준이나 질병위험도에 관계없이 모든 국민에게 의료보장을 제공하고자 하는 그 본래의 기능을 다할 수 있기 때문이다. 즉, 사회보험의 목적은 국민 개개인에게 절실히 필요한 의료보험을 제공하고 보험가입자 간의 소득재분배효과를 거두고자 하는 것이며, 이러한 목적은 동일위험집단에 속한 구성원에게 법률로써 가입을 강제하고 소득재분배를 하기에 적합한 방식으로 보험료를 부과함으로써 달성될 수 있는 것이다.
>
> 헌법재판소 2013. 7. 15. 2010헌바51 전원재판부

① 보험재정에 관한 사실관계는 매우 다양하고 수시로 변화될 것이 예상되는 바, 사회·경제적 상황에 따라 수시로 변화될 것이 예상되는 건강보험의 특성상 보험료를 탄력적으로 규율할 필요성이 크다.

② 국민으로 하여금 건강보험에 강제로 가입하도록 한 것은 경제적인 약자에게 기본적인 의료서비스를 제공하고 소득재분배 및 위험분산의 효과를 거두기 위한 조치이다.

③ 모든 국민을 단일 보험자에 의한 건강보험에 강제로 가입시켜 보험료를 징수하는 것은 공법상의 단체에 강제로 가입하지 않을 자유와 재산권을 침해한다.

④ 「국민건강보험법」은 보험급여를 실시함으로써 국민보건 향상과 사회보장 증진에 이바지함을 목적으로 한다.

05. 다음 국민건강보험공단의 임원에 대한 설명으로 옳지 않은 것은?

① 이사장은 임원추천위원회에서 복수의 추천을 받아 보건복지부장관의 제청으로 대통령이 임명하며, 임기는 3년이다.

② 국민건강보험공단의 보험료와 징수금 관련 업무를 수행하는 징수이사는 비상임이사이다.

③ 비상임이사는 국민건강보험공단의 정관에 따라 실비변상(實費辨償)을 받을 수 있다.

④ 이사장이 부득이한 사유로 그 직무를 수행할 수 없을 때에는 정관으로 정하는 바에 따라 상임이사 중 1명이 그 직무를 대행한다.

06. 다음은 가족의 범위에 관한 「민법」 규정이다. 이를 참고하여 「국민건강보험법」상의 피부양자에 대해 잘못 이해한 것은? (단, '나'는 직장가입자이다)

「민법」 제779조(가족의 범위) ① 다음의 자는 가족으로 한다.
　　1. 배우자, 직계혈족* 및 형제자매
　　2. 직계혈족의 배우자, 배우자의 직계혈족 및 배우자의 형제자매
　② 제1항 제2호의 경우에는 생계를 같이 하는 경우에 한한다.
* 직계혈족 : 자신의 직계존속과 직계비속

① 나의 배우자는 가족이면서 동시에 피부양자가 될 수 있다.
② 나의 배우자의 직계혈족은 가족이면서 동시에 피부양자가 될 수 있다.
③ 나의 배우자의 형제자매는 가족이 될 수 있지만, 나의 피부양자가 될 수는 없다.
④ 나의 형제자매는 나와 생계를 같이 하고 있지 않더라도 가족이면서 동시에 피부양자가 될 수 있다.

07. 다음 중 요양기관이 아닌 것을 모두 고르면?

㉠ 약국	㉡ 한국희귀 · 필수의약품센터
㉢ 보건소	㉣ 사회복지시설
㉤ 보건진료소	㉥ 산후조리원

① ㉠, ㉡　　　　　　　　　　　② ㉡, ㉣
③ ㉢, ㉤　　　　　　　　　　　④ ㉣, ㉥

08. 아래 제도에 관련된 계약에 대한 설명으로 옳지 않은 것은?

- 수가(酬價)제도 개요

  건강보험 행위별수가제(fee-for-service)는 의료기관에서 의료인이 제공한 서비스(행위, 약제, 치료재료 등)에 대해 서비스별로 가격(수가)를 정하여 사용량과 가격에 의해 진료비를 지불하는 제도로 우리나라는 의료보험 도입 당시부터 채택하고 있다.

  또한 행위별수가제의 보완 및 의료자원의 효율적 활용을 위하여 「질병군별 포괄수가제(DRG)」와 「정액수가제(요양병원, 보건기관 등)」도 병행하여 실시하고 있다.

- 진료수가 산출구조

  > 수가금액＝상대가치점수×유형별 환산지수(점수당 단가)
  >
  > ※ 진료수가는 진료행위별로 분류된 각 수가항목별 점수에 요양기관 유형별 환산지수(점수당 단가)를 곱하여 금액으로 나타낸다.

  - 상대가치점수 : 의료행위(요양급여)에 소요되는 시간·노력 등의 업무량, 인력·시설·장비 등 자원의 양, 요양급여의 위험도 및 발생빈도를 종합적으로 고려하여 산정한 가치를 의료행위별로 비교하여 상대적인 점수로 나타낸 것
  - 환산지수(점수당 단가) : 상대가치점수를 금액으로 바꾸어주는 지표

① 국민건강보험공단의 이사장과 의약계를 대표하는 사람들 간의 계약으로, 계약이 체결되면 해당 계약은 공단과 각 요양기관 사이에 체결된 것으로 본다.

② 계약기간은 1년이며, 건강보험정책심의위원회가 심의·의결을 거쳐 그 직전 계약만료일이 속하는 연도의 5월 31일까지 체결해야 한다.

③ 요양기관의 약제·치료재료는 해당 계약과 별도로 산정될 수 있다.

④ 계약으로 결정된 진료비는 건강보험심사평가원의 심사를 거쳐 지급되며, 요양기관은 해당 심사의 청구를 의료기관 단체가 대행하게 할 수 있다.

09. 「국민건강보험법」에서 규정하고 있는 요양급여를 위한 건강검진의 종류 및 대상에 대한 설명으로 옳지 않은 것은?

① 일반건강검진은 직장가입자, 20세 이상의 지역가입자와 피부양자를 대상으로 한다.

② 암검진은 「암관리법」에 따라 암 검진주기에 해당하는 사람을 대상으로 한다.

③ 청소년건강검진은 6세 이상 20세 미만의 미성년자를 대상으로 한다.

④ 영유아건강검진은 6세 미만의 가입자 및 피부양자를 대상으로 한다.

10. 다음 중 「국민건강보험법」상 보험급여의 제한에 대한 설명으로 옳지 않은 것은?

① 민간의료보험금 편취를 목적으로 의도적으로 교통사고를 일으켜 발생한 상해의 수술비는 「국민건강보험법」상의 보험급여대상에 해당되지 않는다.

② 공무원이 공무상 질병으로 인해 「공무원 재해보상법」상 소정의 급여를 제공받은 경우 그와 같은 사유로 「국민건강보험법」의 보험급여를 중복하여 받을 수는 없다.

③ 가입자가 일정 기간 보험료를 체납한 경우 그 체납된 보험료를 완납할 때까지 해당 가입자의 보험급여를 실시하지 않을 수 있으나, 그 피부양자에 대해서는 보험급여를 실시해야 한다.

④ 횡령죄로 교도소에 수감되어 있는 사람이 외래진료로 요양기관에서 수술을 받은 경우에는 보험급여대상에 해당되지 않으나, 대신 요양급여를 실시한다.

11. 직장가입자와 지역가입자의 차이를 비교한 표의 내용으로 옳지 않은 것은?

가입자	직장가입자		지역가입자
보험료의 종류	보수월액보험료	소득월액보험료	
납부의무자	① 직장가입자	직장가입자	② 가입자가 속한 세대의 지역가입자 전원이 연대하여 납부 (단 소득 및 재산이 없는 미성년자 등은 납부의무 면제)
실 납부자	직장가입자 ③ 사업주, 국가, 지방자치단체 등		
부과 기준	보수	기준금액을 초과하는 보수외소득	④ 소득, 재산을 기준으로 산정한 보험료부과점수
면제 사유	국외에 체류하는 경우 「국민건강보험법」 제6조 제2항 제2호에 해당하게 된 경우 교도소, 그 밖에 이에 준하는 시설에 수용되어 있는 경우		

12. 다음 표에서 국민건강보험료의 종류별 부담자와 납부의무자가 올바르게 연결된 것은?

	종류	보험료부담자	납부의무자
①	근로자의 보수월액보험료	근로자, 사업주	근로자
②	공무원의 소득월액보험료	공무원, 국가/지방자치단체	국가/지방자치단체
③	지역가입자	가입자가 속한 세대 내 지역가입자 전원	소득 및 재산이 없는 미성년자를 제외한 세대 내 지역가입자 전원
④	사립학교 교원의 소득월액보험료	교원, 사용자	사용자

13. 다음 자료에 관한 제도의 설명으로 옳지 않은 것은?

〈건강보험 고액 · 상습 체납자 공개〉

　납부기한의 다음 날부터 (㉠)년이 경과한 (㉡)만 원 이상의 고액 · 상습 체납자의 명단을 공개합니다.

　국민건강보험공단은 납부기한의 다음 날부터 (㉠)년이 경과한 보험료, 연체금과 체납처분비(결손처분한 보험료, 연체금과 체납 처분비로서 징수권 소멸시효가 완성되지 아니한 것 포함)의 총액이 (㉡)만 원 이상인 체납자의 인적사항을 공단 홈페이지 또는 관보를 통해 공개하고 있습니다.

※ 「국민건강보험법」 제83조 및 같은 법 시행령 제48조

　고액 · 상습 체납 공개대상자 명단은 서면으로 통지 후 소명의 기회를 부여하였으며 공단의 (㉢)의 최종 심의를 거쳐 공개됨을 알려드립니다.

　고액 · 상습 체납자 명단의 일부 또는 전부를 사용하여 특정인의 명예를 훼손할 경우에는 형사상 명예훼손죄로 처벌을 받거나 민사상 손해배상의 책임을 질 수 있습니다.

〈건강보험 법인 고액 · 상습 체납자 명단〉

(단위 : 만 원)

연번	법인	대표자명	법인주소	대표자주소	체납기간	총체납액	납부기한	체납요지
1	A	김○○	○○○	○○○	○○	○○	○○	○○
2	C	이○○	○○○	○○○	○○	○○	○○	○○
3	K	김○○	○○○	○○○	○○	○○	○○	○○

(이하 생략)

---

① ㉠에는 1, ㉡에는 1,000이 들어간다.

② ㉢에는 '보험료정보공개심의위원회'가 들어간다.

③ 체납된 보험료, 연체금과 체납처분비와 관련하여 행정소송이 진행 중인 경우에도 그 인적사항을 공개할 수 있다.

④ 국민건강관리공단은 고액 · 상습 체납 공개대상자에게 서면 통지 후 6개월 뒤 체납액의 납부 이행 등을 감안하여 공개대상자를 선정한다.

14. 다음 중 직장가입자에 해당하는 사람은?

① 전환복무 중인 경찰청 소속 의무경찰
② 고용기간 3주의 단기 아르바이트생
③ 소정근로시간 80시간 초과의 1년 계약직 사립학교 직원
④ 무보수 명예직의 지방자치단체 소속 명예사회복지공무원

15. 보험료의 결손처분에 대한 설명으로 옳지 않은 것은?

① 보험료 체납에 대한 강제징수 결과 체납액에 충당할 배분액이 그 체납액에 미치지 못할 경우 그 부족분은 결손처분할 수 있다.
② 보험료의 결손처분을 위해서는 재정운영위원회의 의결을 거쳐야 한다.
③ 공단은 공익목적으로 필요한 경우 종합신용정보집중기관의 요구에 따라 결손처분한 금액이 500만 원 이상인 자의 인적사항 관련 자료를 제공할 수 있다.
④ 결손처분 후에는 다른 압류할 수 있는 재산이 발견된 경우에도 결손처분을 취소할 수는 없다.

16. 다음 「행정소송법」의 내용에서 ㉠에 대응하는 「국민건강보험법」의 절차가 아닌 것은?

> 「행정소송법」 제18조(행정심판과의 관계) ① 취소소송은 법령의 규정에 의하여 당해 처분에 대한 ㉠행정심판을 제기할 수 있는 경우에도 이를 거치지 아니하고 제기할 수 있다. 다만, 다른 법률에 당해 처분에 대한 행정심판의 재결을 거치지 아니하면 취소소송을 제기할 수 없다는 규정이 있는 때에는 그러하지 아니하다.

① 국민건강보험공단에 대한 이의신청
② 국민건강보험공단에 대한 심사청구
③ 건강보험심사평가원에 대한 이의신청
④ 건강보험분쟁조정위원회에 대한 심판청구

17. 다음 〈보기〉에서 소멸시효의 기간이 3년인 것의 개수는?

> 보기
>
> ㄱ. 국민건강보험료를 징수할 권리 행사
> ㄴ. 국민건강보험급여를 받을 권리 행사
> ㄷ. 과오납한 보험료 연체금를 환급받을 피보험자의 권리 행사
> ㄹ. 휴직자 등의 보수월보험료를 징수할 권리 행사
> ㅁ. 보험급여비용을 받을 권리 행사
> ㅂ. 과다납부한 본인일부부담금을 돌려받을 권리 행사

① 3개   ② 4개
③ 5개   ④ 6개

18. 「국민건강보험법」상 국민건강보험공단에의 서류제출에 대한 설명으로 옳지 않은 것은?

① 가입자가 거주지를 이전한 경우 국민건강보험공단은 관계 서류를 제출하게 할 수 있다.
② 가입자의 보수·소득의 변천이 있는 경우 국민건강보험공단은 관계 서류를 제출하게 할 수 있다.
③ 국민건강보험공단은 가입자가 제출한 서류의 사실 여부를 공단 소속 직원이 조사하게 할 수 있다.
④ 가입자가 신고한 내용에 소득 축소 혹은 누락이 있다고 인정하는 경우 국세청장에게 직접 문서를 송부하여 세무조사를 받게 할 수 있다.

19. 「국민건강보험법」에서 규정하는 의약품의 제조업자 등의 금지행위에 대한 설명으로 옳지 않은 것은?

① 보건복지부장관은 의약품 제조업자가 부당하게 약제·치료재료에 관한 요양급여대상 여부 결정에 영향을 미쳐 보험자에게 손실을 줄 경우 이에 상당하는 금액을 징수할 수 있다.
② 보건복지부장관은 의약품의 제조업자가 거짓 자료를 제출했는지 여부를 확인하기 위해 소속 공무원으로 하여금 관계 서류를 검사하게 할 수 있다.
③ 의약품 제조업자의 금지행위로 징수한 징수금 중 가입자 및 피부양자의 손실에 해당하는 금액은 그 가입자 및 피부양자가 내야 하는 보험료와 상계할 수 있다.
④ 의약품의 제조업자는 요양기관이 속임수나 그 밖의 방법으로 보험자·가입자 및 피부양자에게 요양급여비용을 부담하는 행위에 개입해서는 안 된다.

20. 다음은 요양기관의 업무정지에 대한 글이다. 이를 읽고 나눈 대화의 내용으로 옳지 않은 것은?

보건복지부장관이 「국민건강보험법」에 의거 업무정지처분을 받은 요양기관 100개소를 점검한 결과, 50개소 요양기관이 업무정지 기간 중 영업을 한 것으로 적발되었다. 업무정지 이행실태 조사대상기관은 아래와 같다.

1. 동일 장소에서 편법으로 개설자를 타인 명의로 개설하고 실질적인 경영을 하면서 부당하게 요양급여비용을 청구하고 있는 기관
   • 업무정지 처분을 받은 요양기관의 개설자(A 의사)가 형식적으로 요양기관을 폐업하고 봉직의(B 의사)로 새로 개설한 요양기관을 운영하는 경우로서 봉직의(B 의사)가 환자를 진료하고 업무정지 기간이 끝나자 바로 봉직의(B 의사)가 개설자(A 의사)에게 양도한 사례
   • B 의사는 업무정지 기간동안 요양급여비용을 수령한 후 A 의사 통장에 입금하고 A 의사로부터 일정금액의 보수를 받고 고용 근무하였으며 A 의사가 실질적으로 의료기관을 운영한 사례

2. 요양기관을 폐업하지 않고 계속 개설하면서 요양급여비용 심사의뢰 또는 원외처방전을 부당하게 발행하는 기관
   • A 의사는 업무정지 기간 중 환자를 진료한 후 본인부담금만 받고 요양급여비용을 청구하지 않았으며 원외처방전을 발행한 사례

---

① 갑 : 부정한 방법으로 요양급여를 받은 사람은 1년 이내의 업무정지, 1년 이하의 징역 혹은 1,500만 원 이하의 벌금에 처해져.

② 을 : 그리고 그런 요양기관을 신고한 사람은 대통령령으로 정한 포상금도 받을 수 있대.

③ 병 : 업무정지를 받은 요양기관이 그 기간 중에 요양급여를 제공하면 다시 1년 이하의 징역 혹은 1,000만 원 이하의 벌금에 처해져.

④ 정 : 반대로 건강보험 재정을 효율적으로 운영하는 데 이바지한 요양기관은 장려금을 지급하기도 한다니, 요양기관의 정직한 청구를 위한 상과 벌을 모두 갖추고 있구나.

01. 다음 〈보기〉의 빈칸에 알맞은 단어로 묶인 것은?

보기

「국민건강보험법」 제3조(정의) 이 법에서 사용하는 용어의 뜻은 다음과 같다.

1. "근로자"란 직업의 종류와 관계없이 근로의 대가로 (㉠)를 받아 생활하는 사람으로서 (㉡)와 교직원을 제외한 사람을 말한다.

2. "사용자"란 다음 각 목의 어느 하나에 해당하는 자를 말한다.

　가. 근로자가 소속되어 있는 사업장의 사업주

　나. (㉡)이 소속되어 있는 기관의 장으로서 대통령령으로 정하는 사람

　다. 교직원이 소속되어있는 (㉢)학교를 설립·운영하는 자

	㉠	㉡	㉢		㉠	㉡	㉢
①	보수	공무원	사립	②	용역	일용직 근로자	사립
③	보수	일용직 근로자	공립	④	용역	공무원	공립

02. 다음 〈보기〉 중 건강보험정책심의위원회에 대한 설명으로 옳지 않은 것을 모두 고르면?

보기

ㄱ. 건강보험정책심의위원회는 건강보험정책을 심의하고 의결하기 위한 보건복지부장관 소속의 기관이다.

ㄴ. 건강보험정책심의위원회의 위원장은 보건복지부차관이다.

ㄷ. 위원의 구성에는 건강보험에 대한 학식과 경험이 풍부한 사람 4명을 포함한다.

ㄹ. 위원의 구성에는 국민건강보험공단의 이사장의 추천을 받은 사람 1명을 포함한다.

ㅁ. 위원의 구성에는 시민단체의 추천을 받은 사람 1명을 포함한다.

ㅂ. 중앙행정기관 소속 공무원을 제외한 위원의 임기는 3년이다.

① 0개 　　　　　　　② 1개

③ 2개 　　　　　　　④ 3개

03. 〈보기〉에 대한 「국민건강보험법」상의 해결책으로 적절한 것은?

> **보기**
>
> 　국가유공자는 보훈병원에서 무료로 진료를 받을 수 있고, 국가유공자의 직계가족 역시 보훈병원에서 진료를 받으면 진료비 할인혜택을 받을 수 있습니다. 하지만 국민건강보험은 국내에 거주하는 국민이면 강제로 가입하게 되어 보험료를 납부하기 때문에, 보훈병원을 주로 이용하게 될 국가유공자는 같은 보험료를 납부하면서 상대적으로 국민건강보험의 혜택을 적게 누리게 되는 문제가 발생합니다.

① 국가유공자는 소득월액의 산정에서 일반 가입자와 다른 계산식이 적용된다.

② 국가유공자는 신청을 통해 국민건강보험에서 탈퇴할 수 있다.

③ 직장가입자인 국가유공자는 국가로부터 보수월액보험료의 전액을 지원받는다.

④ 지역가입자인 국가유공자는 보험료부과점수의 산정에서 일반가입자와 다른 기준으로 산정된다.

04. 다음 국민건강보험공단의 운영에 대한 설명으로 옳지 않은 것은?

① 국민건강보험공단은 국민건강보험의 보험자이다.

② 공단의 직원은 해당 직무 외에 영리를 목적으로 하는 사업에 종사할 수 없다.

③ 공단의 직원은 「형법」상 배임죄의 적용에 있어서 공무원으로 본다.

④ 공단은 국민건강보험과 국민연금사업에 관한 회계를 통합하여 처리한다.

05. 국민건강보험공단의 예산 운용에 대한 설명으로 옳은 것은?

① 공단의 예산에 관한 사항은 정관으로 규정하며, 이를 변경하기 위해서는 보건복지부장관의 인가를 요구한다.

② 국가는 매년 예산의 범위에서 직전 연도 보험료수익의 14%를 공단에 지원한다.

③ 보험재정에 관한 사항을 심의 · 의결하기 위해 공단 내에 이사장을 위원장으로 하는 재정운영위원회를 둔다.

④ 공단은 매 회계연도마다 결산보고서와 사업보고서를 작성하여 국회 소관 상임위원회에 보고하고 이를 공고한다.

06. 다음은 국민건강보험공단 임원진의 임명절차와 임기를 정리한 표이다. 다음 ㉠ ∼ ㉲ 중 틀린 것의 개수는?

임원	이사장	상임이사(징수이사)	비상임이사	감사
추천인	㉠ 임원추천위원회	상임이사추천위원회 (징수이사추천위원회)	(법 제20조 제4항, 시행령 제10조)	임원추천위원회
제청인	㉡ 보건복지부장관			㉢ 보건복지부장관
임명인	대통령	이사장	㉣ 이사장	㉤ 대통령
임기	3년	㉲ 2년	2년 (공무원 제외)	2년

① 2개　　　　　　　　　　　② 3개
③ 4개　　　　　　　　　　　④ 5개

07. 다음 〈보기〉에서 개별 법률과 그에 관한 「국민건강보험법」의 내용이 바르게 연결된 개수는?

> **보기**
>
> ㉠ 「석면피해구제법」 – 국민건강보험공단은 석면 노출에 의한 피해를 구제하기 위한 석면피해구제기금의 징수업무를 위탁받아 이를 수행한다.
> ㉡ 「공공기관의 운영에 관한 법률」 – 국민건강보험공단의 임원 결격사유를 규정한다.
> ㉢ 「민법」 – 국민건강보험공단은 사단법인에 관한 규정을 준용한다.
> ㉣ 「행정소송법」 – 국민건강보험공단의 처분에 이의가 있는 자는 행정소송을 제기할 수 있다.
> ㉤ 「장애인복지법」 – 장애인으로 등록된 사람은 국민건강보험료를 감면받을 수 있다.

① 2개　　　　　　　　　　　② 3개
③ 4개　　　　　　　　　　　④ 5개

08. 국민건강보험급여에 대한 설명으로 옳은 것을 모두 고르면?

> ㉠ 질병의 예방이나 치료 후의 재활훈련은 요양급여에 해당되지 않는다.
>
> ㉡ 한방병원은 요양기관에 해당하지 않는다.
>
> ㉢ 요양기관은 정당한 이유 없이 요양급여를 거부할 수 없다.
>
> ㉣ 선별급여는 보건복지부장관이 정하는 조건을 충족하는 요양기관만이 실시하게 할 수 있다.
>
> ㉤ 6세 미만의 영유아를 대상으로 하는 건강검진은 보험급여에 해당되지 않는다.

① ㉠, ㉢, ㉣
② ㉡, ㉢, ㉤
③ ㉢, ㉣
④ ㉠, ㉤

09. 다음 「약사법」 제47조의2 위반에 대한 「국민건강보험법」상의 제재규정을 도식화한 내용에서 틀린 것은?

1차	지급받을 약제의 요양급여비용에서 ① 20% 이내에서 감액
	5년 내 같은 위반행위 적발 시 ↓
2차	지급받을 약제의 요양급여비용의 ② 60% 이내에서 감액
	③ 5년 내 같은 위반행위 적발 시 ↓
3차	④ 1년 이내의 기간을 정해 요양급여의 적용 정지

10. 요양급여비용의 본인일부부담에 대한 설명으로 옳지 않은 것을 모두 고르면?

> ㉠ 선별급여는 다른 요양급여에 비해 본인일부부담의 비율이 낮다.
>
> ㉡ 연간 본인일부부담금의 총액이 가입자별로 정해진 상한을 초과할 경우에는 그 초과분은 다음 해로 이전된다.
>
> ㉢ 연간 본인일부부담금의 상한은 가입자의 소득수준 등에 따라 대통령령으로 정한다.

① ㉠, ㉡
② ㉠, ㉢
③ ㉡, ㉢
④ ㉠, ㉡, ㉢

11. 국민건강보험의 취약계층 지원에 관한 내용으로 옳지 않은 것은?

① 「의료급여법」에 따라 의료급여를 받는 의료급여 수급권자는 국민건강보험에 가입할 수 있다.

② 만 65세 이상의 보험가입자는 그 보험료의 일부를 경감할 수 있다.

③ 국민건강보험공단은 「장애인복지법」에 따라 등록한 장애인을 대상으로 보조기기에 대한 보험급여를 할 수 있다.

④ 보건복지부장관은 5년마다 수립하는 국민건강보험종합계획에 취약계층에 지원에 관한 내용을 포함해야 한다.

12. 다음 용어에 관한 「국민건강보험법」상의 내용으로 옳은 것은?

> 만일 누군가가 다른 사람의 빚(채무)을 대신 갚아준다면, 그 빚을 갚아준 사람은 채무자에 대한 상환청구권을 가지게 된다. 이때의 상환청구권을 구상권(求償權)이라 한다. 즉 외관상으로는 빚을 대신 갚아주는 것이지만 그 실질은 채권자가 바뀐 것에 불과하고 채무자가 빚을 갚아야 하는 의무에는 큰 영향을 주지 않는다. 이는 주로 보증채무의 이행이나, 공공기관이 채권자의 권리를 보호해주기 위한 장치로 활용된다.

① 공단은 제3자의 보험급여사유로 가입자에게 보험급여를 한 경우 그 급여에 들어간 한도 내에서 제3자에게 손해배상을 청구할 수 있다.

② 보험급여를 받은 사람이 제3자에게 이미 손해배상을 받은 경우엔 받은 금액의 정도를 불문하고 공단에 보험급여를 추가로 받을 수 없다.

③ 공단으로부터 보험급여를 받을 권리는 양도할 수 있다.

④ 가해자인 제3자에게 청구할 손해액의 산정에서 피해자의 귀책사유는 고려되지 않는다.

13. 직장가입자의 보수월액보험료에 대한 설명으로 옳지 않은 것은?

① 보수월액보험료는 보수월액×보험료율로 산정한다.

② 보수월액보험료에는 가입자의 보험료 평균액을 고려하여 대통령령으로 정한 기준에 따른 하한이 존재한다.

③ 휴직자의 보수월액보험료는 복직 후 지급될 것으로 예상되는 보수월액을 기준으로 산정한다.

④ 국가나 지방자치단체로부터 지급받은 실비변상은 보수월액에서 제외된다.

14. 다음 중 국민건강보험 가입자와 그 보험료의 부담비율로의 연결로 옳은 것은?

① 사립학교 교원의 보수월액보험료 : 직장가입자 50%, 국가 30%, 사립학교 운영자 20%

② 휴직 중인 직장가입자의 소득월액보험료 : 직장가입자 50%, 직장가입자의 사용자 50%

③ 공무원의 보수월액보험료 : 직장가입자 50%, 소속 국가 또는 지방자치단체 50%

④ 임의계속가입자인 실업자의 보수월액보험료 : 실업자 50%, 직전 회사의 사용자 50%

15. 다음 자료와 관련된 국민건강보험료의 납입 방식에 대한 설명으로 옳지 않은 것은?

지역가입자 신용카드 자동이체 신청서
(본 신청서는 카드명의인이 직접 작성하여야 합니다.)

납 부 자 번 호	건강보험		납부자명		
	국민연금				
주민등록번호		연락처	자택 :	휴대폰 :	
주 소	(−)				
	▢ 전체(▢ 건강 · 장기요양보험 ▢ 국민연금)				
신청내용	▢ 신규		▢ 변경	▢ 해지	
카드사명		카드번호		카드유효기간	
카드 명의인		카드 명의인 주민번호		카드 명의인 전화번호	
적용시작(종료)월	월	이체 희망일	▢ 익월 10일 ▢ 말일	▢ 25일 (선납 외국인만 해당)	(시작월 7월, 이체희망일이 '익월 10일' 경우 8월 10일 최초 승인됨)

① 신용카드가 아닌 직불카드로도 국민건강보험료를 납부할 수 있다.

② 신용카드로 보험료의 납부를 대행하는 기관은 그 대가로 국민건강보험공단으로부터 납부대행수수료를 받을 수 있다.

③ 보험료를 신용카드 자동이체로 납부하는 국민건강보험가입자는 그 보험료를 감액받을 수 있다.

④ 보험료의 납부일은 대행기관의 납부승인일로 한다.

16. 국민건강보험공단은 직장가입자 A 씨로부터 국민건강보험료 과오납부를 이유로 그 차액을 반환할 것을 요구받았다. 이에 대한 조치사항으로 적절하지 않은 것은?

① 만일 A 씨가 체납한 국민건강보험료가 있다면 과오납금을 여기에 우선 충당한다.

② A 씨의 과오납금 계산에는 대통령령으로 정하는 이자를 가산해야 한다.

③ 공단은 A 씨에게 반환해야 하는 금액이 1건당 2,000원 미만인 경우에는 반환하지 않는다.

④ A 씨가 과오납금을 환급받을 권리는 A 씨가 1년 동안 이를 행사하지 않으면 소멸한다.

17. 다음 건강보험분쟁조정위원회에 대한 설명으로 옳지 않은 것은?

① 건강보험분쟁조정위원회의 회의는 60명 이내의 위원 중 위원장과 1명의 당연직위원, 위원장이 지정하는 7명의 위원을 포함하여 총 9명으로 구성한다.

② 건강보험분쟁조정위원회의 회의는 과반수 이상을 공무원으로 구성하여야 한다.

③ 건강보험분쟁조정위원회의 회의는 구성원 과반수의 출석과 출석위원 과반수의 찬성으로 의결한다.

④ 건강보험분쟁조정위원회의 위원 중 공무원이 아닌 사람의 수뢰죄 적용에 대해서는 공무원으로 본다.

18. 다음 외국인의 국민건강보험 가입에 대한 설명으로 옳지 않은 것은?

① 외국인 등록을 하고 「출입구관리법」에 따라 90일 이상 국내에 체류한 외국인 근로자는 국민건강보험의 직장가입자가 된다.

② 대통령령으로 정하는 국내체류 외국인은 보험료를 체납할 경우 보험료를 완납할 때까지 보험급여대상에서 제외된다.

③ 국내 소재 기업의 사용자인 외국인은 모두 국민건강보험의 가입대상에 포함된다.

④ 주한대사관 등 외국 정부가 사용자인 사업장의 근로자의 건강보험에 대해서는 외국 정부와의 합의로 따로 정할 수 있다.

19. 다음 중 「국민건강보험법」상의 공단의 처분에 대한 구제절차의 순서로 가장 적절한 것은?

① 이의신청 → 행정소송 → 심판청구

② 행정소송 → 이의신청 → 심판청구

③ 심판청구 → 이의신청 → 행정소송

④ 이의신청 → 심판청구 → 행정소송

20. 다음 안내문의 제도와 관련된 「국민건강보험법」의 규정에 대한 설명으로 옳지 않은 것은?

- 부당청구 요양기관 신고 제도
  부당청구 요양기관 신고는 요양기관·의약업체 종사자 또는 일반인이 요양기관의 구체적인 허위, 부당청구 허위 사실을 기재한 내용 및 증거자료를 가지고 국민건강보험공단 지역본부에 신고하는 제도입니다.

- 신고인 구분
  - 요양기관 종사자 : 의사, 약사, 간호사, 간호조무사, 의료기사, 직원 등
  - 의약업체 종사자 : 약제·치료재료 제조·판매 업체 종사자(임·직원)
  - 일반 신고인 : 종사자에 해당하지 않는 일반인
  - 진료받은 내용 신고인 : 본인 또는 가족의 잘못된 진료받은 내용 신고인
    (진료받은 내용 신고·처리는 별도 운영)

- 신고방법
  - 공단(지역본부·지사)에 신고
  - 인터넷, 방문, 우편, 팩스 방법으로 신고 : 신고서 서식 제공

※ 전화는 상담만 가능하므로 상담 후 인터넷, 방문, 우편, 팩스 방법으로 신고

① 보건복지부장관은 속임수나 그 밖의 부당한 방법으로 보험자·가입자 및 피부양자에게 요양급여비용을 부담하게 한 요양기관에 대해 500만 원 이하의 과태료를 부과할 수 있다.

② 국민건강보험공단은 부당한 방법으로 보험급여 비용을 지급받은 요양기관을 신고한 사람에게 포상금을 지급할 수 있다.

③ 요양기관이 가입자나 피부양자로부터 속임수나 그 밖의 부당한 방법으로 요양급여비용을 받은 경우 공단은 이를 징수하여 가입자나 피부양자에게 지체 없이 지급하여야 한다.

④ 국민건강보험공단은 요양기관이 부당이득을 챙긴 사실이 적발되어 징수금을 납부해야 함에도 이를 납부하지 않는 경우 납부기한을 정하여 독촉할 수 있다.

01. 다음 〈자료〉에 대한 설명으로 옳지 않은 것은?

자료

1. 수립 개요
  (1) 수립 근거
    ① 「국민건강보험법」 제3조의2에 근거
      – 보건복지부장관이 「국민건강보험종합계획」에 따라 매년 연도별 시행계획을 수립하고, 매년 시행계획에 따른 추진실적을 평가
      – 시행계획은 건강보험정책심의위원회 심의를 거쳐 수립하고, (㉠   )에 보고

                    (중략)

2. 세부 추진과제
  (1) 평생건강을 뒷받침하는 보장성 강화
  (2) 의료 질과 환자 중심의 보상 강화
  (3) 건강보험의 지속가능성 제고
  (4) 건강보험의 신뢰 확보 및 미래 대비 강화

---

① 국민건강보험종합계획에는 건강보험정책의 보장성 강화의 추진계획 및 추진방법, 건강보험의 중장기 재정 전망 및 운영에 관한 내용을 포함하고 있다.

② 빈칸 ㉠에는 '국회 상임 소관위원회'가 들어간다.

③ 건강보험정책심의위원회는 매년 연도별 시행계획에 따른 추진실적을 평가하여야 한다.

④ 매년 연도별 시행계획을 수립하고 그 추진실적을 평가하기 위해 관련 기관의 장은 자료의 제출을 요구받을 수 있고, 특별한 사유가 없다면 이에 응해야 한다.

02. 다음 중 직장가입자의 피부양자에 해당하지 않는 사람은? (단, 선택지의 사람은 모두 기준 이하의 소득으로 직장가입자에게 생계를 의존하고 있다)

① 직장가입자의 친동생   ② 직장가입자의 친조카

③ 직장가입자의 며느리   ④ 직장가입자의 조부모

03. 다음 국민건강보험의 가입자에 대한 설명으로 옳지 않은 것을 모두 고르면?

> ㄱ. 대한민국 국민이라면 누구나 국민건강보험의 가입자 또는 피부양자가 된다.
>
> ㄴ. 지역가입자는 직장가입자와 그 피부양자를 제외한 가입자를 의미한다.
>
> ㄷ. 국민건강보험의 가입자는 사망한 날로부터 그 자격을 상실한다.
>
> ㄹ. 국민건강보험자는 신청을 통해 건강보험증을 발급받을 수 있다.

① ㄱ, ㄴ

② ㄱ, ㄷ

③ ㄴ, ㄷ

④ ㄷ, ㄹ

04. 다음 〈보기〉에서 국민건강보험공단의 구성에 대한 설명으로 옳은 것의 개수는?

보기

> ㄱ. 대한민국 국민이 아닌 사람은 공단의 임원이 될 수 없다.
>
> ㄴ. 공단의 이사장과 감사는 임원추천위원회의 추천과 보건복지부장관의 제청을 통해 대통령이 임명한다.
>
> ㄷ. 이사장의 임기는 3년, 이사와 감사의 임기는 각각 2년이다.
>
> ㄹ. 징수이사는 상임이사이다.
>
> ㅁ. 요양급여비용의 계약을 위해 공단 내에 재정운영위원회를 둔다.

① 2개

② 3개

③ 4개

④ 5개

05. 다음 중 국민건강보험공단의 소속이 아닌 것을 모두 고르면?

> ㉠ 건강보험분쟁조정위원회
>
> ㉡ 건강보험정책심의위원회
>
> ㉢ 진료심사평가위원회
>
> ㉣ 징수이사추천위원회

① ㉠, ㉡

② ㉡, ㉣

③ ㉠, ㉡, ㉢

④ ㉠, ㉡, ㉢, ㉣

06. 다음 「국민연금법」의 내용과 관련된 국민건강보험공단의 업무에 대한 설명으로 옳은 것은?

> 「국민연금법」 제88조(연금보험료의 부과 · 징수 등) ① 보건복지부장관은 국민연금사업 중 연금보험료의 징수에 관하여 이 법에서 정하는 사항을 건강보험공단에 위탁한다.

① 국민건강보험공단이 위탁받아 징수한 국민연금보험료는 지체없이 국민연금기금에 납입해야 한다.

② 국민연금보험료의 징수에 관한 회계는 공단의 다른 회계와 통합하여 처리해야 한다.

③ 국민건강보험공단이 징수한 국민연금보험료의 수납에 관한 업무는 금융기관 등에 위탁할 수 없다.

④ 국민건강보험공단은 국민연금보험료의 징수에 관한 업무를 다른 법령에 따른 사회보험 업무를 수행하는 다른 법인에 위탁할 수 있다.

07. 다음 약제(藥劑)의 요양급여 적용에 대한 설명으로 옳지 않은 것은?

① 치료효과성이 불확실하여 추가 검증이 필요한 단계의 약제는 요양급여의 대상이 될 수 없다.

② 의약품의 판매 질서를 위반한 약제에 대해서는 보건복지부장관은 단계적으로 그 요양급여비용을 일부 감액하거나 지급을 정지할 수 있다.

③ 해외에서 제조된 신약을 요양급여대상에 포함하고자 할 경우, 약제의 수입업자는 보건복지부장관에게 요양급여대상의 여부를 결정해 줄 것을 신청할 수 있다.

④ 환자의 진료에 반드시 필요하다고 인정되는 약제는 신청 없이 보건복지부장관 직권으로 요양급여대상에 포함될 수 있다.

08. 「국민건강보험법」상 서류의 보관과 제출에 대한 설명으로 옳지 않은 것은?

① 보건복지부장관은 보험급여에 대해 허위서류를 제출한 요양기관에 대해 1년 이내의 업무정지를 명할 수 있다.

② 보건복지부장관은 의약품의 제조업자가 요양기관의 부당한 요양급여신청사실에 개입했는지를 확인하기 위한 관련 서류의 제출을 명할 수 있다.

③ 공단은 세대주에게 국민건강보험 가입자의 보수 · 소득에 대한 자료를 제출하게 할 수 있다.

④ 약국은 처방전을 그 요양급여비용을 청구한 날로부터 5년간 보존해야 한다.

09. 다음에서 설명하고 있는 요양급여는?

거동불편자 의료접근성 개선을 위한 왕진 활성화 추진
- 보건복지부, 2019년 제21차 건강보험정책심의위원회 개최 -

보건복지부는 재택의료와 관련된 국민건강보험법 및 시행규칙 개정에 따른 후속조치로 재택의료 활성화 추진계획을 보고하였다.

현재 국민건강보험은 의료기관 내에서의 입원과 외래 위주로 제도가 설계되어 환자가 의료기관 밖에서는 제대로 된 의료서비스를 이용하기 어려운 구조였다. 이에 보건복지부는 재택의료 지원제도를 체계화하여 노인, 중증환자 등 거동불편자의 의료접근성을 개선하고 국민의 다양한 의료적 수요에 대응하기 위해 「재택의료 활성화 추진계획」을 마련하였다. 지역사회 의원을 대상으로 「일차의료 왕진 수가 시범사업」을 추진하여 보행이 곤란하거나 불가능한 거동불편 환자에게 의사 왕진이 이루어질 수 있도록 시범 수가를 마련할 계획이다.

* (현재 왕진료) 의료기관 내의 진료와 동일하게 진찰료만 산정 가능 → (왕진료 시범수가) 왕진 1회당 약 11만 5000원 ~ 8만 원 산정, 환자는 왕진료 시범수가의 100분의 30(의원급 외래본인부담률) 부담

(이하 생략)

보건복지부 보도자료, 2019. 10. 30. 배포

---

① 선별급여　　　　　　　　　　　② 방문요양급여

③ 재가급여　　　　　　　　　　　④ 특별현금급여

10. 「국민건강보험법」상 건강검진에 대한 설명으로 적절하지 않은 것은?

① 국민건강보험공단은 질병의 조기발견과 그에 따른 요양급여를 목적으로 건강검진을 실시한다.

② 암(癌)검진도 국민건강보험공단의 건강검진업무의 대상에 포함된다.

③ 만 7세의 피부양자는 영유아건강검진의 대상이 된다.

④ 만 20세 이상의 피부양자는 일반건강검진의 대상이 된다.

11. 다음 요양비에 대한 설명으로 옳지 않은 것은?

① 수급자는 신청을 통해 요양비를 수급자 명의의 지정 계좌를 통해 지급받을 수 있다.

② ①에서 개설된 계좌에는 오직 요양비등만이 입금되어야 하고, 입금된 요양비는 압류할 수 없다.

③ 업무정지기간 중에 있는 요양기관에서의 요양은 요양비 지급 대상에 해당되지 않는다.

④ 보험급여의 지급이 정지되어있는 현역병도 요양비를 받을 수 있다.

12. 〈보기〉의 빈칸에 들어갈 기관의 명칭은?

> **보기**
>
> 우리 (   )은 요양기관의 진료비 심사와 요양급여의 적정성 평가, 의약품 치료재료의 관리 및 보험수가 개발 등 건강보험을 포함한 보건의료정책 개발 업무를 수행하고 지원하는 공공기관으로서의 사회적 역할과 책임을 다하고 있습니다.
>
> (   ) 임직원은 국민에게 신뢰받는 글로벌 수준의 국민의료평가기관이라는 분명한 사명감을 가지고 국민 여러분의 모든 관심과 조언에 귀를 기울여 건강하고 안전한 우리나라 의료문화를 가꾸어 나가는데 최선을 다하겠습니다.
>
> 또한 "건강보험과 보건의료의 발전을 통한 국민 건강 증진"이라는 목표를 실현하기 위해 열린 전문역량을 토대로 업무에 임하고 있으며, 언제나 국민을 최우선의 가치를 두고 국민의 건강하고 행복한 삶에 기여하고자 노력하고 있습니다.
>
> (   )을 찾아주신 모든 국민 여러분의 건강과 행복한 나날을 기원합니다.
>
> 감사합니다.

① 건강보험심사평가원   ② 국민건강보험공단

③ 건강보험정책심의위원회   ④ 건강보험공표심의위원회

13. 국민건강보험료율에 대한 설명으로 옳은 것은?

① 직장가입자의 보험료율은 8%를 초과할 수 없다.

② 직장가입자의 보험료율은 국민건강보험공단 이사회의 의결을 거쳐 대통령령으로 정한다.

③ 지역가입자의 보험료액은 보험료부과점수에 보험료율을 곱한 금액으로 한다.

④ 강원도 원주시 국민건강보험공단 본사로 출근하는 직장가입자와 같은 지역에 배우자와 자녀를 두고 독일에 있는 직장을 다니고 있는 직장가입자의 국민건강보험료율은 같다.

14. 다음 내용에 관한 「국민건강보험법」상의 조치로 옳지 않은 것은?

> 「의료법」 제33조 제2항에 의해 의료인이 아닌 자는 의료기관을 개설할 수 없다. 그럼에도 불구하고 비의료인이 의료인의 명의를 빌려 병원을 불법개설하기도 하는데, 이러한 병원은 명의를 대여한 의사는 해당 병원에 속하여 비의료인에게 기관 설립에 필요한 자금을 지원받는 대신, 그 비의료인이 병원 내 사무장 직책으로 실질적인 병원 경영권을 행사하는 구조를 띄어 일명 '사무장병원'이라고 한다.
>
> 의료인의 병원 개설 역시 한 사람이 여러 개의 의료기관을 개설할 수 없다는 '1인 1개소법' 원칙으로 제한을 받는다. 예를 들어 의료인이 다른 의료인들을 고용하여 실질적으로 의료인 한 명이 다수의 병원을 운영하는 경우 역시 사무장병원의 한 유형으로 금지된다.
>
> 사무장병원의 개설 및 운영은 국민에게 과잉진료 등의 부적절한 의료서비스를 제공하는 등으로 국민건강보험의 재정 누수의 원인으로 「국민건강보험법」에 의해 요양급여 환수처분과 함께 형사처벌 대상이 된다.

① 공단은 사무장병원 개설 사실이 적발되어 징수금을 납부할 의무가 있는 자가 1년 동안 1억 원 이상의 징수금을 체납할 경우 체납자의 인적사항 및 그 금액을 공개할 수 있다.

② 사무장병원을 개설한 의료인은 원래 의료기관을 설립할 수 있는 권한을 가지고 있는 자이므로 사무장병원의 설립에 대한 책임이 없다.

③ 공단은 사무장병원이 국민건강보험 가입자에게 부당하게 받은 요양급여비용을 징수한 경우 이를 해당 가입자에게 지체 없이 지급하여야 한다.

④ 공단은 사무장병원을 신고한 내부직원에 대해 대통령령으로 정한 포상금을 지급할 수 있다.

15. 다음 「국민건강보험법」상 국민건강보험공단과 심사평가원의 처분에 관한 이의신청절차에 대한 설명으로 옳지 않은 것은?

① 이의신청은 문서 제출이 원칙이나, 구술이나 전자문서를 통해서 제기할 수도 있다.

② 이의신청은 처분이 있음을 안 날로부터 90일 이내, 처분이 있은 날부터 180일 이내에 제기해야 한다.

③ 요양급여 대상 제외 여부에 대한 심사평가원의 확인에 대한 이의신청은 이를 통보받은 날로부터 30일 이내에 해야 한다.

④ 이의신청에 불복하는 자는 「행정소송법」에 따른 행정소송을 제기할 수 있다.

16. 다음 글의 빈칸에 들어갈 「국민건강보험법」상의 국민건강보험료의 종류는?

> **나. (　　　　　)의 도입배경**
>
> 　종전에는 직장가입자의 보험료는 보수만을 기준으로 산정하고, 보수외소득은 보험료 산정에 반영하지 않았다. 그 결과 빌딩 소유주, 대주주 등 보수 이외에 고액의 소득이 있는 직장가입자도 근로소득에만 보험료가 부과되어, 전체 소득을 기준으로 할 때 근로소득이 주 소득원인 일반 직장가입자에 비해 위 고소득자들이 보험료를 적게 부담하는 '부담의 역진성(逆進性)' 문제가 발생하였다. 또한 위 고소득자들은 모든 종합소득과 재산 등에 대해서도 보험료가 부과되는 지역가입자에 비해서도 보험료를 적게 부담하여 형평성 문제가 대두되었으며, 보험료 부담을 회피하기 위한 위장취업 등의 사례도 발생하였다.
>
> 　이에 보건복지부는 2011. 11. 고액의 종합소득이 있는 경우에는 직장가입자라도 근로소득 이외의 소득에 별도의 보험료를 부과하는 방안을 마련하면서, 위 보험료 추가 부과는 정책 수용성 등을 고려하여 고소득자에 대해 우선 적용하되, 향후 그 적용범위를 단계적으로 확대해 나갈 예정이라고 밝혔다.
>
> 　위 방안은 그 후 입법으로 현실화되어, 2011. 12. 31. 법률 제11141호로 전부개정된 「국민건강보험법」에서 '(　　　　　)'가 도입되었다.
>
> 헌법재판소 2019. 2. 28. 2017헌바245 전원재판부

① 보수월액보험료　　　　　　　　　② 지역월액보험료

③ 소득월액보험료　　　　　　　　　④ 장기요양보험료

17. 국민건강보험료의 면제에 대한 설명으로 옳지 않은 것은?

① 지역가입자가 1개월 이상 국외에 체류 중인 경우 그 가입자가 속한 세대의 보험료 산정에서 그 가입자의 보험료부과점수를 제외한다.

② 직장가입자가 구치소에 수감된 경우 그 수감된 기간에 해당하는 달의 보험료를 면제한다.

③ 자녀와 함께 1개월 이상 외국에서 체류하고 있던 직장가입자가 입국한 달에 자녀를 병원에 보내 보험급여를 받은 후 그 달에 다시 출국한 경우에는 해당 보험료를 면제한다.

④ 현역 병사가 9월 1일에 제대했다면 그 달의 보험료 납입대상이 될 수 있다.

18. 다음 중 보수월액보험료의 부담비가 50 : 50인 경우를 모두 고르면?

> ㄱ. 직장가입자인 공무원과 해당 공무원이 소속된 국가
> ㄴ. 교원이 아닌 직장가입자인 사립학교 교직원과 그 사용자
> ㄷ. 직장가입자인 사립학교 교원과 그 사용자
> ㄹ. 직장가입자인 근로자와 그 사업주

① ㄱ, ㄴ, ㄷ   ② ㄱ, ㄴ, ㄹ

③ ㄱ, ㄷ, ㄹ   ④ ㄴ, ㄷ, ㄹ

19. 국민건강보험료의 납부에 대한 설명으로 옳지 않은 것은?

① 보험료는 원칙상 다음 달 10일까지 납부해야 하나, 직장가입자의 소득월액보험료는 분기별로 납부할 수 있다.

② 보험료납입고지서를 전자문서로 고지하는 경우에는 전자문서가 납부의무자가 지정한 전자우편 주소에 입력된 때에 도달한 것으로 본다.

③ 국민건강보험료를 신용카드 등으로 납부할 경우 그 납부일은 그 납부대행기관의 승인일이다.

④ 휴직자의 휴직은 보험료 경감사유에는 해당하나, 보험료 납입고지 유예의 사유는 되지 않는다.

20. 사업장의 사업주 A와 그에게 2주간 고용된 일용근로자 B와 정규직인 직장가입자 C가 있다. 다음 중 옳지 않은 설명은?

① C의 보수월액보험료 체납을 이유로 C의 보험급여를 제한하기 위해서는 그 체납에 대해 A의 귀책사유가 있음을 요구한다.

② B를 고용한 A가 B를 직장가입자로 편입하려다 적발된 경우, 공단은 A에 대해 지역가입자로서 부담해야 했을 보험료의 총액에서 직장가입자의 기준으로 B에게 부과한 보험료의 총액을 제한 금액의 10%를 가산금으로 징수한다.

③ A는 C와의 임금 협상에 있어 국민건강보험료의 부담 증가를 피할 목적으로 정당한 사유 없이 C의 임금 인상 요구를 거부할 수 없다.

④ B가 A에게 지급받은 임금은 B의 국민건강보험료 산정에 반영될 것이다.

Memo

미래를 창조하기에 꿈만큼 좋은 것은 없다.
오늘의 유토피아가 내일 현실이 될 수 있다.

There is nothing like dream to create the future.
Utopia today, flesh and blood tomorrow.
빅토르 위고 Victor Hugo

국민건강보험법

1회 기출예상문제

성명표기란

수험번호

문번	답란
1	① ② ③ ④
2	① ② ③ ④
3	① ② ③ ④
4	① ② ③ ④
5	① ② ③ ④
6	① ② ③ ④
7	① ② ③ ④
8	① ② ③ ④
9	① ② ③ ④
10	① ② ③ ④

문번	답란
11	① ② ③ ④
12	① ② ③ ④
13	① ② ③ ④
14	① ② ③ ④
15	① ② ③ ④
16	① ② ③ ④
17	① ② ③ ④
18	① ② ③ ④
19	① ② ③ ④
20	① ② ③ ④

gosi.net (주)고시넷

국민건강보험법

2회 기출예상문제

감독관
확인란

성명표기란

수험번호

(주민등록 앞자리 생년제외) 월일

문번	답란
1	① ② ③ ④
2	① ② ③ ④
3	① ② ③ ④
4	① ② ③ ④
5	① ② ③ ④
6	① ② ③ ④
7	① ② ③ ④
8	① ② ③ ④
9	① ② ③ ④
10	① ② ③ ④
11	① ② ③ ④
12	① ② ③ ④
13	① ② ③ ④
14	① ② ③ ④
15	① ② ③ ④
16	① ② ③ ④
17	① ② ③ ④
18	① ② ③ ④
19	① ② ③ ④
20	① ② ③ ④

수험생 유의사항

※ 답안은 반드시 컴퓨터용 사인펜으로 보기와 같이 바르게 표기해야 합니다.
〈보기〉 ① ② ③ ❹ ⑤

※ 성명표기란 위 칸에는 성명을 한글로 쓰고 아래 칸에는 성명을 정확하게 표기하십시오. (맨 왼쪽 칸부터 성과 이름은 붙여 씁니다)

※ 수험번호/월일 위 칸에는 아라비아 숫자로 쓰고 아래 칸에는 숫자와 일치하게 표기하십시오.

※ 월일은 반드시 본인 주민등록번호의 생년월일을 제외한 월 두 자리, 일 두 자리를 표기하십시오.
(예) 1994년 1월 12일 → 0112

성명표기란

수험번호

(주민등록 앞자리 생년제외) 월일

문번	답란
1	① ② ③ ④
2	① ② ③ ④
3	① ② ③ ④
4	① ② ③ ④
5	① ② ③ ④
6	① ② ③ ④
7	① ② ③ ④
8	① ② ③ ④
9	① ② ③ ④
10	① ② ③ ④

문번	답란
11	① ② ③ ④
12	① ② ③ ④
13	① ② ③ ④
14	① ② ③ ④
15	① ② ③ ④
16	① ② ③ ④
17	① ② ③ ④
18	① ② ③ ④
19	① ② ③ ④
20	① ② ③ ④

국민건강보험법

4회 기출예상문제

성명표기란

수험번호

문번	답란	문번	답란
1	① ② ③ ④	11	① ② ③ ④
2	① ② ③ ④	12	① ② ③ ④
3	① ② ③ ④	13	① ② ③ ④
4	① ② ③ ④	14	① ② ③ ④
5	① ② ③ ④	15	① ② ③ ④
6	① ② ③ ④	16	① ② ③ ④
7	① ② ③ ④	17	① ② ③ ④
8	① ② ③ ④	18	① ② ③ ④
9	① ② ③ ④	19	① ② ③ ④
10	① ② ③ ④	20	① ② ③ ④

(주민등록 앞자리 생년제외) 월일

수험생 유의사항

※ 답안은 반드시 컴퓨터용 사인펜으로 보기와 같이 바르게 표기해야 합니다.
〈보기〉 ① ② ③ ❹ ⑤

※ 성명표기란 위 칸에는 성명을 한글로 쓰고 아래 칸에는 성명을 정확하게 표기하십시오. (맨 왼쪽 칸부터 성과 이름은 붙여 씁니다)

※ 수험번호/월일 위 칸에는 아라비아 숫자로 쓰고 아래 칸에는 숫자와 일치하게 표기하십시오.

※ 월일은 반드시 본인 주민등록번호의 생년을 제외한 월 두 자리, 일 두 자리를 표기하십시오.
(예) 1994년 1월 12일 → 0112

5회 기출예상문제

감독관
확인란

성명표기란

수험번호

(주민등록 앞자리 생년제외) 월일

문번	답란
1	① ② ③ ④
2	① ② ③ ④
3	① ② ③ ④
4	① ② ③ ④
5	① ② ③ ④
6	① ② ③ ④
7	① ② ③ ④
8	① ② ③ ④
9	① ② ③ ④
10	① ② ③ ④
11	① ② ③ ④
12	① ② ③ ④
13	① ② ③ ④
14	① ② ③ ④
15	① ② ③ ④
16	① ② ③ ④
17	① ② ③ ④
18	① ② ③ ④
19	① ② ③ ④
20	① ② ③ ④

국민건강보험법

기출예상문제_연습용

감독관 확인란

성명표기란

수험번호

주민등록 앞자리 생년제외) 월일

수험생 유의사항

※ 답안은 반드시 컴퓨터용 사인펜으로 보기와 같이 바르게 표기해야 합니다.
　〈보기〉 ① ② ③ ● ⑤

※ 성명표기란 위 칸에는 성명을 한글로 쓰고 아래 칸에는 성명을 정확하게 표기하십시오, (맨 왼쪽 칸부터 성과 이름은 붙여 씁니다)

※ 수험번호/월일 위 칸에는 아라비아 숫자로 쓰고 아래 칸에는 숫자와 일치하게 표기하십시오.

※ 월일은 반드시 본인 주민등록번호의 생년월을 제외한 월 두 자리, 일 두 자리를 표기하십시오.
　(예) 1994년 1월 12일 → 0112

문번	답란	문번	답란
1	① ② ③ ④	11	① ② ③ ④
2	① ② ③ ④	12	① ② ③ ④
3	① ② ③ ④	13	① ② ③ ④
4	① ② ③ ④	14	① ② ③ ④
5	① ② ③ ④	15	① ② ③ ④
6	① ② ③ ④	16	① ② ③ ④
7	① ② ③ ④	17	① ② ③ ④
8	① ② ③ ④	18	① ② ③ ④
9	① ② ③ ④	19	① ② ③ ④
10	① ② ③ ④	20	① ② ③ ④

gosinet
(주)고시넷

고용보건복지_NCS

SOC_NCS

금융_NCS

저마다의 일생에는,

특히 그 일생이 동터 오르는 여명기에는

모든 것을 결정짓는 한 순간이 있다.

그 순간을 다시 찾아내는 것은 어렵다.

그것은 다른 수많은 순간들의 퇴적 속에

깊이 묻혀있다.

- 장 그르니에, 섬 LES ILES

보험공단 | 직무시험(법률)

2022

고시넷

행정직_건강직_전산직_기술직

국민건강
보험법

조문요약 및 이론/빈출OX문제/기출예상문제

▶ 「국민건강보험법」(시행령 및 시행규칙 제외)
▶ 20문항/20분_5회 모의고사 수록

정답과 해설

gosinet
(주)고시넷

신개념 통합·선택 전공 수험서
직무수행능력평가

경제 · 경영 신이론과 최신기출
꼭 나오는 문제와 이론 빈출테마 _____

- ■ 676쪽   ■ 정가_30,000원

| 경제학 **한원용** 교수 |

고시넷 경제학 대표 강사

- 고려대학교 정경대학 경제학과 학사
- 고려대학교 대학원 경제학과 석사
- 고려대학교 대학원 경제학과 박사과정
- 고려대, 연세대, 숙명여대, 서울여대, 숙명여대, 서울여대, 성균관대, 한국외국어대, 성신여대, 카톨릭대, 중앙대_경제학 강의

- ■ 752쪽   ■ 정가_30,000원

| 경영학 **김경진** 교수 |

고시넷 공기업 경영학 대표 강사

- 서울대학교 경영학과 경영학 석사, 재무관리 전공
- Texas Tech University, Master of Economics
- Washington University in St.Louis MBA
- 금융투자분석사, 재무위험관리사, 투자자산운용사, CFA 특강 교수

파트1 국민건강보험법

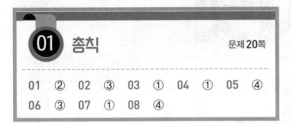

01 총칙　　　　　　　　문제 20쪽

| 01 | ② | 02 | ③ | 03 | ① | 04 | ① | 05 | ④ |
| 06 | ③ | 07 | ① | 08 | ④ |

01

| 정답 | ②

| 해설 | 「국민건강보험법」은 국민의 질병·부상에 대한 예방·진단·치료·재활과 출산·사망 및 건강증진에 대하여 보험급여를 실시함으로써 국민보건 향상과 사회보장 증진에 이바지함을 목적으로 한다(법 제1조).

02

| 정답 | ③

| 해설 | 건강보험사업은 보건복지부장관이 맡아 주관한다(법 제2조).

03

| 정답 | ①

| 해설 | 「국민건강보험법」상 '사용자'의 정의는 다음과 같다(법 제3조 제2호).
1. 근로자가 소속되어 있는 사업장의 사업주
2. 공무원이 소속되어 있는 기관의 장으로서 대통령령으로 정하는 사람
3. 교직원이 소속되어 있는 사립학교(「사립학교교직원 연금법」 제3조에 규정된 사립학교)를 설립·운영하는 자

04

| 정답 | ①

| 해설 | 보건복지부장관은 건강보험의 건전한 운영을 위하여 건강보험정책심의위원회의 심의를 거쳐 5년마다 국민건강보험종합계획을 수립하여야 한다(법 제3조의2 제1항).

05

| 정답 | ④

| 해설 | 공무원이 아닌 심의위원회 위원의 임기는 3년으로 한다. 다만, 위원의 사임 등으로 새로 위촉된 위원의 임기는 전임위원 임기의 남은 기간으로 한다(법 제4조 제5항).

06

| 정답 | ③

| 해설 | 보건복지부장관은 다음의 사유가 발생한 경우 이에 관련한 보고서를 작성하여 지체 없이 국회 소관 상임위원회에 보고하여야 한다(법 제3조의2 제5항).
1. 국민건강보험종합계획의 수립 및 변경
2. 국민건강보험종합계획에 따른 연도별 시행계획의 수립
3. 연도별 시행계획에 따른 추진실적 평가

07

| 정답 | ①

| 해설 | 건강보험정책심의위원회는 요양급여의 기준, 요양급여비용에 관한 사항, 직장가입자의 보험료율과 지역가입자의 보험료부과점수당 금액 등 건강보험에 대한 주요 사항에 대한 심의와 의결을 담당하나, 국민건강보험종합계획 및 시행계획에 대해서는 심의만을 관장하며, 이를 수립하는 것은 보건복지부장관의 권한에 해당한다(법 제4조 제1항 제1호).

08

|정답| ④

|해설| 건강보험정책심의위원회의 위원은 다음 각 호에 해당하는 사람을 보건복지부장관이 임명 또는 위촉한다(법 제4조 제4항).

1. 근로자단체 및 사용자단체가 추천하는 각 2명
2. 시민단체(비영리민간단체), 소비자단체, 농어업인단체 및 자영업자단체가 추천하는 각 1명
3. 의료계를 대표하는 단체 및 약업계를 대표하는 단체가 추천하는 8명
4. 대통령령으로 정하는 중앙행정기관 소속 공무원 2명
5. 국민건강보험공단의 이사장 및 건강보험심사평가원의 원장이 추천하는 각 1명
6. 건강보험에 관한 학식과 경험이 풍부한 4명

02	**가입자**			문제 **30**쪽
01 ③	02 ①	03 ①	04 ③	05 ④
06 ③	07 ④	08 ②	09 ②	10 ①

01

|정답| ③

|해설| 「독립유공자예우에 관한 법률」 및 「국가유공자 등 예우 및 지원에 관한 법률」에 따라 의료보호를 받던 중 국민건강보험의 적용을 보험자에게 신청한 사람은 국민건강보험의 가입자 또는 피부양자가 된다(법 제5조 제1항 제2호 가목).

02

|정답| ①

|해설| 피부양자는 직장가입자에게 주로 생계를 의존하는 사람으로서 소득 및 재산이 보건복지부령으로 정하는 기준 이하에 해당하는 다음의 사람을 의미한다(법 제5조 제2항).

1. 직장가입자의 배우자

2. 직장가입자의 직계존속(배우자의 직계존속 포함)
3. 직장가입자의 직계비속(배우자의 직계비속 포함)과 그 배우자
4. 직장가입자의 형제 · 자매

03

|정답| ①

|해설| 고용 기간이 1개월 미만인 일용근로자는 직장가입자에 해당하지 않는다(법 제6조 제2항 제1호).

04

|정답| ③

|해설| 사용자의 사용자는 휴업 · 폐업 등의 사유가 발생한 경우 그때부터 14일 이내에 보험자에게 신고하여야 한다(법 제7조 제2호).

05

|정답| ④

|해설| 국내에 거주하고 있는 유공자등 의료보호대상자는 그 대상자에서 제외된 날로부터 직장가입자 혹은 지역가입자의 자격을 얻는다(법 제8조 제1항 제3호).

06

|정답| ③

|해설| 직장가입자 혹은 지역가입자의 자격을 얻은 경우 그 직장가입자의 사용자 및 지역가입자의 세대주는 그 명세를 자격을 취득한 날로부터 14일 이내에 보험자에게 신고하여야 한다(법 제8조 제2항).

07

|정답| ④

|해설| 국민건강보험의 가입자는 적용대상사업장이 휴업 · 폐업할 경우 그 다음 날 자격이 변동된다(법 제9조 제1항 제4호).

08

|정답| ②

|해설| 국민건강보험의 가입자가 수급권자가 된 날 그 자격을 상실한다(법 제10조 제1항 제5호).

09

|정답| ②

|해설| 주민등록증, 운전면허증, 여권, 그 밖에 보건복지부령으로 정하는 본인 여부를 확인할 수 있는 신분증명서로 요양기관이 그 자격을 확인할 수 있으면 건강보험증을 제출하지 아니할 수 있다(법 제12조 제3항).

10

|정답| ①

|해설| 국민건강보험공단은 가입자 또는 피부양자가 신청하는 경우 건강보험증을 발급하여야 한다(법 제12조 제1항).

03 국민건강보험공단   문제 42쪽

01	③	02	④	03	④	04	②	05	③
06	①	07	①	08	②	09	③	10	④
11	②	12	①	13	②	14	②	15	①
16	②	17	②						

01

|정답| ③

|해설| 국민건강보험의 보험자는 국민건강보험공단으로 한다(법 제13조).

02

|정답| ④

|해설| 직장가입자의 보험료율은 건강보험정책심의위원회가 심의하고 의결한다.(법 제4조 제1항 제4호).

03

|정답| ④

|해설| ㉠ 법 제17조 제1항 제3호

㉡ 법 제17조 제1항 제6호

㉢ 법 제17조 제1항 제1호

㉣ 법 제17조 제1항 제10호

㉤ 법 제17조 제1항 제5호

04

|정답| ②

|해설| 국민건강보험공단이 징수업무에 대한 위탁을 받아 시행하고 있는 「국민건강보험법」의 '징수위탁근거법'에는 「국민연금법」, 「고용보험 및 산업재해보상보험의 보험료징수 등에 관한 법률」, 「임금채권보장법」과 「석면피해구제법」이 있다(법 제14조 제1항 제11호).

05

|정답| ③

|해설| 1. 국민건강보험공단은 임원으로서 이사장 1명, 이사 14명 및 감사 1명을 둔다. 이 경우 이사장, 이사 중 5명 및 감사는 상임으로 한다(법 제20조 제1항).

2. 국민건강보험공단 이사장의 임기는 3년, 공무원인 이사를 제외한 이사와 감사의 임기는 각각 2년으로 한다(법 제20조 제7항).

따라서 빈칸에 들어갈 숫자의 합은 14+5+3+2+2=26이다.

06

|정답| ①

|해설| 징수이사는 보험료와 징수금의 부과·징수 및 징수위탁근거법에 따라 위탁받은 업무를 수행하는 국민건강보험공단의 상임이사이다(법 제21조 제1항).

www.gosinet.co.kr

국민건강보험공단

1회 기출예상

2회 기출예상

3회 기출예상

4회 기출예상

5회 기출예상

07

| 정답 | ①

| 해설 | 국민건강보험공단의 감사는 임원추천위원회가 복수로 추천한 사람 중에서 기획재정부장관의 제청으로 대통령이 임명한다(법 제20조 제5항).

08

| 정답 | ②

| 해설 | 재정운영위원회의 위원은 보건복지부장관이 임명하거나 위촉한다(법 제34조 제2항).

09

| 정답 | ③

| 해설 | 국민건강보험공단의 이사장은 정관으로 정하는 바에 따라 직원을 임면(任免)한다(법 제27조).

10

| 정답 | ④

| 해설 | 국민건강보험공단의 임직원은 「형법」 제129조부터 제132조까지(수뢰죄, 사전수뢰죄 등)의 규정을 적용할 때 공무원으로 본다(법 제28조).

11

| 정답 | ②

| 해설 | 국민건강보험공단과 공단 이사장 사이에 소송이 발생한 경우 이사장은 국민건강보험공단을 대표하지 못하고, 이 경우 감사가 공단을 대표한다(법 제31조 제2항).

12

| 정답 | ①

| 해설 | 요양급여비용의 계약 및 결손처분 등 보험재정에 관

련된 사항을 심의·의결하기 위하여 국민건강보험공단에 재정운영위원회를 둔다(법 제33조 제1항).

13

| 정답 | ②

| 해설 | 국민건강보험공단의 임원은 고의나 중대한 과실로 공단에 손실이 생기게 한 경우 임명권자에 의해 해임될 수 있다(법 제24조 제2항 제3호).

14

| 정답 | ②

| 해설 | 공단은 회계연도마다 결산상의 잉여금 중에서 그 연도의 보험급여에 든 비용의 100분의 5 이상에 상당하는 금액을 그 연도에 든 비용의 100분의 50에 이를 때까지 준비금으로 적립하여야 한다(법 제38조 제1항).
따라서 빈칸에 들어갈 숫자의 합은 5+50=55이다.

15

| 정답 | ①

| 해설 | 공단은 회계연도마다 예산안을 편성하여 이사회의 의결을 거친 후 보건복지부장관의 승인을 받아야 한다(법 제36조).

16

| 정답 | ②

| 해설 | 공단은 회계연도마다 결산보고서와 사업보고서를 작성하여 다음해 2월 말일까지 보건복지부장관에게 보고하여야 한다(법 제39조 제1항).

17

| 정답 | ②

| 해설 | 국민건강보험공단에 관하여 「국민건강보험법」과 「공공기관의 운영에 관한 법률」에서 정한 사항 외에는 「민법」 중 재단법인에 관한 규정을 준용한다(법 제40조).

04 보험급여

문제 62쪽

01	④	02	③	03	②	04	①	05	②
06	①	07	②	08	②	09	②	10	①
11	④	12	①	13	①	14	②	15	③
16	②	17	③	18	④						

01

|정답| ④

|해설| 요양급여는 피부양자의 질병, 부상, 출산 등에 관한 진찰·검사, 약제(藥劑)·치료재료의 지급, 처치·수술 및 그 밖의 치료, 예방·재활, 입원, 간호, 이송(移送)을 의미한다(법 제41조 제1항).

02

|정답| ③

|해설| 1. 보건복지부장관은 「약사법」 제47조 제2항의 위반과 관련된 제41조 제1항 제2호의 약제에 대하여는 요양급여비용 상한금액의 100분의 20을 넘지 아니하는 범위에서 그 금액의 일부를 감액할 수 있다(법 제41조의2 제1항).

2. 보건복지부장관은 1.에 따라 요양급여비용의 상한금액이 감액된 약제가 감액된 날부터 5년의 범위에서 대통령령으로 정하는 기간 내에 다시 1.에 따른 감액의 대상이 된 경우에는 요양급여비용 상한금액의 100분의 40을 넘지 아니하는 범위에서 요양급여비용 상한금액의 일부를 감액할 수 있다(법 제41조의2 제2항).

3. 보건복지부장관은 2.에 따라 요양급여비용의 상한금액이 감액된 약제가 감액된 날부터 5년의 범위에서 대통령령으로 정하는 기간 내에 다시 「약사법」 제47조 제2항의 위반과 관련된 경우에는 해당 약제에 대하여 1년의 범위에서 기간을 정하여 요양급여의 적용을 정지할 수 있다(법 제41조의2 제3항).

즉 빈칸에 들어갈 숫자의 합은 20+40+5=65이다.

03

|정답| ②

|해설| 요양급여를 결정함에 있어 경제성 또는 치료효과성 등이 불확실하여 그 검증을 위하여 추가적인 근거가 필요하거나, 경제성이 낮아도 가입자와 피부양자의 건강회복에 잠재적 이득이 있는 등 대통령령으로 정하는 경우에는 예비적인 요양급여인 선별급여로 지정하여 실시할 수 있다(법 제41조의4 제1항).

04

|정답| ①

|해설| 「국민건강보험법」에서 규정하고 있는 요양기관은 의료기관, 약국, 한국희귀·필수의약품센터, 보건소·보건의료원 및 보건지소, 보건진료소이다(법 제42조 제1항).

05

|정답| ②

|해설| 요양기관은 요양급여비용을 최초로 청구하는 때에 요양기관의 시설·장비 및 인력 등에 대한 현황을 건강보험심사평가원에 신고하여야 한다(법 제43조 제1항).

06

|정답| ①

|해설| 보건복지부장관은 효율적인 요양급여를 위하여 필요하면 시설·장비·인력 및 진료과목 등 보건복지부령으로 정하는 기준에 해당하는 요양기관을 전문요양으로 인정할 수 있다. 이 경우 해당 전문요양기관에 인정서를 발급하여야 한다(법 제42조 제2항).

07

|정답| ②

|해설| 본인이 연간 부담하는 본인일부부담금이 대통령령으로 정한 본인부담상한액을 초과할 경우에는 공단이 그 초과 금액을 부담하여야 한다(법 제44조 제2항).

08

|정답| ②

|해설| 요양급여비용의 산정계약은 그 직전 계약기간 만료일이 속하는 연도의 5월 31일까지 체결하여야 하며, 그 기한까지 계약이 체결되지 아니하는 경우 보건복지부장관이 그 직전 계약기간 만료일이 속하는 연도의 6월 30일까지 심의위원회의 의결을 거쳐 요양급여비용을 정한다(법 제45조 제3항).

09

|정답| ②

|해설| 1. 일반건강검진 : 직장가입자, 세대주인 지역가입자, 20세 이상인 지역가입자 및 20세 이상인 피부양자(법 제52조 제2항 제1호)
3. 영유아건강검진 : 6세 미만의 가입자 및 피부양자(법 제52조 제2항 제3호)
따라서 빈칸에 들어갈 숫자의 합은 20+6=26이다.

10

|정답| ①

|해설| 공단은 가입자나 피부양자가 긴급하거나 그 밖의 부득이한 사유로 요양기관과 비슷한 기능을 하는 기관에서 질병·부상·출산 등에 대하여 요양을 받거나 요양기관이 아닌 장소에서 출산한 경우에는 그 요양급여에 상당하는 금액을 가입자나 피부양자에게 요양비로 지급한다(법 제49조 제1항).

11

|정답| ④

|해설| 공단은 요양급여비용의 지급을 청구한 요양기관이 「의료법」 제33조 제2항 또는 「약사법」 제20조 제1항을 위반하였다는 사실을 수사기관의 수사 결과로 확인한 경우에는 해당 요양기관이 청구한 요양급여비용의 지급을 보류할 수 있다(법 제47조의2 제1항).

12

|정답| ①

|해설| 범죄행위가 원인이 되어 발생한 보험급여사유를 제한하기 위해서는 고의 또는 중대한 과실로 인한 범죄행위임을 요한다(법 제53조 제1항 제1호).

13

|정답| ①

|해설| 국외에 체류하는 경우, 현역병·전환복무된 사람·군간부후보생, 교도소나 이에 준하는 시설에 수용되어 있는 경우에는 보험급여의 정지사유에 해당한다(법 제54조). 다만 이 중 국외의 체류하는 경우를 제외한 경우에는 예외적으로 요양비를 지급할 수 있는 예외규정(법 제60조)이 존재한다.

14

|정답| ②

|해설| 공단은 지급의무가 있는 요양비의 청구를 받으면 지체 없이 이를 지급하여야 하며(법 제56조), 정보통신장애나 그 밖에 대통령령으로 정하는 불가피한 사유로 요양비를 요양비등수급계좌로 이체할 수 없을 때에는 직접 현금으로 지급하는 등 대통령령으로 정하는 바에 따라 요양비 등을 지급할 수 있다(법 제56조의2 제1항).

15

|정답| ③

|해설| 공단은 제3자의 행위로 보험급여사유가 생겨 가입자 또는 피부양자에게 보험급여를 한 경우에는 그 급여에 들어간 비용 한도에서 그 제3자에게 손해배상을 청구할 권리인 구상권을 얻는다(법 제58조 제1항).

16

|정답| ②

|해설| 징수금을 납부할 의무가 있는 요양기관 또는 요양기관을 개설한 자가 납입 고지 문서에 기재된 납부기한의

국민건강보험법

1회 기출예상

2회 기출예상

3회 기출예상

4회 기출예상

5회 기출예상

다음 날부터 1년이 경과한 징수금을 1억 원 이상 체납한 경우 징수금 발생의 원인이 되는 위반행위, 체납자의 인적사항 및 체납액 등을 공개할 수 있다(법 제57조의2 제1항).

17

| 정답 | ③

| 해설 | 공단은 분할납부 승인을 받은 사람이 정당한 사유 없이 5회(받은 분할납부 횟수가 5회 미만인 경우에는 해당 분할납부 횟수) 이상 그 승인된 보험료를 내지 아니한 경우에는 보험급여를 실시하지 않을 수 있다(법 제53조 제5항).

18

| 정답 | ④

| 해설 | 국민건강보험공단은 「산업재해보상보험법」 제10조에 따른 근로복지공단이 「국민건강보험법」에 따라 요양급여를 받을 수 있는 사람에게 「산업재해보상보험법」 제40조에 따른 요양급여를 지급한 후 그 지급결정이 취소되어 해당 요양급여의 비용을 청구하는 경우에는 그 요양급여가 「국민건강보험법」에 따라 실시할 수 있는 요양급여에 상당한 것으로 인정되면 그 요양급여에 해당하는 금액을 지급할 수 있다(법 제61조).

05 건강보험심사평가원

문제 **72**쪽

| 01 | ④ | 02 | ③ | 03 | ③ | 04 | ③ | 05 | ④ |
| 06 | ③ |

01

| 정답 | ④

| 해설 | 보험급여비용의 지급업무는 국민건강보험공단의 업무에 해당한다(법 제14조 제1항 제5호).

02

| 정답 | ③

| 해설 | 건강보험심사평가원장은 임원추천위원회가 복수로 추천한 사람 중에서 보건복지부장관의 제청으로 대통령이 임명한다(법 제65조 제2항).

03

| 정답 | ③

| 해설 | 건강보험심사평가원의 상임이사는 보건복지부령으로 정하는 추천 절차를 거쳐 원장이 임명한다(법 제65조 제3항).

04

| 정답 | ③

| 해설 | 건강보험심사평가원은 급여의 심사기준과 그 평가기준의 개발에 대해 국민건강보험공단으로부터 부담금을 징수할 수 있다(법 제67조 제1항).

05

| 정답 | ④

| 해설 | 진료평가위원회의 상근 심사위원은 건강보험심사평가위원장이 보건복지부령으로 정하는 사람 중에서 임명한다(법 제66조 제3항).

06

| 정답 | ③

| 해설 | 건강보험심사평가원에 손실을 가한 이유로 심사위원을 해임 또는 해촉하기 위해서는 그 발생사유가 고의 또는 중과실임이 요구된다(법 제66조 제5항 제3호).

06 보험료

문제 88쪽

01 ③	02 ②	03 ④	04 ③	05 ①
06 ③	07 ④	08 ④	09 ①	10 ②
11 ②	12 ③	13 ②	14 ②	15 ②
16 ③	17 ③	18 ④	19 ①	20 ②
21 ④	22 ②	23 ①	24 ③	25 ③
26 ④				

01

| 정답 | ③

| 해설 | 보험료를 징수할 때 보험가입자의 자격이 변동된 경우 그 자격이 변동된 날이 속하는 달의 보험료는 변동되기 전의 자격을 기준으로 징수한다(법 제69조 제3항).

02

| 정답 | ②

| 해설 | 휴직이나 그 밖의 사유로 보수의 전부 또는 일부가 지급되지 아니하는 가입자의 보수월액보험료는 해당 사유가 생기기 전 달의 보수월액을 기준으로 산정한다(법 제70조 제2항).

03

| 정답 | ④

| 해설 | 소득월액은 (연간 보수외소득 − 대통령령으로 정하는 금액) $\times \dfrac{1}{12}$ 로 산정한다(법 제71조 제1항).

04

| 정답 | ③

| 해설 | 지역가입자의 보험료부과점수는 지역가입자의 소득 및 재산을 기준으로 산정한다(법 제72조 제1항).

05

| 정답 | ①

| 해설 | 보험료부과와 관련된 제도 개선을 위하여 보건복지부장관 소속으로 관계 중앙행정기관 소속 공무원 및 민간 전문가로 구성된 보험료부과제도개선위원회를 둔다(법 제72조의2 제1항).

06

| 정답 | ③

| 해설 | 국민건강보험 가입자의 소득 파악 현황 및 개선방안은 보험료부과제도개선위원회의 심의사항이다(법 제72조의3 제2항 제1호).

07

| 정답 | ④

| 해설 | 직장가입자의 보험료율은 1천분의 80의 범위에서 심의위원회의 의결을 거쳐 대통령령으로 정하고, 국외에서 업무에 종사하고 있는 직장가입자의 보험료율은 정해진 보험료율의 100분의 50으로 한다(법 제73조 제1항, 제2항).

따라서 빈칸에 들어갈 숫자를 곱한 값은 $\dfrac{80}{1000} \times \dfrac{50}{100} = \dfrac{4}{100}$ 이다.

08

| 정답 | ④

| 해설 | ㉠ 법 제75조 제1항 제2호. ㉡ 법 제75조 제1항 제3호, ㉢ 법 제75조 제1항 제5호, ㉣ 법 제75조 제1항 제4호

09

| 정답 | ①

| 해설 | 직장가입자의 보수월액보험료는 사용자가, 소득월액보험료는 직장가입자가 납부한다(법 제77조 제1항).

10

|정답| ②

|해설| 직장가입자가 근로자인 경우 직장가입자의 보수월액보험료는 직장가입자와 그 사용자인 사업주가 각각 100분의 50씩 부담한다(법 제76조 제1항).

11

|정답| ②

|해설| 사립학교 교원의 보수월액보험료는 그 직장가입자인 교원이 100분의 50, 사용자가 100분의 30, 국가가 100분의 20을 각각 부담한다(법 제76조 제1항). 반면 직장가입자의 소득월액보험료는 직장가입자가 전부 부담한다(법 제76조 제2항).

12

|정답| ③

|해설| 지역가입자의 보험료는 그 가입자가 속한 세대의 지역가입자 전원이 연대하여 부담한다(법 제76조 제3항).

13

|정답| ②

|해설| 법인의 재산으로 그 법인이 납부하여야 하는 보험료, 연체금 및 체납처분비를 충당하여도 부족한 경우에는 해당 법인에게 보험료의 납부의무가 부과된 날 현재의 무한책임사원 또는 과점주주가 그 부족한 금액에 대하여 제2차 납부의무를 진다(법 제77조의2 제1항).

14

|정답| ②

|해설| 보험료 납부의무가 있는 자는 가입자에 대한 그 달의 보험료를 그 다음 달 10일까지 납부하여야 한다(법 제78조 제1항).

15

|정답| ②

|해설| 공단은 납입 고지의 송달지연 등 보건복지부령으로 정하는 사유가 있는 경우 납부의무자의 신청에 따라 납부

기한부터 1개월의 범위에서 납부기한을 연장할 수 있다(법 제78조 제2항).

16

|정답| ③

|해설| 사업장의 사용자가 대통령령으로 정하는 사유에 해당되어 직장가입자가 될 수 없는 자를 거짓으로 보험자에게 직장가입자로 신고한 경우 공단은 해당 가입자가 지역가입자의 자격으로 납입했어야 할 보험료의 금액에서 직장가입자의 자격으로 납입한 보험료의 금액을 뺀 금액의 100분의 10에 상당하는 가산금을 그 사용자에게 부과하여 징수한다(법 제78조의2 제1항).

17

|정답| ③

|해설| 국민건강보험료의 납입고지는 징수하려는 보험료 등의 종류, 납부해야 하는 금액, 납부기한 및 장소의 내용을 포함한 문서로 하여야 한다(법 제79조 제1항).

18

|정답| ④

|해설| 「국민건강보험법」에 따른 징수금을 체납한 경우 그 체납금액의 1천분의 1에 해당하는 금액을 징수한다. 이 경우 해당 체납금액 총액의 1천분의 30을 넘지 못한다.
단, 보험료 또는 보험급여 제한기간 중 받은 보험급여의 징수금을 체납한 경우 그 체납금액의 1천500분의 1에 해당하는 금액을 연체금으로 징수하며, 이 경우 해당 체납금액 총액의 1천분의 20을 넘지 못한다(법 제80조 제1항).

19

|정답| ①

|해설| 「국민건강보험법」에 따른 징수금을 체납한 경우 납부기한 후 30일이 지난 날부터 매 1일이 경과할 때마다 기존 연체금에서 체납금액의 3천분의 1에 해당하는 금액을 더하여 징수한다. 이 경우 연체금은 해당 체납금액의 1천분의 90을 넘지 못한다.

www.gosinet.co.kr **gosi**net

국민건강보험법

1회 기출예상

2회 기출예상

3회 기출예상

4회 기출예상

5회 기출예상

단, 보험료 또는 보험급여 제한기간 중 받은 보험급여의 징수금을 체납한 경우, 그 체납급액의 6천분의 1에 해당하는 금액의 연체금을 추가로 징수하며, 이 경우 해당 체납금액 총액의 1천분의 50을 넘지 못한다(법 제80조 제2항).

20

|정답| ②

|해설| 국민건강보험료 미납을 이유로 기한을 정해 이를 독촉할 때에는 10일 이상 15일 이내의 납부기한을 정하여 독촉장을 발부하여야 한다(법 제81조 제2항).

21

|정답| ④

|해설| 체납처분을 하기 전에 보험료 등의 체납 내역, 압류 가능한 재산의 종류, 압류 예정 사실 및 소액금융재산에 대한 압류금지 사실 등이 포함된 통보서를 발송하여야 한다(법 제81조 제4항).

22

|정답| ②

|해설| 공단은 보험료를 3회 이상 체납한 자가 신청하는 경우 보건복지부령으로 정하는 바에 따라 분할납부를 승인할 수 있다(법 제82조 제1항).

23

|정답| ①

|해설| 국민건강보험공단은 납부기한의 다음 날부터 1년이 경과한 보험료, 연체금과 체납처분비(결손처분한 보험료, 연체금과 체납처분비로서 징수권 소멸시효가 완성되지 아니한 것을 포함)의 총액이 1천만 원 이상인 체납자가 납부능력이 있음에도 불구하고 체납한 경우 그 인적사항·체납액 등을 공개할 수 있다(법 제83조 제1항).

24

|정답| ③

|해설| 국민건강보험공단은 체납처분이 끝나고 체납액에 충당될 배분금액이 그 체납액에 미치지 못하는 경우, 해당

권리에 대한 소멸시효가 완성된 경우, 그 밖에 징수할 가능성이 없다고 인정되는 경우로서 대통령령으로 정하는 경우 재정운영위원회의 의결을 받아 보험료등을 결손처분할 수 있다(법 제84조 제1항).

25

|정답| ③

|해설| 국민건강보험료의 결손처분은 재정운영위원회의 의결을 받아 진행한다(법 제84조 제1항).

26

|정답| ④

|해설| 보험료 등은 국세와 지방세를 제외한 다른 채권에 우선하여 징수한다. 다만, 보험료 등의 납부기한 전에 전세권·질권·저당권 또는 담보권의 설정을 등기 또는 등록한 사실이 증명되는 재산을 매각할 때에 그 매각대금 중에서 보험료 등을 징수하는 경우 그 전세권·질권·저당권 또는 담보권으로 담보된 채권에 대하여는 그러하지 아니하다(법 제85조).

07 이의신청 및 심판청구 등 문제 102쪽

| 01 | ③ | 02 | ① | 03 | ② | 04 | ② | 05 | ④ |

01

|정답| ③

|해설| 이의신청은 처분이 있음을 안 날부터 90일 이내에 문서(전자문서를 포함한다)로 하여야 하며, 처분이 있은 날부터 180일이 지나면 제기하지 못한다(법 제87조 제3항).

02

|정답| ①

|해설| 건강보험심사평가원의 확인에 대하여 이의신청을 하려면 통보받은 날부터 30일 이내에 하여야 한다(법 제87조 제4항).

03

| 정답 | ②

| 해설 | 심판청구를 하려는 자는 심판청구서를 이의신청에 따른 처분을 한 공단 또는 심사평가원에 제출하거나 건강보험분쟁조정위원회에 제출하여야 한다(법 제88조 제2항).

04

| 정답 | ②

| 해설 | 건강보험분쟁조정위원회는 위원장을 제외한 위원 중 1명은 당연직위원으로 구성한다(법 제89조 제2항).

05

| 정답 | ④

| 해설 | 공단 또는 심사평가원의 처분에 이의가 있는 자와 이의신청 또는 심판청구에 대한 결정에 불복하는 자는「행정소송법」에서 정하는 바에 따라 행정소송을 제기할 수 있다(법 제90조).

08 보칙
문제 120쪽

01	②	02	④	03	②	04	③	05	③
06	③	07	④	08	①	09	①	10	④
11	④	12	①	13	②	14	②	15	④
16	④	17	①	18	③	19	④		

01

| 정답 | ②

| 해설 | 보험료의 징수할 권리는 3년 동안 행사하지 않으면 소멸시효가 완성된다(법 제91조 제1항 제1호).

02

| 정답 | ④

| 해설 | 보험료에 관한 시효는 보험료를 고지·독촉하거나

보험급여 또는 보험급여비용을 청구할 경우에 중단된다(법 제91조 제2항).

03

| 정답 | ②

| 해설 | 휴직자의 보수월액보험료를 징수할 권리의 소멸시효는 휴직을 이유로 보험료 고지가 유예된 경우 그 휴직이 끝날 때까지 진행하지 아니한다(법 제91조 제3항).

04

| 정답 | ③

| 해설 | 공단은 신고한 보수 또는 소득 등에 축소 또는 탈루(脫漏)가 있다고 인정하는 경우에는 보건복지부장관을 거쳐 소득의 축소 또는 탈루에 관한 사항을 문서로 국세청장에게 송부할 수 있다(법 제95조 제1항).

05

| 정답 | ③

| 해설 | 요양기관은 요양급여가 끝난 날부터 5년간 요양급여비용의 청구에 관한 서류를 보존하여야 한다(법 제96조의2 제1항).

06

| 정답 | ③

| 해설 | 약국 등 보건복지부령으로 정하는 요양기관은 처방전을 요양급여비용을 청구한 날부터 3년간 보존하여야 한다(법 제96조의3 제1항).

사용자는 3년간 보건복지부령으로 정하는 바에 따라 자격관리 및 보험료 산정 등 건강보험에 관한 서류를 보존하여야 한다(법 제96조의3 제2항).

07

| 정답 | ④

| 해설 | ㉠ 법 제97조 제1항 / ㉡ 법 제97조 제2항
㉢ 법 제97조 제4항 / ㉣ 법 제97조 제5항

국민건강보험법

1회 기출예상

2회 기출예상

3회 기출예상

4회 기출예상

5회 기출예상

08

|정답| ①

|해설| 서류의 위·변조로 요양급여비용을 거짓으로 청구한 요양기관의 위법사실을 공표하기 위해서는 그 위반행위의 동기, 정도, 횟수 및 결과 등을 고려하여 거짓으로 청구한 금액이 1,500만 원 이상인 경우나 요양급여비용 총액 중 거짓으로 청구한 금액의 비율이 100분의 20 이상인 경우임을 요구한다(법 제100조 제1항).

09

|정답| ①

|해설| 국민건강보험공단이 업무정지처분을 갈음하여 징수한 과징금은 공단이 요양급여비용으로 지급하는 자금, 응급의료기금의 지원, 재난적의료비 지원사업에 대한 지원 이외의 용도로는 사용할 수 없다(법 제99조 제8항).

10

|정답| ④

|해설| 보건복지부장관은 다음의 어느 하나에 해당될 경우 그 요양기관에 대해 업무정지를 명할 수 있다(법 제98조 제1항).

1. 속임수나 그 밖의 부당한 방법으로 보험자·가입자 및 피부양자에게 요양급여비용을 부담하게 한 경우
2. 보건복지부장관의 보고 또는 서류제출명령을 위반하거나, 거짓 보고를 하거나 거짓 서류를 제출하거나, 소속 공무원의 검사 또는 질문을 거부·방해 또는 기피한 경우
3. 정당한 사유 없이 치료재료의 요양급여대상 결정을 신청하지 아니하고 속임수나 그 밖의 부당한 방법으로 행위·치료재료를 가입자 또는 피부양자에게 실시 또는 사용하고 비용을 부담시킨 경우

11

|정답| ④

|해설| 보건복지부장관은 공공복리에 지장을 줄 것으로 예상되어 과징금 부과 대상이 된 약제가 과징금이 부과된 날부터 5년의 범위에서 대통령령으로 정하는 기간 내에 다시 과징금 부과 대상이 되는 경우에는 해당 약제에 대한 요양급여비용 총액의 100분의 350을 넘지 아니하는 범위에서 과징금을 부과·징수할 수 있다(법 제99조 제3항).

12

|정답| ①

|해설| 국가는 매년 예산의 범위에서 해당 연도 보험료 예상 수입액의 100분의 14에 상당하는 금액을 국고에서 공단에 지원한다(법 제108조 제1항).

13

|정답| ②

|해설| 국민건강보험공단은 「국민건강증진법」에 따라 국민건강증진기금에서 자금을 지원받아 건강검진 등 건강증진에 관한 사업, 가입자와 피부양자의 흡연으로 인한 질병에 대한 보험급여, 가입자와 피부양자 중 65세 이상 노인에 대한 보험급여에 사용한다(법 제108조 제4항).

14

|정답| ②

|해설| 국내에 체류하는 국내체류 외국인이 적용대상사업장의 근로자, 공무원 또는 교직원이고 법 제6조 제2항 각 호의 어느 하나에 해당하지 아니하면서 주민등록 혹은 외국인등록을 하거나 국내거소신고를 한 경우에는 직장가입자가 된다(법 제109조 제2항).

15

|정답| ④

|해설| 직장가입자에 해당하지 않는 국내체류 외국인은 보건복지부령으로 정하는 기간 동안 국내에 거주하였거나 국내에 지속적으로 거주할 것으로 예상되는 보건복지부령의 사유에 해당하는 외국인인 경우, 주민등록 혹은 국내거소신고를 하거나 보건복지부령으로 정하는 체류자격을 가지고 외국인등록을 한 사람은 지역가입자가 된다(법 제109조 제3항).

16

|정답| ④

|해설| 직장가입자인 국내체류 외국인의 피부양자가 될 수 있는 경우는 직장가입자와의 관계가 일반적인 피부양자가 되는 조건인 법 제5조 제2항 각 호의 어느 하나의 조건을 만족할 것을 요구한다(법 제109조 제4항).

17

| 정답 | ①

| 해설 | 사용관계가 끝난 사람 중 직장가입자로서의 자격을 유지한 기간이 보건복지부령으로 정하는 기간 동안 통산 1년 이상인 사람은 지역가입자가 된 이후 최초로 지역가입자 보험료를 고지받은 날부터 그 납부기한에서 2개월이 지나기 이전까지 공단에 직장가입자로서의 자격을 유지할 것을 신청할 수 있다(법 제110조 제1항).

18

| 정답 | ③

| 해설 | 보험료와 징수위탁보험료의 징수 업무는 국가기관, 지방자치단체 또는 다른 법령에 따른 사회보험 업무를 수행하는 법인이나 그 밖의 자에게 위탁할 수 없다(법 제112조 제2항).

19

| 정답 | ④

| 해설 | 공단은 「국민연금법」, 「산업재해보상보험법」, 「고용보험법」 및 「임금채권보장법」에 따라 국민연금기금, 산업재해보상보험및예방기금, 고용보험기금 및 임금채권보장기금으로부터 각각 지급받은 출연금을 징수위탁근거법에 따라 위탁받은 업무에 소요되는 비용에 사용하여야 한다(법 제114조 제1항).

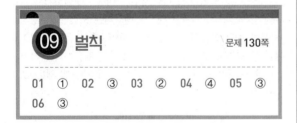

09 벌칙　　　　문제 130쪽

01 ①　02 ③　03 ②　04 ④　05 ③
06 ③

01

| 정답 | ①

| 해설 | 법 제102조 제1호를 위반하여 가입자 및 피부양자의 개인정보를 누설하거나 직무상 목적 외의 용도로 이용 또는

정당한 사유 없이 제3자에게 제공한 자는 5년 이하의 징역 또는 5천만 원 이하의 벌금에 처한다(법 제115조 제1항).

02

| 정답 | ③

| 해설 | 대행청구단체의 종사자로서 거짓이나 그 밖의 부정한 방법으로 요양급여비용을 청구한 자는 3년 이하의 징역 또는 3천만 원 이하의 벌금에 처한다(법 제115조 제2항 제1호).

03

| 정답 | ②

| 해설 | 법 제93조를 위반하여 근로자가 직장가입자가 되는 것을 방해하거나 자신이 부담하는 부담금이 증가되는 것을 피할 목적으로 정당한 사유 없이 근로자의 승급 또는 임금 인상을 하지 아니하거나 해고나 그 밖의 불리한 조치를 한 사용자는 1년 이하의 징역 또는 1천만 원 이하의 벌금에 처한다(법 제115조 제3항 제3호).

04

| 정답 | ④

| 해설 | 요양급여비용 청구 후 3년간 처방전을 보존하지 않은 약국에 대해서는 100만 원 이하의 과태료를 부과한다(법 제119조 제4항 제4호).

05

| 정답 | ③

| 해설 | 직장가입자를 사용하는 사업장이 휴업 후 14일 이내에 보험자에게 신고를 하지 아니하거나 거짓으로 신고한 사용자는 500만 원 이하의 과태료를 부과한다(법 제119조 제3항 제1호).

06

| 정답 | ③

| 해설 | 거짓이나 그 밖의 부정한 방법으로 보험급여를 받거나 타인으로 하여금 보험급여를 받게 한 사람은 2년 이하의 징역 또는 2천만 원 이하의 벌금에 처한다(법 제115조 제4항).

국민건강보험법

1회 기출예상

2회 기출예상

3회 기출예상

4회 기출예상

5회 기출예상

파트2 국민건강보험법 기출예상모의고사

1회 기출예상문제

문제 134쪽

01	②	02	③	03	②	04	③	05	②
06	②	07	①	08	③	09	②	10	③
11	①	12	④	13	②	14	②	15	②
16	②	17	②	18	③	19	③	20	②

01

|정답| ②

|해설| 이 법은 국민의 질병·부상에 대한 예방·진단·치료·재활과 출산·사망 및 건강증진에 대하여 보험급여를 실시함으로써 국민보건 향상과 사회보장 증진에 이바지함을 목적으로 한다(법 제1조).

|오답풀이|

① 「국민연금법」 제1조

③ 「노인장기요양보험법」 제1조

④ 「산업재해보상보험법」 제1조

02

|정답| ③

|해설| 건강보험정책에 대한 사항을 심의·의결하기 위해 설치한 보건복지부장관 소속의 기관은 건강보험정책심의위원회이다(법 제4조).

03

|정답| ②

|해설| 건강보험을 적용받고 있던 사람이 유공자등 의료보호대상자가 되어 건강보험의 적용배제를 신청한 경우, 그 적용배제를 신청한 날로부터 가입자격을 상실하게 된다(법 제10조 제1항 제6호).

|오답풀이|

① 법 제10조 제1항 제1호

③ 법 제9조 제1항 제3호

④ 법 제9조 제1항 제1호

04

|정답| ③

|해설| 건강보험심사평가원의 업무는 아래와 같다(법 제63조 제1항). 건강보험가입자 및 피부양자의 자격 관리는 국민건강보험공단의 업무에 해당한다(법 제14조 제1항 제1호).

1. 요양급여비용의 심사

2. 요양급여의 적정성 평가

3. 심사기준 및 평가기준의 개발

4. 1 ~ 3의 규정에 따른 업무와 관련된 조사연구 및 국제 협력

5. 다른 법률에 따라 지급되는 급여비용의 심사 또는 의료의 적정성 평가에 관하여 위탁받은 업무

6. 건강보험과 관련하여 보건복지부장관이 필요하다고 인정한 업무

05

|정답| ②

|해설| 공단 이사장은 정관에 정하는 바에 따라 직원을 임면(任免)한다(법 제27조).

06

|정답| ②

|해설| 국민건강보험의 요양급여 대상은 진찰·검사, 약제(藥劑)·치료재료의 지급, 처치·수술 및 그 밖의 치료, 예방·재활, 입원, 간호, 이송(移送)이다(법 제41조 제1항).

07

|정답| ①

|해설| ㄱ. 법 제42조 제5항

ㄴ. 법 제42조 제1항 제3호, 제4호

|오답풀이|

ㄷ. 공단은 가입자나 피부양자가 긴급한 사유로 업무정지 기간 중인 요양기관에서 질병·부상·출산 등에 대한 요양을 받은 경우 그 요양급여에 상당하는 금액을 가입자나 피부양자에게 요양비로 지급한다(법 제49조 제1항). 업무정지기간 중인 요양기관에 요양급여비용을 지급한다는 내용은 존재하지 않는다.

ㄹ. 현역병이 요양기관에서 요양급여를 받은 경우 요양기관은 그 비용을 국방부에 직접 청구하는 것이 아니라 다른 청구와 동일하게 공단에 요양급여비용을 청구할 수 있고, 공단이 해당 청구를 통해 지급할 요양비를 국방부장관으로부터 예탁받아 지급하는 방식을 취하고 있다(법 제60조 제1항).

08

|정답| ③

|해설| 소득월액보험료는 이자소득, 배당소득 등 직장가입자의 보수를 제외한 소득(보수외소득)이 대통령령으로 정하는 금액을 초과할 경우에 적용된다(법 제71조).

|오답풀이|

① 법 제70조 제1항

② 법 제72조 제1항

④ 법 제44조 제3항

09

|정답| ②

|해설| 공단은 고액·상습체납 인적사항 공개대상자에게 공개대상자임을 서면으로 통지하여 소명의 기회를 부여하여야 한다(법 제83조 제3항).

|오답풀이|

① 법 제83조 제1항

③ 법 제83조 제4항

④ 법 제83조 제2항

10

|정답| ③

|해설| 국민건강보험을 적용받고 있던 사람이 「국가유공자 등 예우 및 지원에 관한 법률」에 따라 의료보호를 받는 의료보호대상자가 된 경우에는 건강보험의 적용배제신청을 통해 국민건강보험 적용대상에서 제외될 수 있고, 그렇지 않으면 그대로 국민건강보험의 가입자가 된다(법 제5조 제1항 제2호 나목).

|오답풀이|

① 법 제75조 제1항 제4호

② 법 제5조 제1항 제2호

④ 법 제5조 제1항 제2호 가목

11

|정답| ①

|해설| 국민건강보험공단은 「공공기관의 정보공개에 관한 법률」에 따라 건강보험과 관련하여 보유·관리하고 있는 정보를 공개한다(법 제14조 제4항).

|오답풀이|

② 법 제14조 제3항

③ 법 제14조 제2항 제5호

④ 법 제112조 제1항 제1호

12

|정답| ④

|해설| 공단으로부터 분할납부 승인을 받고 그 승인된 보험료를 1회 이상 납부한 경우에는 보험급여를 할 수 있다(법 제53조 제5항).

|오답풀이|

① 법 제53조 제1항 제3호

② 법 제53조 제4항

③ 법 제53조 제6항 제1호

13

| 정답 | ②

| 해설 | 직장가입자의 사용자가 2명 이상인 경우 또는 지역가입자의 세대가 2명 이상으로 구성된 경우에는 그중 1명에게 한 독촉은 해당 사업장의 다른 사용자 또는 세대 구성원인 다른 지역가입자 모두에게 효력이 있는 것으로 본다(법 제81조 제1항).

| 오답풀이 |

① 법 제81조 제5항, 제6항

③ 법 제81조 제4항

④ 법 제84조 제1항 제1호

14

| 정답 | ②

| 해설 | 거짓이나 그 밖의 부정한 방법으로 보험급여를 받거나 타인으로 하여금 보험급여를 받게 한 사람은 2년 이하의 징역 또는 2천만 원 이하의 벌금에 처한다(법 제115조 제3항). ②는 건강보험증 부정사용 등을 통한 부정수급행위에 대한 처벌을 강화하기 위해 2013. 5. 22. 개정으로 삭제된 구법 제119조 제1항의 내용이다.

| 오답풀이 |

① 법 제115조 제1항

③ 법 제118조

④ 법 제119조 제5항

15

| 정답 | ②

| 해설 | 「국민건강보험법」에는 무한책임사원의 제2차 납부의무에 대한 책임한도를 규정하고 있지 않다.

| 오답풀이 |

①, ③ 법 제77조의2 제1항

④ 과점주주는 그 법인의 발행주식 총수 또는 출자총액으로 나눈 금액에 해당 과점주주가 실질적으로 권리를 행사하는 주식 수 또는 출자액을 곱하여 산출한 금액을 한도로 하는 제2차 납부의무를 진다(법 제77조의2 제1항).

16

| 정답 | ②

| 해설 | 보험금, 연체금 및 가산금으로 과오납부한 금액을 환급받을 권리는 3년 동안 행사하지 않으면 소멸시효가 완성된다(법 제91조 제1항 제2호).

17

| 정답 | ②

| 해설 | 제3자의 행위로 보험급여사유가 생겨 가입자 또는 피부양자에게 보험급여를 한 경우, 공단은 그 급여의 비용 한도 내에서 제3자에게 손해배상을 청구할 권리, 즉 구상권을 얻는다(법 제58조 제1항).

| 오답풀이 |

① 공단은 고의 또는 중대한 과실로 인한 범죄행위에 원인이 있는 경우에는 보험급여를 하지 않는다(법 제53조 제1항 제1호). 즉 범죄행위가 경과실로 인해 발생한 것으로 인정될 경우에는 급여의 제한 사유가 되지 못한다.

③ 공단은 속임수나 그 밖의 부당한 방법으로 보험급여를 받은 사람이나 보험급여 비용을 받은 요양기관에 대하여 그 보험급여나 보험급여 비용에 상당하는 금액의 전부 또는 일부를 징수한다(법 제57조 제1항). 즉 이미 보험급여를 받은 부분에 대해서도 금액으로 환산하여 이를 부당이득조로 징수할 수 있다.

④ 공단이 제3자에게 청구할 수 있는 구상권은 가입자에게 제공한 보험급여의 범위 내에서 청구할 수 있고, 만약 제3자가 제공한 손해배상액이 있다면 가입자에게 제공할 보험급여에서 그 손해배상액만큼의 범위를 제외한 범위에서의 보험급여를 제공해야 하므로(법 제58조 제2항), 구상권을 행사함에 있어 공단은 제3자의 손해배상 여부를 검토하여 그 청구금액을 산정해야 한다.

18

| 정답 | ③

| 해설 | ⓛ에 들어갈 기관은 심판청구의 심리·의결을 담당하는 보건복지부 내 건강보험분쟁조정위원회이다(법 제89조).

국민건강보험법

1회 기출예상

2회 기출예상

3회 기출예상

4회 기출예상

5회 기출예상

| 오답풀이 |

①, ② ㉠에 들어갈 절차는 공단의 처분에 이의가 있거나 이의신청 또는 심판청구의 불복으로 제기할 수 있는 행정소송이다(법 제90조).

④ 분쟁조정위원회는 위원회를 포함하여 60명 이내의 위원으로 구성하고, 이 중 공무원이 아닌 위원이 전체 위원의 과반수가 되도록 하여야 한다(법 제89조 제2항).

19

| 정답 | ③

| 해설 | 국내체류 외국인인 지역가입자의 보험료 납부일은 매월 10일이 아닌 25일로 규정하고 있다(법 제109조 제8항).

| 오답풀이 |

① 국민건강보험의 외국인 등에 대한 특례규정은 국내에 체류하는 재외국민 또는 외국인을 대상으로 한다(법 제109조 제2항).

② 법 제109조 제1항

④ 법 제109조 제2항 제3호

20

| 정답 | ②

| 해설 | 국가는 해당 연도 보험료 예상 수입액의 14%를 국고에서 공단에 지원한다(법 제108조 제1항). 한편 국민건강보험공단은 건강증진기금으로 6%를 지원받아, 국고지원금과 건강증진기금을 합쳐 20%를 정부지원금으로 지원받는다.

보충 플러스+

「국민건강증진법」 부칙 제6619호
② (기금사용의 한시적 특례) 보건복지부장관은 제25조 제1항의 규정에 불구하고 2022년 12월 31일까지 매년 기금에서 「국민건강보험법」에 따른 당해연도 보험료 예상수입액의 100분의 6에 상당하는 금액을 동법 제108조 제4항의 용도에 사용하도록 동법에 따른 국민건강보험공단에 지원한다. 다만, 그 지원금액은 당해연도 부담금 예상수입액의 100분의 65를 초과할 수 없다.

| 오답풀이 |

① 법 제72조의2 제1항

③ 법 제108조 제3항 제3호

④ 법 제108조 제4항 제1호

2회 기출예상문제

문제 142쪽

01	③	02	④	03	③	04	③	05	②
06	①	07	③	08	②	09	①	10	②
11	①	12	①	13	④	14	③	15	①
16	①	17	③	18	②	19	③	20	①

01

| 정답 | ③

| 해설 | 「국민건강보험법」상 '사용자'는 근로자가 소속된 사업장의 사업주, 공무원이 소속되어 있는 기관의 장, 사립학교를 설립·운영하는 자를 의미한다(법 제3조 제2호).

사단법인, 즉 회사의 경영자인 이사장은 회사의 소유와 경영의 분리원칙에 따라 기업의 소유주(Owner)인 사업주와 구분되므로 「국민건강보험법」상 사용자가 아닌 근로자에 해당한다.

02

| 정답 | ④

| 해설 | ㄱ. 국민건강보험의 수급권자는 그 대상자로부터 제외된 날로부터 국민건강보험의 자격을 얻는다(법 제8조 제1항 제1호).

ㄴ. 직장가입자의 피부양자는 그 자격을 잃은 날로부터 국민건강보험의 자격을 얻는다(법 제8조 제1항 제2호).

ㄷ. ㄹ. 유공자등 의료보호대상자의 경우에는 대상자에서 제외되거나, 건강보험의 적용을 신청한 경우에는 예외로 국민건강보험에 가입할 수 있다. 이때 국민건강보험의 자격 취득 시기는 각각 대상자에서 제외된 날, 이를 신청한 날로 본다(법 제8조 제1항 제3호, 제4호).

03

| 정답 | ③

| 해설 | 소득월액은 보수외소득이 대통령령으로 정하는 금액을 초과하는 경우에 문제의 계산식에 따라 산정한다(법

제71조 제1항). 즉 보수외소득이 대통령령으로 정하는 금액의 미만인 경우에는 소득월액보험료를 처음부터 산정하지 않으며 이를 이유로 국민건강보험료가 공제되지는 않는다.

| 오답풀이 |

①, ② 법 제71조 제1항

④ 직장가입자의 보험료율은 1천분의 80의 범위에서 건강보험정책심의위원회의 의결을 거쳐 대통령령으로 정해지며(법 제73조 제1항) 국외에서 업무에 종사하고 있는 직장가입자의 보험료율은 정해진 보험료율의 100분의 50으로 한다(법 제73조 제2항). 따라서 국외에서 업무에 종사하고 있는 직장가입자의 보험료율은 1천분의 40 이내가 된다.

04

| 정답 | ③

| 해설 | 국민건강보험의 피부양자는 다음에 해당하는 사람 중 직장가입자에게 주로 생계를 의존하면서 보건복지부령으로 정하는 기준 이하의 소득 및 재산을 가진 사람을 말한다(법 제5조 제2항).
1. 직장가입자의 배우자
2. 직장가입자의 직계존속(배우자의 직계존속을 포함한다)
3. 직장가입자의 직계비속(배우자의 직계비속을 포함한다)과 그 배우자
4. 직장가입자의 형제·자매

05

| 정답 | ②

| 해설 | 국민건강보험공단의 상임임원과 직원은 직무 외에 영리를 목적으로 하는 사업에 종사하지 못하고, 공단 이사장의 허가하에 비영리 목적의 업무를 겸할 수는 있다(법 제25조)

| 오답풀이 |

③ 법 제28조

④ A 씨에게 생계를 의존하고 있고 소득과 재산이 보건복지부령 기준 이하에 속할 경우에는 피부양자가 될 수 있다(법 제5조 제2항 제1호).

06

| 정답 | ①

| 해설 | 국민건강보험료의 체납처분이란 보험료의 강제징수를 의미하며, 체납보험료의 분할납부제도는 체납한 보험료를 한 번에 납부하기 곤란한 가입자를 대상으로 강제징수 절차에 들어가기 전 체납한 보험료를 분할납입할 수 있게 하는 제도이다. 공단은 보험료를 3회 이상 체납한 자에 대해 체납처분을 하기 전 분할납부 신청을 할 수 있음을 알리고 관련 사항을 안내해야 한다(법 제82조 제2항).

| 오답풀이 |

②, ③ 법 제53조 제5항

④ 승인받은 분할납부 횟수가 5회 미만인 경우에는 해당 분할납부 횟수만큼의 보험료를 납부하지 아니하면 그 분할납부의 승인이 취소된다(법 제82조 제3항).

07

| 정답 | ③

| 해설 | '지원 자격'으로 경영, 경제 및 사회보험에 대한 학식과 경험이 풍부한 사람을 요구하면서(법 제21조 제1항) 국민건강보험공단의 업무 중 보험료와 징수금의 부과·징수 및 징수위탁근거법에 따라 위탁받은 업무에 대한 전문지식을 요구한다는 점에서 해당 공고문은 국민건강보험공단의 징수이사 선임 공고임을 알 수 있다.

국민건강보험공단 징수이사를 추천하기 위한 징수이사추천위원회는 주요 일간신문에 징수이사 후보의 모집 공고를 해야 하며, 이와 별도로 적임자로 판단되는 징수이사 후보를 조사하거나 전문단체에 조사를 의뢰할 수 있다(법 제21조 제3항).

| 오답풀이 |

① 국민건강보험공단은 징수이사를 추천하기 위하여 공단에 이사를 위원으로 하는 징수이사추천위원회를 둔다(법 제21조 제2항).

② 법 제21조 제2항

④ 법 제21조 제4항, 제5항

국민건강보험법

1회 기출예상

2회 기출예상

3회 기출예상

4회 기출예상

5회 기출예상

08

|정답| ②

|해설| 자료는 「선별급여 지정 및 실시 등에 관한 기준」 별표 1(평가 기준)의 일부이다. 요양급여를 결정함에 있어 경제성 또는 치료효과성이 불확실하여 그 검증을 위하여 추가적 검증이 필요하거나, 경제성이 낮아도 가입자와 피부양자의 건강회복에 잠재적 이득이 있는 등의 경우 예비적 요양급여인 선별급여를 지정할 수 있다(법 제41조의4 제1항).

09

|정답| ①

|해설| 요양급여비용은 국민건강보험공단 이사장과 의약계를 대표하는 사람들의 계약으로 정하며(법 제45조 제1항), 이사장은 국민건강보험공단 소속 재정운영위원회의 심의·의결을 거쳐 계약을 체결해야 한다(법 제45조 제5항).

|오답풀이|
② 법 제42조 제4항
③ 법 제45조 제3항
④ 법 제47조 제6항 제2호

10

|정답| ②

|해설| ㄱ. 고의로 사고를 일으킨 경우에는 보험급여를 하지 않는다(법 제53조 제1항 제1호).
ㄴ. 고의로 보험급여에 있어 필요하다고 인정된 문서 제출이나 질문, 진단을 거부할 경우에는 보험급여를 하지 않는다(법 제53조 제1항 제3호).
ㄷ. 업무 또는 공무로 생긴 질병·부상·재해로 다른 법령에 따른 보험급여나 보상(報償) 또는 보상(補償)을 받게 되는 경우에는 보험급여를 하지 않는다(법 제53조 제1항 제4호).
ㅁ. 가입자가 대통령령으로 정하는 기간 이상으로 보험료를 체납할 경우 그 보험료를 완납할 때까지 보험급여를 실시하지 않을 수 있다(법 제53조 제3항).

|오답풀이|
ㄹ. 고의 또는 중대한 과실로 인한 범죄행위에 그 원인이 있는 경우에는 보험급여를 하지 않는다(법 제53조 제1항 제1호). 즉 과실에 의한 범죄행위에도 중과실이 아니라면 보험급여의 대상이 된다.

11

|정답| ①

|해설| 국민건강보험공단은 가입자 또는 피부양자가 신청하는 경우 건강보험증을 발급하여야 한다(법 제12조 제1항). 기존에는 건강보험증의 발급은 의무사항이었으나 2018. 12. 11. 개정으로 신청자에 한하여 건강보험증을 발급하고 있다.

|오답풀이|
② 법 제12조 제2항, 제3항
③ 법 제12조 제2항
④ 법 제12조 제5항, 제6항

보충 플러스+

「국민건강보험법」 개정이유 및 주요 내용 (2018. 12. 11. 개정)
가입자 자격 변동 시마다 의무 발급하도록 규정되어 있던 건강보험증을 가입자 또는 피부양자가 신청할 경우에만 발급하도록 하여 건강보험증 발급·교부 예산을 절감하고, 질병이나 부상으로 거동이 불편한 경우 의사 등이 가입자 또는 피부양자를 직접 방문하여 요양급여(방문요양급여)를 실시할 수 있도록 하는 한편, (하략)

12

|정답| ③

|해설| '재난적의료비 지원사업'이란 질병·부상으로 발생한 소득수준 대비 과도한 의료비 지출로 경제적 어려움을 겪는 가구의 의료비 일부를 지원하는 제도로, 국민건강보험공단은 재난적의료비 지원사업에 사용되는 비용에 충당하기 위하여 매년 예산의 범위에서 출연(出捐; 금품을 내어 도와줌)할 수 있다(법 제39조의2).

13

|정답| ④

|해설| 헌법재판소 2016. 12. 29. 2015헌바199 전원재판부에서는 직장가입자의 월별 보험료액 산정은 지급받은 월

보수월액을 기준으로 하는 데 비해(법 제70조 제1항) 지역가입자는 소득 및 재산을 기준으로 산정하는(법 제72조 제1항) 방식이 보험료 부담의 평등원칙을 위배한다고 볼 수 없다고 판단하였다. ④의 월별 보험료의 상한 및 하한 설정(법 제69조 제6항)은 해당 결정문과는 무관한 내용이다.

14

|정답| ③

|해설| 교직원으로서 사립학교에 근무하는 교원의 사용자는 교직원의 보수월액보험료의 100분의 30, 국가가 100분의 20을 각각 부담한다(법 제76조 제1항 단서).

|오답풀이|

① 직장가입자의 보수월액보험료는 직장가입자와 사용자가 각각 보험료액의 100분의 50씩 부담한다(법 제76조 제1항).

② 법 제76조 제1항 제2호

④ 사용자는 보수월액보험료 중 직장가입자가 부담하여야 하는 그 달의 보험료액을 그 보수에서 공제하여 납부하여야 한다(법 제77조 제3항).

15

|정답| ①

|해설| 건강보험심사평가원은 국민건강보험공단과 별개의 법인이다(법 제64조).

|오답풀이|

② 법 제65조 제1항

③ 법 제66조 제1항, 제2항

④ 법 제67조 제1항

16

|정답| ①

|해설| 직장가입자의 사용자가 2명 이상인 경우에는 그 중 1명에게 한 독촉은 다른 사용자에게 모두 효력이 있는 것으로 본다(법 제81조 제1항).

|오답풀이|

② 법 제81조 제2항

③ 법 제81조의4

④ 법인의 재산으로 그 법인이 납부하여야 하는 보험료, 연체금 및 체납처분비를 충당하여도 부족한 경우에는 해당 법인에게 보험료의 납부의무가 부과된 날 현재의 무한책임사원 또는 과점주주가 그 부족한 금액에 대하여 제2차 납부의무를 진다(법 제77조의2 제1항).

17

|정답| ③

|해설| 공단 또는 심사평가원의 처분에 이의가 있는 자와 이의신청 또는 심판청구에 대한 결정에 불복하는 자는 「행정소송법」에 정하는 바에 따라 행정소송을 제기할 수 있다(법 제90조). 즉, 「국민건강보험법」에서 행정소송의 제기는 그 대상이 될 처분이 발생했을 때 그 전에 심판 절차를 거칠 것을 요구하지 않는다.

|오답풀이|

① 「국민건강보험법」의 이의제기는 처분 발생 → ㉠ 이의 신청 → ㉡ 심판청구 → ㉢ 행정소송의 절차로 진행된다. 선택지의 내용은 「노인장기요양보험법」과 「국민연금법」의 절차규정이다.

② 심판청구의 심리 · 의결을 위한 건강보험분쟁조정위원회는 보건복지부 소속의 기관이다(법 제89조 제1항).

④ 이의신청에 대한 결정에 불복하는 자는 건강보험분쟁조정위원회에 심판청구를 할 수 있다(법 제88조 제1항). 즉, 심판청구는 이의신청 절차를 거칠 것을 요구한다.

18

|정답| ②

|해설| 국민건강보험공단이 가입자에게 보험료를 고지하면 보험료를 징수할 권리의 소멸시효 진행은 중단된다(법 제91조 제2항 제1호).

|오답풀이|

① 법 제91조 제1항 제3호

③ 법 제91조 제3항

④ 법 제92조

19

| 정답 | ③

| 해설 | 임의가입계속자의 보수월액보험료는 그 임의계속가
입자가 전액을 부담하고 납부한다(법 제110조 제5항).

| 오답풀이 |

① 법 제110조 제1항

② 법 제110조 제2항

④ 법 제110조 제3항

20

| 정답 | ①

| 해설 | 고용한 근로자가 이 법에 따른 직장가입자가 되는
것을 방해한 사용자(법 제93조 위반)는 1년 이하의 징역
또는 1천만 원 이하의 벌금에 처한다(법 제115조 제4항 제
3호).

| 오답풀이 |

② 법 제119조 제4항 제6호(법 제105조 위반)

③ 법 제119조 제3항 제4호

④ 법 제119조 제3항 제3호

3회 기출예상문제   문제 152쪽

01	②	02	①	03	②	04	②	05	②
06	④	07	④	08	②	09	③	10	③
11	①	12	③	13	③	14	③	15	④
16	②	17	③	18	④	19	①	20	①

01

| 정답 | ②

| 해설 | 「국민건강보험법」상의 '근로자'는 법인의 이사와 그
밖의 임원을 포함하여 직업의 종류와 관계없이 근로의 대
가로 보수를 받아 생활하는 사람으로, 국가나 지방자치단
체에서 상시 공무에 종사하는 공무원과 사립학교나 사립학
교 경영기관에서 근무하는 교직원을 제외한 사람을 말한다
(법 제3조 제1호).

| 오답풀이 |

① 「국민건강보험법」상의 '근로자'의 정의에서 공무원은 제
외된다.

③ 「국민건강보험법」상의 '근로자'의 정의에서 사립학교의
교원은 제외된다.

④ 공무원이 소속되어 있는 기관의 장은 「국민건강보험법」
상의 '사용자'에 해당한다(법 제13조 제2호 나목).

02

| 정답 | ①

| 해설 | 건강보험정책심의위원회의 위원장은 보건복지부차
관이 된다(법 제4조 제3항). 보건복지부장관은 건강보험정
책심의위원회의 위원을 임명 또는 위촉하지만(법 제4조 제
4항), 건강보험정책심의위원회의 위원으로 직접 참여하지
않는다.

| 오답풀이 |

② 근로자단체에서 추천한 사람은 건강보험정책심의위원
회의 위원이 될 수 있다(법 제4조 제4항 제1호).

③ 국민건강보험공단 이사장이 추천한 사람은 건강보험정
책심의위원회의 위원이 될 수 있다(법 제4조 제4항 제4

호 나목).

④ 농어업인단체가 추천한 사람은 건강보험정책심의위원회의 위원이 될 수 있다(법 제4조 제4항 제2호).

03

|정답| ②

|해설| ㉠, ㉣은 건강보험심사평가원(법 제63조 제1항 제1호, 제2호), ㉤은 장기요양위원회의 업무이다(「노인장기요양보험법」 제45조 제1호).

|오답풀이|

㉡ 법 제14조 제1항 제7호. 국민건강보험공단은 경기도 고양시에 공단 직영병원인 일산병원을 두고 있다.

㉢ 법 제14조 제1항 제5호

㉥ 법 제14조 제1항 제1호

04

|정답| ②

|해설| 해당 글은 국민의 건강보험 강제 가입조항(법 제5조 제1항)의 위헌여부에 대한 헌법재판소의 결정문 중 일부이다. 헌법재판소는 국민의 건강보험 강제 가입은 경제적 약자에게 기본적인 의료서비스를 제공하고 소득재분배 및 위험분산의 효과를 거두기 위하여 적합하고도 반드시 필요한 조치이다.

05

|정답| ②

|해설| 국민건강보험공단에서 보험료와 징수금의 부과·징수와 징수위탁근거법에 따라 위탁받은 업무를 수행하는 이사를 징수이사라 하며, 징수이사는 상임이사이다(법 제21조 제1항).

|오답풀이|

① 법 제20조 제2항, 제7항

③ 법 제20조 제6항

④ 법 제22조 제3항

보충 플러스+

실비변상(實費辨償)

공무원 등이 직무 집행을 위한 여비·일당·숙박료 등의 지출을 했을 때 국가가 이를 보상하는 것. 비용변상이라고도 한다.

06

|정답| ④

|해설| 「국민건강보험법」상 직장가입자의 피부양자가 되기 위해서는 직장가입자에게 주로 생계를 의존하면서 소득과 재산이 보건복지부령으로 정하는 기준 이하에 해당해야 한다(법 제5조 제2항). 따라서 직장가입자와 생계를 같이 하고 있지 않은 형제자매는 그 직장가입자의 피부양자가 될 수 없다.

|오답풀이|

① 직장가입자의 배우자는 피부양자가 될 수 있다(법 제5조 제2항 제1호).

②, ③ 직장가입자의 배우자의 직계혈족(직계존속과 직계비속)은 피부양자가 될 수 있으나(법 제5조 제2항 제2호, 제3호) 배우자의 방계혈족에 해당하는 배우자의 형제자매는 그 직장가입자의 피부양자가 될 수 없다.

07

|정답| ④

|해설| 요양기관의 종류는 다음과 같다(법 제42조 제1항).

1. 「의료법」에 따라 개설된 의료기관
2. 「약사법」에 따라 등록된 약국
3. 「약사법」 제91조에 따라 설립된 한국희귀·필수의약품센터
4. 「지역보건법」에 따른 보건소·보건의료원 및 보건지소
5. 「농어촌 등 보건의료를 위한 특별조치법」에 따라 설치된 보건진료소

따라서 ㉣, ㉥은 요양기관에 해당하지 않는다.

국민건강보험법

1회 기출예상

2회 기출예상

3회 기출예상

4회 기출예상

5회 기출예상

08

| 정답 | ②

| 해설 | 건강보험 행위별수가제(수가제도)는 요양급여비용을 산정하는 계약(법 제45조)을 위한 제도이다.
요양급여비용은 재정운영위원회의 의결을 거쳐 매년 5월 31일까지 산정하여야 하며, 만일 그 기한까지 계약이 체결되지 않는다면 동년 6월 30일까지 건강보험정책심의위원회의 의결을 거쳐 결정된다(법 제45조 제3항).

| 오답풀이 |

① 법 제45조 제1항, 제2항

③ 법 제46조

④ 법 제47조 제2항, 제6항

09

| 정답 | ③

| 해설 | 요양급여를 위한 건강검진에는 만 20세 이상의 성인을 대상으로 하는 일반건강검진, 일반건강검진과 별개로 암 검진주기에 해당하는 연령대를 대상으로 하는 암검진, 그리고 만 6세 미만의 가입자 및 피부양자를 대상으로 하는 영유아건강검진이 있다(법 제52조 제2항). 미성년자를 대상으로 하는 청소년건강검진에 관한 내용은 존재하지 않는다.

10

| 정답 | ③

| 해설 | 국민건강보험공단은 가입자가 일정 기간 이상 보험료를 체납할 경우, 그 체납된 보험료를 완납할 때까지 그 가입자 및 피부양자에 대해 보험급여를 실시하지 않을 수 있다(법 제53조 제3항).

| 오답풀이 |

① 고의로 사고를 일으킨 경우에 대하여 국민건강보험공단은 보험급여를 하지 않는다(법 제53조 제1항 제1호).

② 업무 또는 공무로 생긴 질병·부상·재해로 다른 법령에 따른 보험급여나 보상(報償) 또는 보상(補償)을 받게 되는 경우 국민건강보험공단은 보험급여를 하지 않는다(법 제53조 제1항 제4호).

④ 교도소, 그 밖에 이에 준하는 시설에 수용되어 있는 사람은 해당 기간 동안은 보험급여가 정지되나(법 제54조

제4호), 대신 법무부장관이 국민건강관리공단에 예탁한 요양급여비용을 지급받는 등의 요양급여를 받을 수는 있다(법 제60조).

11

| 정답 | ①

| 해설 | 보수월액보험료의 납부의무자는 직장가입자가 아닌 사용자이다(법 제77조 제1항 제1호).

| 오답풀이 |

② 법 제76조 제3항, 제77조 제2항

③ 법 제76조 제1항

④ 법 제72조 제1항

12

| 정답 | ③

| 해설 | 지역가입자의 보험료는 그 가입자가 속한 세대의 지역가입자 전원이 연대하여 부담하고(법 제76조 제3항), 소득 및 재산이 없는 미성년자를 제외한 해당 지역가입자가 연대하여 납부한다(법 제76조 제3항, 제77조 제2항).

| 오답풀이 |

① 근로자의 보수월액보험료의 납부의무자는 사용자이다(법 제77조 제1항 제1호).

②, ④ 직장가입자의 소득월액보험료는 직장가입자가 부담하고 납부한다(법 제76조 제2항, 제77조 제1항 제2호).

보충 플러스+

국민건강보험료의 부담자와 납부의무자

종류		보험료부담자	납부의무자
보수월액 보험료	근로자	근로자, 사업주	해당 직장가입자의 사용자 (사용자가 2인 이상인 경우에는 연대납부)
	공무원	공무원, 국가/지방자치단체	
	사립학교 교원	교원, 사용자, 국가	
	교직원 (사립학교 교원 제외)	교직원, 사용자	
소득월액보험료		직장가입자	
지역가입자		가입자가 속한 세대 내 지역가입자 전원이 연대납부	소득 및 재산이 없는 미성년자를 제외한 세대 내 지역가입자 전원이 연대납부

13

| 정답 | ③

| 해설 | 체납된 보험료, 연체금과 체납처분비와 관련하여 이의신청, 심판청구가 제기되거나 행정소송이 계류 중인 경우에는 인적사항을 공개하지 않는다(법 제83조 제1항).

| 오답풀이 |

① 납부기한의 다음 날부터 1년이 경과한 보험료, 연체금과 체납처분비의 총액이 1천만 원 이상인 체납자가 납부능력이 있음에도 불구하고 이를 체납한 경우 그 인적사항·체납액 등을 공개할 수 있다(법 제83조 제1항).

② 체납자의 인적사항 등에 대한 공개 여부를 심의하기 위하여 공단에 보험료정보공개심의위원회를 둔다(법 제83조 제2항).

④ 법 제83조 제3항

14

| 정답 | ③

| 해설 | 모든 사업장의 근로자 및 사용자와 공무원 및 교직원은 직장가입자이다(법 제6조 제2항).

| 오답풀이 |

① 의무경찰, 의무소방대 등 전환복무중인 사람은 직장가입자에 해당되지 않는다(법 제6조 제2항 제2호).

② 고용기간이 1개월 미만의 일용근로자는 직장가입자에 해당하지 않는다.

④ 무보수 명예직은 직장가입자에 해당되지 않는다.

보충 플러스+

대통령령으로 정하는 직장가입자에서 제외되는 사람(「국민건강보험법 시행령」 제9조)
1. 비상근 근로자 또는 1개월 동안의 소정(所定)근로시간이 60시간 미만인 단시간근로자
2. 비상근 교직원 또는 1개월 동안의 소정근로시간이 60시간 미만인 시간제공무원 및 교직원
3. 소재지가 일정하지 아니한 사업장의 근로자 및 사용자
4. 근로자가 없거나 제1호에 해당하는 근로자만을 고용하고 있는 사업장의 사업주

15

| 정답 | ④

| 해설 | 공단은 결손처분을 한 후 압류할 수 있는 다른 재산이 발견된 경우에는 지체 없이 그 처분을 취소하고 체납처분을 하여야 한다(법 제84조 제2항 제1호).

| 오답풀이 |

① 법 제84조 제1항

② 법 제33조

③ 법 제81조의2 제1항 제2호

16

| 정답 | ②

| 해설 | 국민건강보험공단에 대한 심사청구는 「노인장기요양보험법」상의 이의제기절차에 관한 내용이다(「노인장기요양보험법」 제55조 제1항).

| 오답풀이 |

「국민건강보험법」상의 이의제기절차는 국민건강보험공단과 건강보험심사평가원에 대한 이의신청(법 제87조)과 이에 대한 불복절차로 건강보험분쟁조정위원회에 대한 심판청구(법 제88조), 「행정소송법」에 의한 행정소송(법 제90조)이 있다.

17

| 정답 | ③

| 해설 | 다음의 권리는 3년 동안 행사하지 않으면 소멸시효가 완성된다(법 제91조 제1항).

1. 보험료, 연체금 및 가산금을 징수할 권리(ㄱ)
2. 보험료, 연체금 및 가산금으로 과오납부한 금액을 환급받을 권리(ㄷ)
3. 보험급여를 받을 권리(ㄴ)
4. 보험급여비용을 받을 권리(ㅁ)
5. 법 제47조 제3항 후단에 따라 과다납부된 본인일부부담금을 돌려받을 권리(ㅂ)
6. 법 제61조에 따른 근로복지공단의 권리

| 오답풀이 |

ㄹ. 법 제91조 제3항

18

| 정답 | ④

| 해설 | 가입자가 신고한 보수 또는 소득 등에 축소 또는 탈루(脫漏)가 있다고 인정하는 경우에는 보건복지부장관을 거쳐 소득의 축소 또는 탈루에 관한 사항을 문서로 국세청장에게 송부할 수 있다(법 제95조 제1항).

| 오답풀이 |

① 법 제94조 제1항 제1호

② 법 제94조 제1항 제2호

③ 법 제94조 제2항

19

| 정답 | ①

| 해설 | 국민건강보험공단은 의약품의 제조업자가 부당하게 약제·치료재료에 관한 요양급여대상 여부 결정에 영향을 미쳐 보험자에게 손실을 줄 경우 이에 상당하는 금액을 징수할 수 있다(법 제101조 제1항, 제3항)

| 오답풀이 |

② 법 제101조 제2항

③ 법 제101조 제4항

④ 법 제101조 제1항 제1호

> **보충 플러스+**
>
> 상계(相計)
> 채무자에게 같은 종류의 채권이 생긴 경우, 그 채권으로 본인 채무의 일부 또는 전부를 소멸시키는 것

20

| 정답 | ①

| 해설 | 부정한 방법으로 요양급여를 받은 기관에 대해서는 1년의 범위 내에서 업무정지를 명할 수 있고(법 제98조 제1항 제1호), 2년 이하의 징역 또는 2천만 원 이하의 벌금에 처한다(법 제115조 제4항).

| 오답풀이 |

② 공단은 속임수나 그 밖의 부당한 방법으로 보험급여를 받은 사람이나 보험급여 비용을 지급받은 요양기관을 신고한 사람에 대하여 포상금을 지급할 수 있다(법 제104조 제1항).

③ 법 제115조 제5항 제4호

④ 법 제104조 제2항

4회 기출예상문제

문제 162쪽

01	①	02	①	03	②	04	④	05	①
06	①	07	③	08	③	09	②	10	①
11	①	12	①	13	③	14	③	15	②
16	④	17	②	18	③	19	④	20	①

01

| 정답 | ①

| 해설 | 「국민건강보험법」에서 근로자는 직업의 종류와 관계없이 근로의 대가로 보수를 받아 생활하는 사람으로서 공무원 및 교직원을 제외한 사람을 말하고, 사용자는 근로자가 소속되어 있는 사업의 사업주, 공무원이 소속되어 있는 기관의 장, 교직원이 소속되어있는 사립학교를 설립·운영하는 자를 말한다.

02

| 정답 | ①

| 해설 | ㄱ. 법 제4조 제1항

ㄴ. 법 제4조 제3항

ㄷ, ㄹ. 법 제4조 제4항 제4호

ㅁ. 법 제4조 제4항 제2호

ㅂ. 법 제4조 제5항

03

| 정답 | ②

| 해설 | 국가유공자는 법 제75조에 따라 보험료를 경감받을 수 있고, 만일 국민건강보험의 혜택이 필요하지 않다면 건강보험의 적용배제신청을 통해 국민건강보험에서 탈퇴할 수도 있다(법 제10조 제6호).

04

| 정답 | ④

| 해설 | 공단은 건강보험사업 및 국민연금사업·고용보험사업·산업재해보상보험사업·임금채권보장사업에 관한 회계를 공단의 다른 회계와 구분하여 각각 회계처리하여야 한다(법 제35조 제3항).

| 오답풀이 |

① 법 제13조   ② 법 제25조 제1항   ③ 법 제28조

05

| 정답 | ①

| 해설 | 공단의 정관에는 예산 및 결산에 관한 사항을 기재해야 하며(법 제17조 제1항 제8호), 공단의 정관을 변경하기 위해서는 보건복지부장관의 인가를 받아야 한다(법 제17조 제2항).

| 오답풀이 |

② 국가는 매년 예산의 범위에서 해당 연도 보험료 예상 수입액의 14%를 국고에서 공단에 지원한다(법 제108조 제1항).

③ 보험재정에 관한 사항을 심의·의결하는 국민건강보험공단 재정운영위원회의 위원장은 보건복지부장관이 임명하거나 위촉한 위원들 중에서 호선(互選)한다(법 제33조 제2항).

④ 공단은 회계연도마다 결산보고서와 사업보고서를 작성하여 다음해 2월 말일까지 보건복지부장관에게 보고하고 이를 공고하여야 한다(법 제39조).

06

| 정답 | ①

| 해설 | 국민건강보험공단 임원진의 임명절차와 임기는 다음과 같다.

임원	이사장	상임이사 (징수이사)	비상임이사	감사
추천인	임원추천위원회	상임이사추천위원회 (징수이사추천위원회)	(법 제20조 제4항, 시행령 제10조)**	임원추천위원회
제청인	보건복지부장관			기획재정부장관

임명인	대통령	이사장*	보건복지부 장관	대통령
임기	3년	2년	2년 (공무원 제외)	2년

* 징수이사는 이사장과의 계약을 체결하나, 이를 상임이사의 임명으로 본다(법 제21조 제5항).

** 노동조합·사용자단체·시민단체·소비자단체·농어업인단체 및 노인단체가 추천하는 각 1명, 기획재정부장관·보건복지부장관·인사혁신처장이 지명한 3급 공무원 또는 고위공무원단 소속 일반직공무원 각 1명

© 공단의 감사는 기획재정부장관의 제청으로 대통령이 임명한다(법 제20조 제5항).

② 비상임이사는 보건복지부장관이 임명한다(법 제20조 제4항).

07

| 정답 | ③

| 해설 | ㉠ 법 제14조 제1항 제11호

㉡ 법 제23조 제2호

② 법 제90조

㉤ 법 제75조 제1항 제3호

| 오답풀이 |

© 국민건강보험에 관하여 「국민건강보험법」과 「공공기관의 운영에 관한 법률」에서 정한 사항 외에는 「민법」 중 재단법인에 관한 규정을 준용한다(법 제40조).

보충 플러스+

재단법인
재단법인은 일정한 목적으로 형성된 재산, 기금에 의해 형성된 법인으로, 특별한 의사결정기관 없이 그 기금을 출연한 설립자의 의사로 규정된 정관에 따라 운영되며 대표적으로 자산가의 유언으로 세워진 기부재단, 사립학교를 운영하는 학교법인 등이 있다.
재단법인은 영리목적으로 설립될 수 있고 혹은 학술이나 종교, 자선사업 등 비영리목적으로 설립되기도 하는데, 「민법」에서 규정하는 재단법인에 관한 규정은 비영리목적으로 설립된 재단법인을 의미하며, 국민건강보험공단은 「국민건강보험법」을 통해 이 「민법」상 재단법인의 규정을 일부 준용하고 있다.

08

| 정답 | ③

| 해설 | © 법 제42조 제5항

② 선별급여 중 자료의 축적 또는 의료 이용의 관리가 필요한 경우에는 보건복지부장관이 해당 선별급여의 실시조건을 사전에 정하여 이를 충족하는 요양기관만이 해당 선별급여를 실시할 수 있다(법 제42조의2 제1항).

| 오답풀이 |

㉠ 질병의 예방, 재활활동은 요양급여에 해당한다(법 제41조 제1항 제4호).

㉡ 「의료법」에 따라 개설된 의료기관은 요양기관에 해당하며(법 제42조 제1항 제1호), 여기서 말하는 '의료기관'에는 한의학을 전문으로 하는 한의원과 한방병원을 모두 포함한다.

㉤ 공단은 6세 미만의 국민건강보험 가입자 및 피부양자를 대상으로 영유아건강검진을 실시한다(법 제52조 제2항 제3호).

보충 플러스+

의료기관(「의료법」 제3조 제2항)
1. 의원급 의료기관 : 의원, 치과의원, 한의원
2. 조산원 : 조산사가 조산과 임산부 및 신생아를 대상으로 보건활동과 교육·상담을 하는 의료기관
3. 병원급 의료기관 : 병원, 치과병원, 한방병원, 요양병원, 종합병원

09

| 정답 | ②

| 해설 | 보건복지부장관은 요양급여비용의 상한금액이 감액된 약제가 감액된 날부터 5년 내에 「약사법」 제47조의2 위반사실 2차 적발 시 요양급여비용 상한금액의 100분의 40을 넘지 아니하는 범위에서 요양급여비용 상한금액의 일부를 감액할 수 있다(법 제41조의2 제2항).

10

| 정답 | ①

| 해설 | ㉠ 선별급여는 다른 요양급여에 비하여 본인일부부담금을 상향 조정할 수 있다(법 제44조 제1항).

㉡ 대통령령으로 정하는 연간 부담하는 본인일부부담액의 총액의 상한(본인부담상한액)을 초과할 경우 그 초과분은 공단이 부담한다(법 제44조 제2항).

중 실비변상적인 성격을 갖는 금품은 제외한 것으로 대통령령으로 정하는 것을 말한다(법 제70조 제3항).

보충 플러스+

직장가입자의 보수월액보험료의 상한과 하한 (「국민건강보험법 시행령」 제32조)
- 직장가입자의 보수월액보험료의 상한 : 보험료가 부과되는 연도의 전전년도 직장가입자 평균 보수월액보험료(이하 이 조에서 "전전년도 평균 보수월액보험료"라 한다)의 30배에 해당하는 금액을 고려하여 보건복지부장관이 정하여 고시하는 금액
- 직장가입자의 보수월액보험료의 하한 : 보험료가 부과되는 연도의 전전년도 평균 보수월액보험료의 1천분의 80 이상 1천분의 85 미만의 범위에서 보건복지부장관이 정하여 고시하는 금액

11

| 정답 | ①

| 해설 | 「의료급여법」에 따라 의료급여를 받는 사람은 국민건강보험의 가입자에서 제외된다(법 제5조 제1항 제1호).

| 오답풀이 |

② 법 제75조 제1항 제2호

③ 법 제51조 제1항

④ 법 제3조의2 제1항, 제2항 제7호

12

| 정답 | ①

| 해설 | 공단은 제3자의 행위로 보험급여사유가 생겨 가입자 또는 피부양자에게 보험급여를 한 경우에는 그 급여에 들어간 비용 한도에서 그 제3자에게 손해배상을 청구할 권리를 얻는다(법 제58조 제1항).

| 오답풀이 |

② 보험급여를 받은 사람이 제3자로부터 이미 손해배상을 받은 경우에는 공단은 그 배상액 한도에서 보험급여를 하지 아니한다(법 제58조 제2항).

③ 보험급여를 받을 권리는 양도하거나 압류할 수 없다(법 제59조 제1항).

13

| 정답 | ③

| 해설 | 휴직자의 보수월액보험료는 휴직 전 달의 보수월액을 기준으로 산정한다(법 제70조 제2항).

| 오답풀이 |

① 법 제69조 제4항 제1호

② 법 제69조 제6항

④ 보수월액에서의 보수는 근로자 등이 근로를 제공하고 사용자·국가 또는 지방자치단체로부터 지급받는 금품

14

| 정답 | ③

| 해설 | 직장가입자가 공무원인 경우에는 그 보수월액보험료는 직장가입자가 50%, 그 공무원이 소속되어 있는 국가 또는 지방자치단체가 50%를 각각 부담한다(법 제76조 제1항 제2호).

| 오답풀이 |

① 직장가입자가 사립학교 교원인 경우에는 그 보수월액보험료는 직장가입자가 50%, 사립학교 운영자가 30%, 국가가 20%를 각각 부담한다(법 제76조 제1항).

② 직장가입자의 소득월액보험료는 직장가입자가 전액 부담한다(법 제76조 제2항).

④ 임의계속가입자의 보수월액보험료는 그 임의계속가입자가 전액을 부담하고 납부한다(법 제110조 제5항)

15

| 정답 | ②

| 해설 | 제시된 서식은 지역가입자가 신용카드 자동이체로 국민건강보험료를 납입하기 위해 국민건강보험공단에 제출하는 신청서의 일부이다.

신용카드로 보험료의 납부를 대행하는 기관(보험료등납부대행기관)은 해당 신청서를 작성하여 제출한 국민건강보험료의 납부자로부터 납부를 대행하는 대가로 수수료를 받을 수 있다(법 제79조의2 제3항).

| 오답풀이 |
① 법 제79조의2 제1항
③ 법 제75조 제2항 제2호
④ 법 제79조의2 제2항

16

| 정답 | ④

| 해설 | 보험료, 연체금 및 가산금으로 과오납부한 금액을 환급받을 권리는 3년 동안 행사하지 않으면 소멸시효 완성으로 소멸한다(법 제91조 제1항 제2호).

| 오답풀이 |
① 법 제86조 제1항
② 법 제86조 제3항
③ 법 제106조

17

| 정답 | ②

| 해설 | 건강보험분쟁조정위원회의 회의는 공무원이 아닌 위원이 과반수가 되도록 하여야 한다(법 제89조 제3항).

| 오답풀이 |
① 법 제89조 제2항, 제3항
③ 법 제89조 제4항
④ 법 제89조 제7항

18

| 정답 | ③

| 해설 | 「국민건강보험법」상 국민건강보험의 가입대상은 국내에 거주하는 대한민국 국민(법 제5조 제1항)이며, 다만 예외로 법 제109조를 통해 외국인의 국민건강보험의 가입에 대해 규정하고 있는데, 국내 소재 기업의 사용인이라는 이유만으로 외국인이 국민건강보험의 가입대상이 된다는 규정은 존재하지 않는다.

| 오답풀이 |
① 법 제109조 제2항 제3호
② 법 제109조 제10항

④ 법 제109조 제1항

19

| 정답 | ④

| 해설 | 국민건강보험공단 혹은 심사평가원의 처분에 이의가 있는 자는 공단 혹은 심사평가원에 이의신청을 제기할 수 있고(법 제87조), 이의신청에 불복하는 자는 건강보험분쟁조정위원회에 심판청구를 제기할 수 있다(법 제88조). 또한 해당 절차와 관계없이, 공단 또는 심사평가원의 처분에 이의가 있는 자는 행정소송법에 따라 행정소송을 제기할 수 있다(법 제90조). 즉 행정소송은 이의신청이나 심판청구 없이, 혹은 이의신청이나 심판청구에 불복하여 제기할 수 있다. 그리고 행정소송으로 진행된 사건은 이의신청이나 심판청구로 불복할 수는 없다.

따라서 위 세 절차의 진행순서로는 이의신청 → 심판청구 → 행정소송이 가장 적절하다.

20

| 정답 | ①

| 해설 | 보건복지부장관은 속임수나 그 밖의 부당한 방법으로 보험자·가입자 및 피부양자에게 요양급여비용을 부담하게 한 요양기관에 대해 1년의 범위에서 기간을 정하여 업무정지를 명하거나(법 제98조 제1항 제1호) 이를 갈음하여 부담금의 5배 이하의 금액을 과징금으로 부과·징수할 수 있다(법 제99조 제1항)

| 오답풀이 |
② 법 제104조
③ 법 제57조 제5항
④ 공단은 제57조, 제77조, 제77조의2, 제78조의2 및 제101조에 따라 보험료등(보험료와 징수금을 의미한다. 법 제47조 제4항)을 내야 하는 자가 보험료등을 내지 아니하면 기한을 정하여 독촉할 수 있다(법 제81조 제1항)

국민건강보험법

1회 기출예상

2회 기출예상

3회 기출예상

4회 기출예상

5회 기출예상

5회 기출예상문제

문제 170쪽

01	③	02	②	03	②	04	③	05	③
06	①	07	①	08	④	09	②	10	③
11	③	12	①	13	①	14	③	15	①
16	③	17	③	18	③	19	④	20	①

01

| 정답 | ③

| 해설 | 보건복지부장관은 매년 연도별 시행계획에 따른 추진실적을 평가하여야 한다(법 제3조의2 제4항).

| 오답풀이 |

① 법 제3조의2 제2항 제2호, 제3호

② 법 제3조의2 제5항

④ 보건복지부장관은 종합계획의 수립, 시행계획의 수립 · 시행 및 시행계획에 따른 추진실적의 평가를 위하여 필요하다고 인정하는 경우 관계 기관의 장에게 자료의 제출을 요구할 수 있다. 이 경우 자료의 제출을 요구받은 자는 특별한 사유가 없으면 이에 따라야 한다(법 제3조의2 제6항).

02

| 정답 | ②

| 해설 | 피부양자는 직장가입자에게 주로 생계를 의존하고 있는 다음의 사람을 말한다(법 제5조 제2항).

1. 직장가입자의 배우자

2. 직장가입자의 직계존속(배우자의 직계존속을 포함한다)

3. 직장가입자의 직계비속(배우자의 직계비속을 포함한다)과 그 배우자

4. 직장가입자의 형제 · 자매

친조카는 직계혈족(직계존속, 직계비속)이 아닌 방계혈족인 친형제의 자녀이므로 피부양자 대상의 범위에 해당되지 않는다.

| 오답풀이 |

③ 며느리는 직계비속(자녀)의 배우자이므로 피부양자에 해당한다.

④ 조부모는 직계존속이므로 피부양자에 해당한다.

보충 플러스+

직계와 방계, 존속과 비속

• 자기의 직계존속과 직계비속을 직계혈족이라고 하고, 자기의 형제자매와 형제자매의 직계비속 및 그 형제자매의 직계비속을 방계혈족이라고 한다(「민법」 제768조).

• 직계(直系)는 가계도를 기준으로 수직위치에 있는 사람으로 대표적으로 친부모와 친자녀의 관계에 해당하고, 방계(傍系)는 가계도를 기준으로 수평위치에 있는 사람으로 대표적으로 형제 · 자매관계에 해당한다.

• 존속(尊屬)은 가계도를 기준으로 위에 있는 사람, 비속(卑屬)은 가계도를 기준으로 아래에 위치한 사람을 의미한다. 즉 직계존속이란 부모 · 조부모 등을 의미하고 직계비속이란 나의 자녀 · 손주 등을 의미한다.

03

| 정답 | ②

| 해설 | ㄱ. 국내에 거주하는 국민은 건강보험의 가입자 또는 피부양자가 된다(법 제5조 제1항). 즉 국민건강보험의 가입자는 대한민국 국적 이외에 국내에 거주하고 있음을 요구한다.

ㄷ. 국민건강보험의 가입자는 사망한 날의 다음 날로부터 그 자격을 상실한다(법 제10조 제1항 제1호).

| 오답풀이 |

ㄴ. 법 제6조 제3항

ㄹ. 법 제12조 제1항. 건강보험증은 의무발급이 아니라 신청에 따라 발급된다.

04

| 정답 | ③

| 해설 | ㄱ. 법 제23조 제1호

ㄷ. 법 제20조 제7항

ㄹ. 상임이사 중 보험금의 징수에 관한 업무를 담당하는 이사를 징수이사라고 한다(법 제21조 제1항).

ㅁ. 법 제33조 제1항

| 오답풀이 |

ㄴ. 공단의 이사장은 임원추천위원회의 추천과 보건복지부
   장관의 제청을 통해 대통령이 임명한다(법 제20조 제2
   항). 다만 공단의 감사는 보건복지부장관이 아닌 기획
   재정부장관의 제청을 요구한다(법 제20조 제5항).

05

| 정답 | ③

| 해설 | ㉠ 심판청구를 심리·의결하는 건강보험분쟁조정위
   원회는 보건복지부 소속이다(법 제89조 제1항).

㉡ 건강보험정책심의위원회는 보건복지부장관 소속이다
   (법 제4조 제1항).

㉢ 진료심사평가위원회는 건강보험심사평가원 소속이다
   (법 제66조 제1항).

| 오답풀이 |

㉣ 국민건강보험공단의 징수이사를 추천하기 위한 징수이
   사추천위원회는 공단 이사를 위원으로 하는 국민건강보
   험공단 소속이다(법 제21조 제2항).

06

| 정답 | ①

| 해설 | 법 제113조 제2항

| 오답풀이 |

② 국민연금보험료의 징수에 관한 회계는 공단의 다른 회
   계와 구분하여 각각 회계처리해야 한다(법 제35조 제3
   항).

③ 공단은 대통령령으로 정하는 바에 따라 징수한 국민연
   금보험료의 수납에 관한 업무를 체신관서, 금융기관 또
   는 그 밖의 자에게 위탁할 수 있다(법 제112조 제1항 제
   3호).

④ 공단은 업무의 일부를 다른 법령에 따른 사회보험 업무
   를 수행하는 다른 법인에 위탁할 수 있다. 다만 보험료
   와 징수위탁보험료의 징수 업무는 위탁할 수는 없다(법
   제112조 제2항).

07

| 정답 | ①

| 해설 | 경제성 또는 치료효과성이 불확실하여 그 검증을 위
한 추가적인 근거가 필요한 경우 예비적인 요양급여인 선별
급여로 지정하여 실시할 수 있다(법 제41조의4 제1항).

| 오답풀이 |

② 법 제41조의2

③ 법 제41조의3 제2항

④ 법 제41조의3 제4항

08

| 정답 | ④

| 해설 | 요양기관은 요양급여가 끝날 날부터 5년간 요양급
여비용의 청구에 대한 서류를 보존하여야 한다. 다만 약국
등 보건복지부령으로 정하는 요양기관은 처방전을 요양급
여비용을 청구한 날부터 3년간 보존하여야 한다(법 제96조
의2 제1항).

| 오답풀이 |

① 법 제98조 제1항 제2호

② 법 제101조 제2항

③ 법 제94조 제1항

09

| 정답 | ②

| 해설 | 가입자 또는 피부양자가 질병이나 부상으로 거동이
불편한 경우 가입자 또는 피부양자를 직접 방문하는 방문
요양급여를 실시할 수 있다(법 제41조의5).

| 오답풀이 |

① 요양급여를 결정함에 있어 경제성 또는 치료효과성 등
   이 불확실하여 그 검증을 위하여 추가적인 근거가 필요
   하거나, 경제성이 낮아도 가입자와 피부양자의 건강회
   복에 잠재적 이득이 있는 등의 경우, 예비적인 요양급
   여인 선별급여로 지정하여 실시할 수 있다(법 제41조의
   4 제1항).

③ 재가급여는 가족과 함께 생활하는 65세 이상의 노인 혹
   은 노인성 질환을 가진 자에게 장기요양요원이 방문요

양, 방문목욕 등 「노인장기요양보험법」상의 장기요양급여를 제공하는 것을 의미한다(「노인장기요양보험법」 제23조 제1항 제1호).

④ 특별현금급여는 「노인장기요양보험법」상의 장기요양급여를 수급받는 사람이 장기요양기관 이외의 방법으로 장기요양급여를 받은 경우 국민건강보험공단이 그 비용을 직접 현금으로 지급하는 것을 의미한다(「노인장기요양보험법」 제23조 제1항 제3호).

10

| 정답 | ③

| 해설 | 영유아건강검진은 만 6세 미만의 가입자 및 피부양자를 대상으로 한다(법 제52조 제2항 제3호).

| 오답풀이 |

① 법 제52조 제1항

② 법 제52조 제2항 제2호

④ 일반건강검진은 직장가입자, 세대주인 지역가입자, 만 20세 이상인 지역가입자 및 피부양자를 대상으로 한다(법 제52조 제2항 제1호).

보충 플러스+

연령의 계산
「민법」 제158조에 따라 연령계산에는 출생일을 산입한다. 즉 법률에서는 특별한 표시가 없는 한 연령의 계산은 만 나이로 계산한다.

11

| 정답 | ③

| 해설 | 가입자나 그 피부양자가 긴급하거나 그 밖의 부득이한 사유로 업무정지기간 중인 요양기관에서 질병·부상·출산 등에 대하여 요양을 받은 경우 그 요양급여에 상당한 금액을 가입자나 피부양자에게 요양비로 지급한다(법 제49조 제1항).

| 오답풀이 |

① 국민건강보험공단은 요양비등을 받는 수급자의 신청이 있는 경우에는 요양비등을 수급자 명의의 지정된 계좌(요양비등수급계좌)로 입금하여야 한다(법 제56조의2 제1항).

② 법 제56조의2 제2항, 제59조 제2항

④ 보험급여를 하지 않는 대신 요양급여를 실시하는 현역병의 경우(법 제54조)에도 요양비에 관한 규정을 그대로 준용한다(법 제60조 제2항).

12

| 정답 | ①

| 해설 | 〈보기〉는 건강보험심사평가원 홈페이지에 게시된 건강보험심사평가원장의 인사말이다. 건강보험심사평가원은 요양급여비용을 심사하고 요양급여의 적정성 평가를 목적으로 설립된 법인이다(법 제62조).

13

| 정답 | ①

| 해설 | 직장가입자의 보험료율은 1천분의 80의 범위에서 정한다(법 제73조 제1항).

| 오답풀이 |

② 직장가입자의 보험료율은 건강보험정책심의위원회의 의결을 거쳐 대통령령으로 정한다(법 제73조 제1항)

③ 지역가입자의 보험료액은 보험료부과점수에 보험료부과점수당 금액을 곱한 금액으로 한다(법 제69조 제5항).

④ 국외에서 업무에 종사하고 있는 직장가입자의 보험료율은 국내 직장가입자의 50%이다(법 제73조 제2항).

14

| 정답 | ②

| 해설 | 「의료법」 제33조 제2항을 위반하여 의료기관을 개설할 수 없는 자가 의료인의 면허를 대여받아 의료기관을 개설한 경우, 그 요양기관을 개설한 자에게도 그 요양기관과 연대하여 징수금을 납부하게 할 수 있다(법 제57조 제2항 제1호).

국민건강보험법

1회 기출예상

2회 기출예상

3회 기출예상

4회 기출예상

5회 기출예상

|오답풀이|

① 징수금을 납부할 의무가 있는 요양기관 또는 요양기관을 개설한 자가 납입 고지 문서에 기재된 납부기한의 다음 날부터 1년이 경과한 징수금을 1억 원 이상 체납한 경우 징수금 발생의 원인이 되는 위반행위, 체납자의 인적사항 및 체납액 등을 공개할 수 있다(법 제57조의2 제1항).

③ 요양기관이 가입자나 피부양자로부터 속임수나 그 밖의 부당한 방법으로 요양급여비용을 받은 경우 공단은 해당 요양기관으로부터 이를 징수하여 가입자나 피부양자에게 지체 없이 지급하여야 한다(법 제57조 제5항).

④ 공단은 속임수나 그 밖의 부당한 방법으로 보험급여를 받은 사람이나 보험급여 비용을 지급받은 요양기관을 신고한 사람에 대하여 포상금을 지급할 수 있다(법 제104조 제1항).

15

|정답| ①

|해설| 이의신청은 문서 또는 전자문서로 하여야 하며(법 제87조 제3항), 구술로는 신청할 수 없다.

|오답풀이|

② 법 제87조 제3항

③ 법 제87조 제4항

④ 공단 또는 심사평가원의 처분에 이의가 있는 자와 이의신청 또는 심판청구에 대한 결정에 불복하는 자는 「행정소송법」에 정하는 바에 따라 행정소송을 제기할 수 있다(법 제90조). 즉 「국민건강보험법」에서 행정소송은 이의신청에 대한 불복으로 심판청구 없이 바로 제기할 수 있다.

16

|정답| ③

|해설| 소득월액보험료는 직장가입자 중 매월 지급받는 보수를 제외한 이자소득, 배당소득 등의 보수 외적인 소득(보수외소득)이 많은 고소득자들을 대상으로 하는 국민건강보험료 징수제도이다. 소득월액보험료는 보수외소득이 대통령령으로 정하는 금액을 초과할 경우에만 보험료를 부과하고 있다(법 제71조 제1항).

17

|정답| ③

|해설| 국내에 피부양자가 없고 1개월 이상 외국에서 체류 중인 직장가입자는 보험료 면제대상에 속하나, 그 가입자 또는 해당 가입자의 피부양자가 국내에 입국하여 그 달에 보험급여를 받고 그 달에 출국하는 경우에는, 그 달의 건강보험료를 면제하지 않는다(법 제74조 제3항 제2호).

|오답풀이|

① 법 제74조 제2항

② 법 제74조 제1항

④ 「병역법」에 따른 현역병은 보험료 면제대상에 해당하나, 급여정지사유가 매월 1일에 없어진 경우에는 그 달의 보험료 납입대상이 된다(법 제74조 제3항 제1호).

18

|정답| ③

|해설| 직장가입자의 보수월액보험료는 직장가입자와 그 사용자가 각각 100분의 50씩을 부담한다. 다만 예외로 직장가입자가 사립학교 교원인 경우에는 직장가입자가 100분의 50, 사용자가 100분의 30, 국가가 100분의 20을 부담한다(법 제76조 제1항).

19

|정답| ④

|해설| 휴직자의 보험료는 휴직의 사유가 끝날 때까지 보건복지부령에 따라 납입 고지를 유예할 수 있다(법 제79조 제5호).

|오답풀이|

① 법 제78조 제1항

② 법 제79조 제3항

③ 법 제79조의2 제2항

20

| 정답 | ①

| 해설 | 직장가입자의 보수월액보험료 납입의무는 사용자에게 있으므로, 직장가입자의 보수월액보험료 체납을 이유로 직장가입자의 보험급여를 제한하기 위해서는 직장가입자 본인의 귀책사유가 있음이 요구되며(법 제53조 제4항), 사용자 귀책사유로 인한 보수월액보험료 체납을 이유로 직장가입자의 보험급여를 제한할 수는 없다.

| 오답풀이 |

② 법 제78조의2 제1항

③ 모든 직장가입자를 고용하는 사용자는 부담금의 증가를 피할 목적으로 정당한 사유 없이 근로자의 승급 또는 임금 인상을 하지 아니하거나 해고 기타 불리한 조치를 할 수 없다(법 제93조).

④ 지역가입자의 보험료 산정 기준인 보험료부과점수는 지역가입자의 소득 및 재산을 기준으로 산정한다(법 제72조 제1항). 즉 지역가입자 B가 A에게 지급받은 임금은 B의 소득으로 보험료 산정에 반영된다.

국민건강보험법

1회 기출예상

2회 기출예상

3회 기출예상

4회 기출예상

5회 기출예상

기출문제로 통합전공 완전정복

공기업 통합전공

최 신 기 출 문 제 집

- 전공 실제시험을 경험하다 -

수록과목 경영학, 경제학, 행정학, 정책학, 민법, 행정법, 회계학, 기초통계, 금융(경영)경제 상식

수록기업 KOGAS한국가스공사, HUG주택도시보증공사, HF한국주택금융공사, 경기도공공기관통합채용, KODIT신용보증기금, LX한국국토정보공사, 한국지역난방공사, EX한국도로공사, 인천교통공사, 코레일, 한국동서발전, 한국서부발전, 한국남부발전, 한국중부발전, 서울시설공단, 서울시농수산식품공사, 우리은행, 항만공사통합채용, 한국가스기술공사, 한국자산관리공사

최고 적중률에 도전한다!

채용시험의 모든 유형이 이 안에 있다.

초록이 모듈형 2022 개정판

고시넷 초록이 NCS

모듈형 ① 통합 기본서

■ 948쪽   ■ 정가_28,000원

고시넷 초록이 NCS

모듈형 ② 통합 문제집

■ 792쪽   ■ 정가_28,000원

고시넷 국민건강보험법

보험공단 | 직무시험(법률)

고시넷
공기업 통합전공
최신기출문제집

■ 836쪽　　■ 정가_30,000원